癒しの光

自己ヒーリングへの旅 上

Light Emerging

by Barbara Ann Brennan
バーバラ・アン・ブレナン
王由衣 訳

河出書房新社

この本を、真実の神聖な自己という故郷に向かっての道程を歩むすべての人に捧げる

はじめに　新しいパラダイム――ヒーリングと創造プロセス

前著『光の手』（河出書房新社）の出版以来、私は生物《バイオ》エネルギーと健康、病気、ヒーリングの関係について研究を続けてきた。そしてその過程で、「なぜ人は病気になるのか」という、より深い疑問にいっそうの興味を持った。「病気になる」ことは人間の避けられない条件の一部なのだろうか。我々の文化において「通常の」生活を営むことがどのように病気をもたらすのだろうか。どのようなライフリズムが最も健康なのだろうか。日々の選択と行動は健康にどのような影響をもたらしているのだろう。一瞬一瞬の意識の変化はどうなのだろう。病気は我々の創造性と進化のプロセスに関係があるのだろうか、あるとすればどのような関係なのだろうか。

私はヒーリングスクールを創設するためにヒーラーとして働くことはやめたが、スクールのクラスやその他のグループについて、また個々の学生について、エネルギーレベルでの現象の観察は続けてきた。学生の指導や講義を続けるうちに、非常に興味深いパターンがあらわれ始めた。ある年、年頭に、私は「創造プロセス」について講義を行なうことになると私のスピリチュアルガイドが告げた。その一連の講義の筆記、編集、まとめが終わった時点で、地球の進化の進み方、人生上の使命、創造性、健康と、私のスピリチュアルガイドであるヘヨアンが「開きつつある瞬間」と呼ぶものの間に、まったく新しいつながりがあることを発見した。

この新しいデータを理解するには、新たなパラダイムに足を踏み入れる必要がある。「パラダイム」とは、ウェブスターの辞書によれば「パターン、例、あるいはモデル」を意味する。我々が世界を認識するパターンということになる。我々が共有する一連の前提であり、これによって世界を解釈し、その動きを予測する。我々はこの前提を自明のこととして受け入れている。基本的な現実と決め、それ以上考えようとしない。ちょうど魚が水のことなど気にしていないように。

「世界についての我々の考えは大部分セットになった前提に基づいているが、それを我々は当然のものと受け止め、ほとんどの場合、検証することも疑問視することもない」と、「エスト」および「フォーラムワークショップ」の創設者、ヴェルナー・エアハルトは指摘している。「我々はこの前提を与えられたままに受け入れている。あまりにも我々の一部となってしまっているため、自分自身を切り離してそのことを話すのも難しいほどだ。我々はこの前提について考えるのではなく、この前提に基づいて考える」。

医学のパラダイムは人が自分の体についてどのように考えるかを決定する。西洋医学は、時代をおって、悪霊、体液、病原菌、そしてウイルスが病気の原因であると考え、それに従って治療法を考案してきた。医療技術が進歩し、心と肉体のつながりについてさらに多くのことを学ぶにつれて、医学のパラダイムも変化しつつある。新しいパラダイムは新しい可能性を生みだす。

これまで、オーラ（ヒューマンエネルギーフィールド）が健康とヒーリングに関連していることは知られていても、どちらかといえば「秘儀的」な形でだった。オーラについての知識は、実際の観察と仮説と幻想が入り交じったものだった。しかし生物エネルギーについてより多くのことが研究所や診療所で研究されるにつれて、ヒューマンエネルギーフィールド（ＨＥＦ）が健康に直接結びついているという考えが西洋医学のパラダイムにおいてもいっそう受け入れられやすくなっている。

本書は、健康、ヒーリング、そして病気についての新しい観点を提示する。第１部は科学的バックグラウンドを含み、エネルギーフィールドとホログラフィー理論に基づいて、ハンズオン（手当て）ヒーリングがなぜ、どのように治療効果があるのかを説明する。

第２部では、ヒーラーにできることとできないこと、ヒーリングセッションの基本的形式、ヒーラーと医師がチームを組んでどのような治療効果をあげることができるか、について説明する。また、各自の内にあるバランスシステムという概念をとり扱う。これは自然な、通常無意識のうちに働くシステムで、これに耳を傾けて従うと最高の健康状態を保つことができる。さらに、従わなかった場合、人生と体にどのように病気が創りだされるのか示す。

第３部では、患者との一連のインタビューを通して、ヒーリングの過程で各人が経験する七つの段階を患者の視点からとりあげる。そして、そこから患者が最大の利益を引き出すにはどうしたらよいか説明する。ヒーラーや医師と協力してヒーリングプランを創りあげる方法も含まれる。ケーススタディを用いれば、ヒーリングのたどる経過について日常的な言葉で説明しやすい。

第４部では、詳細なヒーリングプランおよびヒーリングメディテーションとビジュアライゼーションをとりあげる。これは各人のヒーリングプロセスを助けるだろう。

第５部では、人間関係が健康にどのように影響するかを説明する。影響にはポジティブなものもネガティブなものもある。健全な人間関係を築くための実践的方法および人間関係が引き起こすＨＥＦの相互作用について、さらにこのレベルでのエネルギーの交換と結びつきを健康な形で再確立するための方法もとりあげる。

第6部では、より高いレベルのスピリチュアルな現実とさらに深い次元の創造エネルギーについてとりあげ、健康、病気、ヒーリングを「創造プロセス」と関連づけて説明する。

付録1として実際のヒーリングセッションを録音したテープから起こした筆記録を、付録2として私のヒーリングスクールの案内を付す。バーバラ・ブレナン・ヒーリングスクールではプロのヒーラーを育成するための教育を行なっている。付録2には卒業したヒーラーの紹介を希望する人のために照会先も掲載した。

［注：日本語版では、第1部から第4部までが上巻、第5部から付録2までが下巻となっている］。

夫、イーライ・ウィルナーに特に感謝したい。夫の愛に満ちた支えと励ましのおかげで、私は自然な形で個人として成長してこられた。

また、本書のもととなった題材を発展させてゆく過程を私とともに歩んでくれたバーバラ・ブレナン・ヒーリングスクールの教師たち、心を開いて耳を傾け、献身的な友情と的確なアドバイスを与えてくれた友人ロザンヌ・ファラーノ、そして原稿整理を担当してくれたヒーリングスクールの事務スタッフたちに、心からの感謝を捧げる。

癒しの光——自己ヒーリングへの旅（上）

注意
本文中のエクササイズや助言に従いたい時は、必ず医師や健康管理を専門とする人々の指示をあおいでください。

目次

第1部　ヒーリングの現状　1

12章　自己認識を通してのヒーリング　349

本文イラスト　トマス・J・シュナイダー
ジョーン・タータグリア

下巻・目次

第1部　ヒーリングの現状

「新しい考えはまず『ばかばかしい』と非難され、次に『つまらないことだ』と退けられ、そして最後に『そんなことは誰でも知っている』と言われる」。——ウィリアム・ジェームズ

1章　ヒーリングを行なう能力

ヒーリングの才能は、すべての人の内に宿っている。それは少数の人々だけに与えられるものではない。それは私の生まれ持っての権利であり同様にあなたの生得の権利である。誰でもヒーリングを受けることができるし、学ぶことができる。自分自身にもほかの人にもヒーリングを行なうことができる。

自分ではヒーリングと呼んでいなくても、あなたもすでに自分自身にヒーリングを行なっている。怪我をした時にいちばん最初にすることはなんだろう。まず痛む部分に手を当てるのではないだろうか。そこをつかんで痛みを止めようとするかもしれない。この本能的な行為は同時に、痛む箇所にエネルギーを送ることになる。リラックスして、普通より長めに手を当て続ければ、より深いヒーリングが起こることに気づくだろう。母親なら誰でも、子供が痛がっている時には、その子を抱きかかえ、キスをし、あるいはそっと撫でてやる。ほかの愛する人々に対しても同じだ。このような素朴な反応をとりあげ調べてみると、深く愛情を感じている人に触れる時には、知らない人の時より、強い効果があることに気づくだろう。それはおそらく、自分の手に特別なエッセンスを込めたためだ。その人に対して抱いている愛情のエッセンスである。このように言われれば、自分が実はヒーリングを知っているのに気づいていなかっただけだとわかるだろう。

楽しい時、幸せな時、元気な時、あるいはそれ以外のあらゆるよい気分の時の手は、ほかの人にとって、嫌な気分の時の手よりも心地よい。嫌な気分の時のエネルギーは喜びに満ちた時とは異なっている。自分がどのような状態にあるかは、エネルギーを通してあらわれる。気分を調節することでエネルギーの質と流れを調整するのを学べば、じきに自分のエネルギーをヒーリングに使えるようになる。これがヒーラーが行なっていることだ。ヒーラーは自分のエネルギーを知覚し調節することを学び、それをヒーリングに使うのである。

このような日常の経験を我々はきっと原始人の頃からしていたにちがいないが、これが「ハンズオン（手当て）」ヒーリングの土台になっている。それは人類が生まれた当初からあった。古代の人々は、手から出るヒーリングのエネルギーに気づいていた。それぞれの文化が、おのおのの知識と伝統の枠組みの中で、この力を探求し使用してきた。ジョン・ホワイトは著書『未来の科学』の中で、世界の九十七の文化が、ヒーリングまたは生命エネルギーフィールドに対して独自の命名を行なっているとしている。このようなエネルギーは、中国とインドでは五千年以上前から知られている。

私は、あらゆるものをとり囲み、その内部にまで浸透している生命エネルギーを、ユニバーサルエネルギーフィールド（UEF）と呼んでいる。これに対して人間をとり囲んでいる生命エネルギーフィールドを、ヒューマンエネルギーフィールド（HEF）と呼んでいる。後者は、より一般的には「オーラ」として知られている。

HEFを知覚し制御する

多くの人がヒューマンエネルギーフィールド（HEF）を感じることができるし、誰でもこの知覚を学ぶことができる。実は人はすでにそれを感じているのだが、単に意識していなかったり、あるいは無視したり、なにかほかのものだと考えている。たとえば誰かが自分を見つめている時には、そちらを見なくてもわかる。これは相手のHEFを感じているからだ。あるいは紹介されたばかりの知らない人を即座に好きになり、仲よくやれると確信を持つ。あるいは、なにかよいことがあるような気がして、そしてそれが実際に起こる。このような場合には、人はHEFを、私がHSP（ハイアーセンスパーセプション、超感覚的知覚）と呼ぶものを通して感じているのである。HSPとは単に人間の感覚を、普段使い慣れている範囲以上に拡大したものである。これは第六感とも呼ばれる。これを指すのに使用される言葉にはほかに、透視力（普通の人に見えない、意味のある事柄を見る）、透聴力（普通の人に聞こえない音を聞く）、透感力（普通の人が感じられないことを感じる）などがある。

私は長年にわたりHSPを開発、研究、使用してきた。そして異なる種類のHSPを区別する具体的な方法も発見した。そのためには通常の五感（視覚、聴覚、触覚、味覚、嗅覚）のみならずそれ以外の感覚も活用する。その一つは直感で、これはなんとなく「知っている」という感覚である。たとえば、なにかよいことが起こると感じるが、それがなにかはわからないといった場合だ。別の例では、誰かから電話がかかってくると感じ、場合によってはそれが誰からかもわかるが、しかしなににについてなのかは正確にはわからないといった場合だ。

また、私が「直接知」と呼んでいる超感覚を使うと、完全で具体的な情報が直接得られる。たとえば、ある人から電話があり、それがいつかかってきて、相手がなにを言うかということまですべてわかる。あるいは自分がなにも知らないと思っていることについて質問をされた時に、その解答の全体的な概念と細かな詳細がすべてわかってしまう。通常、どこから情報がくるのかはわからない。ただ単に「わかる」のである。

さらに別の超感覚に、自分や他人の感情を感じとる能力がある。人はたがいに言葉にして伝えなくとも、相手がなにを感じているのか知ることができる。これは感情エネルギーを感じとっているのだ。

私はもろもろの感情の知覚と愛の知覚とを区別している。それゆえ、もう一つの超感覚は愛を知覚する能力となる。愛の知覚には、単に感情を知覚する場合に比べて、いっそう深い相手とのつながりがある。それは独自のカテゴリーに属する。

視覚、聴覚、嗅覚、味覚、触覚の五感に加え、人は直感、直接知、感情および愛の知覚という能力を持っている。こうした感覚がすべて機能している時、人は完全に自分が「今、ここに」存在していると意識することができる。

感覚は物事に意識の光を当てるのに役立ち、それにより人は「今、この時に」生きることができる。多くの人がメディテーションを通じてこれを経験する。このような存在の状態は、自己を制限する時間と空間の束縛から抜けでるための扉である。メディテーションにより心が鎮まり、明晰になり、超感覚的知覚への扉が開ける。

HSPにより得られる情報は非常に精妙なものであり、人間の脳は通常、それを重要でないものとして排除してしまう。これを音楽を聞くことにたとえてみよう。音が大きい時には、その中のより柔らかな調べを聞くのは難しい。音量を下げると、柔らかな調べや精妙なニュアンスが意味を持ち始める。リズムの中にリズムを聞くことができる。同じことがHSPとHEFにも当てはまる。頭の中の雑音のボリュームを下げて、生の柔らかなリズムと精妙なニュアンスに注意を払おう。これをしばらくの間練習すると、こうした精妙なリズムこそが、生の一瞬一瞬の経験の構成要素であることがわかる。これらはパワフルな生命エネルギーにつながっている。人間は皆このエネルギーによって機能している。

こんど自分の子供が膝をぶつけたら、その膝に手を当ててやろう。そしてその子に対する愛情を感じてみる。手が熱くなるだろう。なぜだろうか。それは自分のHEFからヒーリングのエネルギーが手を通して流れ、子供の膝が癒《い》えるのを助けているからだ。このエネルギーは、熱、パルス、あるいはぴりぴりとくすぐったい感じとして知覚される。このタイプの知覚は触感と呼ばれる。触れることでHEFを触感で感じるのだ。

HEFは知覚することができるのだから、自分の意志で操り、調整することもできる。次のようにして体のエネルギーの流れをかえてみるとよい。疲れている、あるいは緊張していると感じたら試してみよう。

横になり、体の太陽神経叢の中（胃のあたり）に心地よい太陽があると想像する。じきにずっと気分がよくなり、そのあたりが温かく感じられるだろう。リラックスするにつれ、呼吸もゆっくりになるはずだ。さらにスピリチュアルな面でもリラックスしたければ、今まで、おそらくは子供の頃経験したことのあるすばらしい宗教的あるいはスピリチュアルな経験を思い起こしてみる。神が（個人的にこの言葉があなたにとってなにを意味するものであれ）存在するのだと知っていた、特別な、すばらしかったあの頃。生きることが最も自然で、かつ神聖な経験だったあの頃。生きることがあまりに自然に感じられ、それゆえに注意など払う必要もなかった。神について改めて考えてみる必要さえなかった。そんな経験の中に自らを浮かばせ、創造主の腕の中に心やすらかに抱かれよう。こうすることでエネルギーの流れをかえられたはずだ。自分をパワフルなヒーリング状態に導いたのである。自らのエネルギーを感じよう。それは快いものだろうか。

このようにリラックスしたヒーリング状態に入るにつれて、HEFはより均質になり、また脳波がゆっくりになる。これは脳波計（EEG）で測定でき、通常、脳波がα波状態で、毎秒八ヘルツの周期にあることが示される。これがヒーリング状態（ヒーリングの起こる状態）として知られるものだ。磁場検知器は、HEFが七・八〜八ヘルツの範囲で脈動していることを示すだろう。これはあらゆる人にとってごく自然なエネルギー状態である。

子供の頃、とても自然になにも考えることなしにその時やっていることに完全に夢中になった経験があるにちがいない。同じことを、「創造力あふれる無頓着さ」というすばらしい体験をする瞬間に、人は行なっている。それは内的な源から流れでる生命エネルギーにすべてを委ねている瞬間である。この状態では、色がより鮮やかに見え、味は舌により甘く、空気はよりかぐわしく、まわりの音はシンフォニーを奏でているように感じられる。あなたも例外ではない。誰もがこの経験を持っている。

最高のアイディアはしばしば、問題への解決策を考えてもいなかった時にやってくる。森の中を散策したり、美しい夕陽を見つめたりしている時、突然答が浮かぶ。自己の内奥深くから浮かびあがってくるのだ。あるいは小さな赤ん坊の目をのぞき込んで不思議の念におそわれる時、人は生命の神秘への畏敬に満たされる。この感情も自己の内奥深くから顕れてくる。内奥深くにある泉、私が自分という存在の中心にあるコア（核）と呼ぶ部分からやってくるのだ。この深い内的な源からあなたの光が顕れる。それは人の内にある神聖な火花である。

創造力をもたらすヒーリングエネルギーにアクセスする

すべての人が、自己の内面の奥深くにあるこの源にアクセスするのを学ぶことができる。この創造エネルギーを自由に発することができるようになるには、練習が必要だ。しかしその過程は、創造エネルギーを引きだすことを学ぶというよりは、むしろ内面の障害をその通り道からとり払うものである。いったん障害がとり除かれれば、創造性は自ら水を湧出し続けるアルテシアの泉のように内奥から流れだす。芸術家や作家は皆、創造活動や執筆活動の障害を克服する苦労について知っている。障害がいったんとり除かれれば、絵や文章は川のように流れだす。同じことは、難しい問題に取り組んでいる科学者にも起こる。すべてのデータが頭脳の理性的部分に送られ、理性は解答をみつけようとするが、うまくゆかない。しかしたっぷりの睡眠、いくらかの夢と右脳的活動の後、答はおもむろにあらわれる。創造パワーが、内的なプロセスによって解放されたのである。このプロセスとは、答をみつけようとするのをやめ、エネルギーの通り道から立ち退き、それが流れだすのにまかせることである。

創造パワーはまた、危機の際にも解放される。そのような時、人は「ヒーロー」になる。誰でも、危機の時に起こったとてつもない離れ業について聞いたことがあるだろう。たとえば事故の直後、愛する人を助けるために車を持ちあげた男性の話。あるいは「家に帰らなければ」と強く感じて家にもどったために、危ない目に遭いかけていた自分の子供を救うことができた女性の話などだ。

この創造パワーを解放すれば、人はどんな仕事にもすばらしい力を発揮できる。ヒーリングのプロセスとは、この創造パワーを健康のために解放する過程である。事実、私の視点からみれば、またこの本でも語ってゆくように、病気の多くは自己の創造エネルギーの自然な流れが阻害された結果起きるのである。

人はなぜ創造エネルギーを止めようとするのか

人生の中で痛みに満ちた経験を通り抜けると、人は反射的にその痛みを感じないように努める。これは子供の頃からの習慣となっている。痛みを覚える部分から意識を引っ込めることで、身体の痛みを切り離してしまう。筋肉を緊張させて精神的、感情的苦痛を意識から切り離し、無意識の中に抑圧するのだ。そしてその苦痛を無意識（時には表層意識のわずかに下の領域）に抑圧し続けるために、ありとあらゆる出来事を人生に創りだして、気を散らし、注意を逸らそうとする。ある人は自分自身をやたら忙しくさせ、仕事中毒になる。あるいは逆に、一日中家に引きこもってテレビを見ている人もある。多くの人が麻薬、煙草、チョコレート、あるいはアルコールの中毒になる。また「一番」中毒の人も多く、よかれあしかれ一番を目指す。我々は自分の問題を他人に投影し、自分の問題を解決しようと努めずに他人の問題を心配する。非常な量のエネルギーを誤った方向に注ぎ込むか、あるいは抑圧して、自己の痛み、そして今この瞬間の自分の感情や状態を感じるのを避けようとする。そしてそれでうまくゆくと考える。「自分の本当の姿」を感じずにすませる、あるいは「真の自分自身」であることなしにすませられると考えるのだが、うまくゆきはしない。その代償はとても大きなものだが、代償があるということさえ否定しようとする。その代償とは自己の「生」である。

こうしたあらゆる痛みを止める唯一の方法は、その痛みの導体であるエネルギーの流れ自体を止めることだと人は考える。エネルギーには、肉体、感情、精神の痛みを伝える特定の流れがある。困ったことに、この流れは同時に痛み以外にもあらゆるものを伝える。痛みはその一部でしかない。特定の否定的状況における痛み、怒り、恐怖などのネガティブな経験を押し殺すことは、肉体的、感情的、精神的側面を含むすべてのポジティブな経験をも押し殺してしまうことになる。

人は、こうした過程に気づいてさえいないかもしれない。理性の発達する年頃にはもう、習慣になっているからだ。自分の心の傷を壁で遮ってしまうのだ。傷を壁で遮ることは、しかし、同時に自己の内奥の中心、すなわちコア（核）へのつながりをも遮ってしまうことになる。さらに、創造のプロセスはこの内奥のコアから生じるものであるため、それも遮られることになる。こうして人は奥深くに存在する自己を、意識的に知覚することからも外面的人生からも文字どおり遮る。

凍りついた精神時間複合体

苦痛の抑圧は、子供時代のきわめて早期に始まる。それはしばしば、母親の胎内にいる時にもう始まっている。そして苦痛な出来事に出会ってはエネルギーの流れを止めるたびに、その経験はエネルギーと時間のレベルで凍結される。これはＨＥＦ（ヒューマンエネルギーフィールド）の「ブロック（障壁）」と呼ばれる。ＨＥＦはエネルギー意識体からなっているので、ブロックとは凍りついたエネルギー意識体である。そして精神の中でこの出来事に結びついた部分もまた、痛みを止めた瞬間に凍結される。それは再度溶かされるまで、凍りついた状態のまま残るのであり、本人が成長してもいっしょに成長するということがない。その出来事が一歳の時に起こったとしたら、自己のその部分はいまだに一歳のままであり、呼び覚まされた時には一歳の子供として行動する。このような部分は、癒《いや》されるまで成熟することがない。そのためには、そのブロックに充分なエネルギーが送られて溶かされ、成長がふたたび開始されることが必要だ。

人はこのようなエネルギー意識体と時間からなるブロックを山のように抱えている。ある人が一日のうち大人の自分として行動するのは、いったいどれくらいの間だろう。あまり長い時間ではない。人と人は絶え間なく、さまざまな凍りついた精神時間ブロックから、たがいにやりとりをしている。どのように密なやりとりにおいても、ある瞬間にはたがいに内面の大人として現実を経験しているかと思えば、次の瞬間には一方または双方が、ある特定の年齢の傷ついた子供の意識にきりかわっている。このように内面の意識がある面から別の面へと絶え間なくきりかわるために、人間どうしのコミュニケーションは、こんなにも難しいものになっている。

凍りついた精神時間ブロックが大きな力を持つ理由の一つは、これが類似のエネルギーごとに凝固して凍結した「精神時間複合体」を形成するためだ。たとえばそのエネルギーは「捨てられる」というテーマに関するものかもしれない。ジョーという名の中年男性を例に考えてみよう(これは架空の人物だが、彼は私がこれまで治療してきた多くの人々の人生を典型的にあらわしている。誕生の時点で起こること、また人生を通して起こり続けうることを示すために、この章を通じてジョーの例を使用する。「ジョー」は我々のうちの誰でもありうる)。

ジョーが生まれた時、彼は母親から切り離された。これは母親が難産で麻酔を与えられたためだ。一歳になった時、また母親から切り離された。これは母親が新しい赤ん坊を生むのに入院したためだった。この二つの人生経験から、母親をとても愛している子供であったジョーは、「最も愛している人から自分が捨てられる」ことを予想するようになる。後の人生において種々のレベルで「捨てられる」経験をする時、彼にはそれが、初めての「捨てられる」経験と同じ衝撃をもって経験される。

このような深い精神的トラウマ(外傷)から、人は「イメージ的結論」を形成する。イメージ的結論は過去の経験に基づいている。ジョーの場合でいえば「捨てられる」経験だ。それは「もし誰かを愛すれば、自分は捨てられる」という子供っぽい論理に基づく。このイメージ的結論は後のあらゆる似通った状況でも影響を与える。明らかに、一歳のジョーは自分がこのような見方をしていることに気づいていない。かわりに、それは無意識に彼の思い込みの体系に組み込まれ、人生を通して持ち続けられる。さらにはじめの二つの出来事はまた、ジョーが十歳の時の出来事に直接結びつく。この時、母親は彼を家に残して休暇の旅行に出かけた。似たような出来事が人生で起きるたびに彼は、目の前の状況よりもイメージ的結論に基づいて反応する。これによって引き起こされる感情的反応はすべて、現在の実際の状況からいえば非常に誇張されたものである。

あとの章で見るように、イメージ的結論は元のトラウマと似たトラウマを創りあげるような行動を生みだす。であるから、たとえば妻や恋人に捨てられるという状況に到った原因には、ジョー自身がおおいに関係している。無意識の否定的な予想に基づいた行動がこのような状況を創りだすのに荷担する。自分が捨てられることを無意識のうちに予期するため、妻や恋人をいかにも自分を見捨てる人間のように扱うのである。妻や恋人に対して、愛を証明しろと過剰な要求を突きつけたり、あるいは自分を捨てようとしていると責めさえするかもしれない。この無意識の行動が相手を刺激し、実際に出ていってしまうのに一役買うだろう。しかし本当の、より深い問題は、彼が自分自身を「捨てられてあたりまえ」の人間のように扱うことで、実は自分自身を見捨てているということなのだ。

おいおいわかるように、イメージ的結論の力を決して過小評価してはならない。自分の持っているイメージ的結論をみつけることが、健康と幸福に到るトランスフォーメーション（自己変容）プロセスの鍵である。人はこのようなイメージ的結論を山のように抱えており、そのまわりには凍りついた精神時間複合体が集積している。人は誰でも実にたくさんの自己浄化を必要としている。

凍りついた精神時間ブロックは、あるイメージ的結論を構成している類似のエネルギーのまわりに固結する。これは、「個々の経験は時間によって隔てられているのだから、感情としても別々に分離されているはずだ」と考える人を混乱させる。実際にはそうはゆかないのだ。凍りついた精神時間複合体の個々の断片は、過去にある経験をした時に凍りついたエネルギー意識体から構成されている。そして類似の経験どうしは、たがいの時間的間隔がどんなに開いていようとも、直接つながりあっている。

ヒーリングを受けると、凍りついた精神時間ブロックの小さなものが溶ける。これによってブロックの中に閉じ込められていたエネルギーが解放され、HEF中のエネルギーの流れが増加する。そしてさらに自動的に、似通ったエネルギーを持つほかの小さな精神時間複合体が溶ける。ジョーの例にもどると、時間ブロックが解放されるごとに、その中に閉じ込められていた出来事が、今わが身に起きているかのように経験される。このように、経験しているのは三十歳の時からの痛みであっても、それが解放されると同時に、十歳の時にもどっている。じきに意識は十歳から一歳へと遡る。

人格のほかの部分といっしょに成長しなかったこうした精神の断片が解放されると、それは急速に成長を開始する。これには数分から最長二年ほどを要するが、それは凍りついたエネルギー意識体がどれほど深く、強く、広範なものであったかによる。

この解放されたエネルギーがHEF全体に均等に統合され、生活の中での創造プロセスにふたたび使用できるようになると、人生全体に変化が起こり始める。ジョーの人生は、創造プロセスの中で活動し始めた新しい意識の視点から再構築され始める。他人から面倒をみてもらうために無意識に自分自身を見捨てることをしなくなる。そして自分を受け入れるようになるだろう。自分が伴侶を得るに価し、また実際にそれが可能だと信じるようになるからだ。いったん自分自身との新しい関係が育ち始めると、こんどは「恋人を捨てる」タイプのエネルギーを持たない女性を魅きつけるようになる。このようにして、異性との関係は安定したものになってゆく。もちろん「ぴったりの女性」が現れるまでには、何度かの「練習」が必要かもしれないが。

過去生に由来する痛み

「過去生」については、文献検索と催眠退行の両方からさまざまな研究がなされている。こうした研究によれば、慢性の精神的苦痛の起源を遡ると前世での体験にたどりつく。この分野の詳しい研究書の一つに、ロジャー・ウールガー医師の『他の生、他の自己』がある。過去生退行セラピーにおいて、ウールガー医師は、いったん患者が過去生の苦痛を再体験してこれを浄化すると、ほかの治療では手のつけられなかった今の人生における類似の問題をも解決できるようになることを発見している。

過去生もまた凍りついた精神時間複合体の中に閉じ込められており、類似のエネルギーごとにたがいに結びついている。時間によって隔てられることがなく、したがって今の人生の出来事もほかの生の出来事もたがいに直接結びついている。過去生からの凍りついた出来事を解放するには、少々余分のエネルギーが必要である。というのもそれはより長く存在しており、より多くの残骸で覆われているからだ。しかしヒーリングセッションで解放することができる。患者の方で準備ができると、セッション中に自然に起こる。

ヒーリング中に私が行なったHEF（ヒューマンエネルギーフィールド）観察によれば、今の人生で解決の難しい慢性的な問題はつねに、過去生からのトラウマがその奥にある原因となっている。今の人生で受けたトラウマがハンズオン（手当て）ヒーリングによってある程度浄化されると、その下に埋もれていた過去生のトラウマが、浄化を求めて表面に上がってくる。このタイプのヒーリングは、患者の肉体的健康ばかりでなく人生そのものを転換させるのに大きな効果がある。ハンズオンヒーリングによる過去生トラウマの解放は、つねに大きな変化を引き起こす。その場合、患者が必ず自己の過去生の経験を今の人生の状況に明確に結びつけて理解することが重要だ。それによって複合体全体を解放し、患者が今の人生での問題を避けるのに利用させないようにするためである。

痛みの根源――「原初の傷」

「痛み」の根源は、私の視点からみれば、肉体や感情の痛みを止めようとエネルギーを遮断する行為や過去生と呼ばれる事象よりもさらに深い。それは、我々一人一人が「切り離されている」、ほかの人間から、また神から切り離されているという思いからくる。多くの人は、「個人」であるためには他から切り離されていなければならないと信じている。その結果、自分自身を、家族、友人、組織、国、地球、その他あらゆるものから切り離す。切り離されていると信じることから恐怖が生まれ、そして恐怖からいっさいのネガティブな感情が発生する。いったんネガティブな感情を創りだしてしまうと、こんどは自分自身をもそれから切り離す。こうしてさらに苦痛と幻影が創りだされ、それはネガティブなフィードバックの環が断ち切られるか、各自のヒーリングを通じて覆されるまで続く。この悪循環を覆し、より多くの喜びと明晰さを人生にもたらすこと、これが本書のテーマであり、土台となるのは愛およびこの世のすべてのものとの結びつきだ。

愛とは、神や神以外のすべてのものとの「結びつき」の経験である。神はあらゆるところに存在し、あらゆるものの内に住む。神は我々の上にあり、下にあり、まわりにあり、内にある。その聖なる火花は我々一人一人の内にあり、かけがえのない唯一のものだ。この火花は、個々の人の内に顕現した神自身である。人はそれを内なる泉、あるいは存在のコア（核）として経験する。外なる神とのつながりが強くなるほど、内なる神とのつながりも強まり、内なる神の個性を外部に表現することができるようになる。遍在する神と自己の内に内在する神が結びついた時、我々は完璧に安心できるし、また自由である。

原初の痛みを隠すために「仮面の自己」が形成される

生まれたばかりの頃、人はまだ、偉大なスピリチュアル界の知恵と力に、自己のコア（核）を通じて非常に強くつながっている。この自己のコアとの、そしてスピリチュアル界の知恵と力とのつながりは、完璧な安心感と畏敬を与えてくれる。しかし成長するにしたがってこのつながりは徐々に薄らいでゆき、自分を外部の環境から守ろうとする両親の声にとってかわられる。この声は正しいことと間違ったこと、良いことと悪いこと、決断の仕方、特定の状況での行動や反応の仕方について教える。コアとのつながりが薄らぐにつれて、子供の精神は必死に、生まれ持っていた原初の知恵を機能的自我ととりかえようとする。残念ながら、押しつけられた、あるいはとりこんだ両親の声は、決してとってかわることはできない。そこで「仮面の自己」（マスク）がつくられる。

仮面の自己とは、自分を「正しい」ものにしようとする最初の試みである。これによって人は、「自分の姿」をポジティブな形で、かつまわりの世界に受け入れられるような形で表現しようとする。世界は自分を拒むのではないかと恐れているので、これならばまわりから「正しい」と言ってもらえるだろうと信じる仮面の自己を示す。そうすれば世界に受け入れられ、安全だと感じられるだろうと期待する。仮面の自己が他者とつながろうと努めるのは、それが「正しい」行動だからだ。しかし仮面の自己は他者との深いつながりを確立することはできない。それ自体が人格の本質を否定するものだからだ。仮面の自己は自らの内に恐怖やほかのネガティブな感情が存在することを否定する。

人はこの仮面を創りあげるのに精一杯の努力を注ぎ込むが、うまくゆかない。仮面は決して求めている内面的な安心感をもたらすことができない。仮面がもたらすのは「詐称者」であるという気分だ。というのは、いくら自分が善良だということを証明しようと努めてもつねに「善い者」であることはできないからだ。そのために自分が偽者であるかのように感じられ、さらに恐怖が増す。そこでなおいっそう、自分が善良であることを証明しようとありとあらゆる努力をする（そしてこれも、内にとりこんだ両親の声に従って行なわれる）。これはさらに恐怖を生みだす。そしてこの努力を常時維持することができず、自分が偽者であるという感覚がよりいっそう強く生みだされ、さらに恐怖が増すという悪循環が生みだされる。

仮面の意図は、自己を世界から守ることだ。世界が自分に対して悪意を抱いていると信じているので、自分が「善い者」であると証明することで自分を守ろうとする。しかしそれがもたらすのは偽りと否定だ。仮面はさらに、自分の目的が自己の痛みと怒りを隠そうとしているという事実を否定する。というのは、自己の内にそのようなものが存在すること自体を否定するからだ。仮面の意図は、ネガティブな行動、思考、行為に責任をとることなく、自己を守ることである。

仮面の視点からは、痛みと怒りは自己の人格の外部にしか存在しない。自分の行動や感情に責任をとらず、なにかよくないことが起こったらそれはほかの人間の責任でなければならないと考える。怒ったり痛みを感じたりするのも誰かほかの人間でなければならない。

この虚構を維持する唯一の方法は、つねに自分が善い者だと証明することだ。こうして人は、自分が善い者だと証明しなければならないという圧力をつねに自分に与えておきながら、内面ではそのことに怒りを覚える。従順に規則に従おうとするか、さもなければ、自分が正しく他人が間違っていると証明しようとする。

人は他人の規則に従って生きなければならないことに怒りを覚える。それは大変なことだ。本当はやりたいと思うことだけをやっていたい。やがて疲れ、腹を立て、もうどうでもよくなり、ネガティブな不平や非難をぶちまける。そして他人を傷つける。仮面といっしょに抱え込んだエネルギーは、ねじれ、押しつけられ、漏れだし、他人にぶつけられる。そしてもちろん本人はそれさえも否定する。というのは、意図しているのは自己の安全を守ることであり、そのために自分が善い者であることを証明しなくてはならないからだ。

内部のどこかで、人は悪態をつくことに快感を覚える。抑圧されているエネルギーを吐きだすことには、それが明確で直接的なものでなくとも、またその行動が責任あるものでなくとも、解放感がある。人間の内には、自分のネガティブなエネルギーを誰かほかの人間にぶつけることに喜びを覚える部分がある。これは「ネガティブな快感」と呼ばれる。その根源は「ロウアーセルフ（低い自己）」にある。

ネガティブな快感とロウアーセルフ（低い自己）

誰でもきっとネガティブな行動に喜びを覚えた記憶があるだろう。エネルギーの動きはどのようなものでも、それがポジティブであろうとネガティブであろうと、快い。それによって内部にためこまれたエネルギーが解放されるからだ。エネルギーが最初に動き始めた時には苦痛を感じるかもしれないが、必ずそれはすぐに快感にとってかわられる。というのは、苦痛が解放されると同時に創造パワーも解放され、それはつねに快感として経験されるからだ。

ネガティブな快感は「ロウアーセルフ」から発する。ロウアーセルフとは、人間の内の真の自己の姿を忘れてしまった部分だ。我々の精神の内の、世界はたがいに切り離された否定的なものであると信じ、そのように行動する部分である。ロウアーセルフはネガティブであることを否定せず、むしろ楽しむ。ネガティブな快感を感じようとたくらむ。ロウアーセルフは自分のネガティブさを否定しないので、仮面の自己よりは正直だ。ネガティブな意図について正直であり、親切なふりをしたりしないし、実際親切などではない。自分のことをつねに一番に置くがそのことについて弁解したりせず、こう言う。「私は自分のことにだけ関心がある、あんたのことなど関心はない」。己と他人とに同時に関心を持つことができない。切り離された世界にいるためだ。ネガティブな快感を楽しみ、もっと味わいたいと望む。自己の抱える痛みについて知ってはいるが、その痛みを感じるつもりはさらさらない。
ロウアーセルフの意図は、切り離された状態にとどまり、やりたいことをやって、なおかつ痛みを感じないですませることである。

ハイアーセルフ（高い自己）

もちろん、成長過程で精神の全部がコアから切り離されるわけではない。一部は明晰で、愛することを自然に知っている。この部分は、自己の内に内在する神聖な存在に直接つながっている。それは知恵と愛と勇気に満ちており、偉大な創造パワーにつながっている。それは、自らの人生に創りだされてきたすべてのよいものを可能にしてきた部分であり、真の自分を忘れていない部分である。

平安、喜び、充足が人生にある時はつねに、ハイアーセルフ（高い自己）が創造の原理に則ってあらわれている。「本当の自分の姿」や「真の自己」とはなにかと疑問に思う時は、自分の人生のこういった領域に目をやるとよい。そこにこそ真の自己が表現されている。

人生のネガティブなところを真の自己が表現されているところと考えてはいけない。逆に「自分の本当ではない姿」があらわれているところ、「真の自己」があらわれるのを自分で遮っている例なのだ。

ハイアーセルフの意図は、真実、一体感、尊敬、個性、明晰な自己認識、そして創造主との一体化を目指すことである。

仮面の自己やロウアーセルフの隠された意図

ハイアーセルフ、ロウアーセルフ、そして仮面の自己の主な違いはそれぞれの背後にある意図にあり、またそこから生じる、他者とのやりとりの際に生じるエネルギーの質にみることができる。

人間どうしのやりとりがしばしば混乱を招くのは、その裏に異なる意図があるためだ。人が話す言葉は、ハイアーセルフ、ロウアーセルフ、仮面の自己のいずれの意図によっても発せられる。言葉自体はあることを表現しながら、裏には別の意味があるかもしれない。ハイアーセルフが「我々は友達だ」と言う時、それはそのとおりの意味である。しかし仮面の自己がそう言う時には、それは「私が『善い者』の立場にいられる限り、我々は友達だ。そしてあなたは、私が『善い者』であるという幻影を決して危うくしてはならない」という意味だ。そしてロウアーセルフが「我々は友達だ」と言う時には、それは次のようなことを意味する。「我々は、私が許す限度において友人だ。その範囲外では気をつけろ！あまり近づきすぎると、私は自分が欲しいものを手に入れるために、自分が痛みを感じるのを避けるために、あんたを利用するぞ。あんたがあまり私や私の痛い部分に近づきすぎたり、欲しいものを手に入れるのを邪魔しようとしたら、始末してやる！」（この場合「始末する」とは、相手を止めるのに必要なあらゆる行動を意味する。それは単に口をきかない、議論や力争いで打ち負かすといったことから、実際に相手を「始末する」ことまでを意味しうる）。

原初の傷を防衛または否定するとさらに痛みが創りだされる

コアから発せられた行動が仮面によって歪曲されればされるほど、他人を責めることで自分の行動を正当化する必要がでてくる。ロウアーセルフ（低い自己）の存在を否認すればするほど、自分自身から力を奪うことになる。「否認」は、どのようなものであれ、自分の中にある創造の源の力を阻害するからだ。そしてますます大きな苦痛と無力さの悪循環を創りだす。この苦痛と無力さの悪循環が大きくなるほど、原初の痛みや傷はいっそう大きくみえるようになる。それは幻の痛みで覆われるようになり、その想像された痛みはあまりに激しいため無意識のうちにその痛みを恐れ、それを経験するのを避けるためならどのようなことでもするようになる。想像の中でそれは、耐えがたい拷問、そして自己を抹殺する力となる。原初の傷を避け、癒さずにいることを正当化すればするほど、その傷はいっそうぬかりなく埋め込まれ、やがて本来の姿とはまったく別のものと化してしまう。

ヒーラーおよび教師としての経験から、私はこう結論する。人ははじめに創りだされた傷自体によってよりも、その傷を習慣的な防衛パターンを通して防衛することで、より多くの痛みと病気を人生と身体に創りだす。

習慣になってしまった防衛システム

私の経験では、自己のHEF（ヒューマンエネルギーフィールド）を習慣的な防衛システムへと歪めることこそ、ほかのいかなる原因にもましてひどい苦痛と病気を自分の中にもたらす。

あとの章でHEFについてとりあげる際に、この習慣的防衛がどのようにHEFの機能を阻害し、身体に病気を創りだすかを説明する。習慣的な防衛パターンはHEF中の「防衛システム」とみることができる。エネルギーレベルの防衛システムは習慣的なHEFの歪みという形をとり、人は繰り返しここへと退却する。これは仮面の自己と関係している。

この防衛システムによって苦痛と怒りを抑え込むことに成功すればするほど、ポジティブな感情も同時に抑え込まれることになり、鈍感になる。人生は望んでいたようにゆかず、ありきたりで退屈なものになる。エロスは死に絶える。習慣になってしまった悪循環に捕えられ、人生に望んでいたものを創りだすことができなくなる。これは身体にも大きな犠牲を強い、そして人生に対する信頼が失われ始める。痛みを塗り込めるという習慣はまた、自己の奥深くにあるコア（存在の核）をも塗り込めることになる。そしてコアがどんなふうに感じられるのかさえ忘れてしまう。自己の本質、エッセンスを忘れてしまう。自分の本当の姿さえ忘れてしまう。自分の人生を創りだす本質的なエネルギーとの接触を失ってしまう。これではまるで、自分の思いどおりの人生を創りあげようとする時にそもそも「自分」の姿を知らないようなものではないか。

原初の傷に回帰する

自分の姿を忘れない唯一の方法、人生を望みどおりに創りあげて健康で心やすらかになる方法は、自己のコアとのつながりをふたたび確立することである。そのためにはただ一つの道しかない。自分が持っている「イメージ的結論」をみつけだして観察し、それに関わる「凍りついた精神時間複合体」を解放し、それによってすべてのイメージ的結論の根源、すなわち「原初の傷」にたどり着くことである。自己の原初の傷を掘りださなければならない。これは、自己の防衛システムをくぐり抜け、傷のまわりのネガティブな感情とそれをとりまく何層もの想像上の痛みを浄化することを意味する。ひとたび原初の傷にたどり着けば人生はあらゆる面で変化し、自分自身と人生を癒すことができる。これがトランスフォーメーション（自己変容）のプロセスだ。

原初の傷を探すにはさまざまなテクニックがある。自己暗示や身体の姿勢を利用した心理退行が例として挙げられる。こうしたものはすべて私のヒーリングスクールの授業で教えられ、学生たちは自己の原初の傷にたどり着くことを学ぶ。

あるグループエクササイズでは、学生たちは自分の考えている自己の原初の傷をあらわす姿勢をとることでエネルギーの防衛をとりはずそうと試みる。この姿勢をみつけるためには、目下人生で直面している重大な感情的問題や痛みに注意を向け、肉体がそれに反応するにまかせればよい。このテクニックが有効なのは、凍りついた精神時間複合体の中では類似のエネルギーが痛みどうしをつなげているからである。

肉体の反応を強めかつ内面に集中し続けることで痛みが外部に引きだされ、やがていっそう明らかになってくる。すると教室は、苦痛のただ中にある非常に傷つきやすい状態の学生たちだらけになる。彼らのねじ曲げられ歪められた姿勢は、明らかにその痛みをあらわしている。片足で立ち、もう一方の足と両手をねじ曲げて突きだす者もいる。また頭をたれる者も多く、小さな子供のように丸まって床に横になる者もある。

このエクササイズでは、現在の人生の問題にまつわる痛みが実は人生のはじめに経験したものと同じであることが明らかになる。そして現在の痛みが外に表現されるにつれて古い痛みも解放されることになる。そのために、学生たちはずっと同じ姿勢をとり、同時にさらに深く時間を遡って原初の傷を負った時点へと意識を集中し続ける。

一層、一層、傷のまわりに築かれたイメージ的結論に結びついた痛みを通って、自然に精神的退行が起こる。この痛みは強烈であり恐怖を引き起こすが、基本的には幻である。というのは、これはイメージ的結論の中に閉じ込められた幻に基づいているからだ。「幻の痛み」という意味を説明するために十歳のジョーの例にもどろう。この年にジョーは母親が自分を置いて一週間の休暇旅行に出かけたのに非常なショックを受けた。だが実際には、本当に彼にショックを与えたのはその出来事ではない。

原初の傷のまわりに固結した幻の痛みを通り抜け続けると、やがて傷自体に達する。それにいっそう近づき中に入り込むにつれ、痛みが減少してゆくのに学生たちは驚く。

学生たちは、ひとたび原初の傷の中に入ったらその姿勢を維持しながらほかの学生に近づいてゆくように言われる。もう一人の傷ついた人間と触れあうためである。これはつねに教室に畏敬の感情をもたらす。誰もが傷ついている。誰もが同じなのだ。こうしてたがいに触れあうことで、深い愛が教室に生みだされる。

エクササイズが終わり体験を話しあう時間になると、面白い発見が起こる。通常、学生たちは自分の傷が考えていたものとまったく違っていたことに驚く。また痛みの大部分は傷自体からではなく、それを防衛することから生まれたのだと発見する。人は人生のきわめて初期にイメージ的結論を創りだし、それに基づいて人生がもたらすと信じたものに対し自己を防衛し始める。そしてそのイメージ的結論から自己を守ろうとしてエネルギーの流れを止めるたびに、凍りついた精神時間複合体が大きくなってゆく。そのたびに痛みの幻は大きくなり、しまいにはその本当の姿さえ見失ってしまう。残されるのは未知の「恐ろしく堪えがたい痛み」だけとなる。

このエクササイズの最も重要なところは、人生において自分がどれだけの時間とエネルギーを原初の傷を防衛するのに使っているかに気づくことだと学生たちは言う。最も深くにある痛みは自己に対する裏切りからくる。このエクササイズを行なうことで学生たちは、自分が非常に幼い時期に下した「真の自分らしさに基づいて行動などするものか」、「真の自分の姿など認めるものか、それに従って生きることなどするものか」といった決断を感じることができる。そしてこれまでの人生でこの決断を、しまいには無意識の習慣になるまで繰り返し下してきたのもみることができる。この習慣は防衛システムによくみられる。

このエクササイズは学生たちに、より大きな自由と人生に対するまったく異なった展望とを与える。人生は真実に基づいて自己を裏切らずに生き続けるという絶え間ないチャレンジとなる。人生の最大のチャレンジは、どのような状況にあろうとも自己の存在のコアにつながりを持ち続け、それを表現し続けることである。

上に記述したような痛みは一部の人々だけが持っているものではなく、すべての人間に程度の差こそあれ存在する。ただある人たちはほかの人よりもそれによく気づいているというだけだ。

現状では人は二元性に生きている

人は毎日、自己のコア（核）をある程度表現する。どの程度あらわせるかは、どれほどしっかりとかつ明確に自己のコアエッセンスにつながりを維持し、それが出てくるにまかせているかに比例している。人生で問題なしにスムーズに流れている部分、自分を完全に満足させてくれている部分こそが、直接自己のコアにつながっている部分だ。コアから直接、妨げられずに表出するエネルギーはすばらしい業績と偉大な人生を創りだす。またすぐれた健康ももたらす。こうしたものはハイアーセルフ（高い自己）のあらわれである。人は皆ハイアーセルフを持って生まれ、ハイアーセルフは決してコアとのつながりを失うことがない。

人は通常、自分の中のこの部分についてきわめて内気である。日常ではほとんど、人生で自分がどれほどほかの人のことを気遣っているか、どれほど愛しているか、そしてどれほど憧憬を抱いているかを表に出すことがない。こうしたものを覆い、レッテルをはり、（内在化された両親の声が認める）「妥当な」範囲の表現に押し縮め、それで満足してしまう。これが「適切な」行動であると信じている。

注意深く自分の行動を見張るのを怠ったような時はふと自分自身が解放され、創造力が流れだす。考える前にやってしまった突然の親切な行動、あるいは愛や友情の表現は、コアエッセンスのあらわれである。親密な結びつきが築かれ、愛が流れだす瞬間だ。

しかしその後、自分で創りだした光と愛に耐えることができず、恥ずかしくなってあとじさりする。自分のやっていることに気づき当惑して自己を遮断するには数秒しかかからない。どこからともなく恐怖が湧き出て、こう言う。「多分、間違ったことをしたのだ」。これは自分のコアにとってかわった両親の声だ。その奥には防衛反応があり、こう言っている。「このエネルギーの流れを止めろ。さもないとなにもかも感じることになるぞ！　せっかく私がお前のために埋めておいてやっている痛みまで含めて」。そしてそこで自分の生命力の流れを止め、押し込めてしおれさせてしまう。こうして自分を「通常の安全」レベルにつれもどす。そこでは波風を立ててはならないのだ——とりわけ自分自身の感情については。

これが人の現状である。人は人生の環境にかかわらず、二重選択の中で生きている。今この瞬間にも、「イエス」、調和がとれて力に満ちた安心していられる無防備さを選択する、と言うことができる。そうすれば満ちたりた人生がもたらされるだろう。「ノー」と言うこともできる。「ノー」を選択すれば、真に調和のとれた人生に対して防衛線を張り自己の活力を遮断することになる。

大部分の人間はたいていいつも自己の活力の一部を殺す方を選んでいる。なぜだろうか。無意識のうちに、生命力を流れさせることは古い痛みをぶり返させると知っており、それを恐れているからだ。それをどう処理したらよいかわからずにいる。だから防衛線から後退し、昔ながらの一見適切な、仮面が形成する「自分の姿」の定義にもどる。仮面の自己の声、すなわち内在化された両親の声はますます強くなり、後退を強いる。「おまえは自分を何様だと思っているのだ？　神だとでも思っているのか？」、「本当に物事をかえることができるなどと思っているのか？」、「いいかげんに現実的になれ！　人間はかわらないものだ。自分の持っているものに満足しろ」、「おまえは欲張りだ」、「自分の持っているものに感謝することをしないやつだ」、あるいは「両親が自分をもっと大切に扱ってくれていたら……」、「もし夫があんなことさえしなければ……」、「もしもっと美人に生まれてさえいれば……」というふうに、仮面が自己を現状にとどめるために使う言葉は百万通りもある。この声に従うことはある程度まで痛みを感じるのを防ぐ。しかし長期的にはさらに痛みが創りだされ、ついには病気を引き起こす。

病気は、自己の一部を存在のコアから覆い隠し切り離すことによってもたらされる。切り離すにつれ自分の本当の姿を忘れ、忘れたまま、すなわち、仮面の自己とロウアーセルフ（低い自己）および防衛システムに従って生きるようになる。ヒーリングとは自分の本当の姿を思いだすことだ。自己の内の存在のコアから切り離してしまった部分をふたたびコアにつなぎ、それに従って生きることなのだ。

ポジティブなエネルギーを抑圧するのに比例して、自己の創造性と健康な人生を維持する力、自己を癒す力は失われてゆく。

存在のコアとのつながりをふたたび確立して自らを癒すことは、我々一人一人の仕事である。

原初の傷の原因と役割

原初の傷の原因あるいは目的はなんだろう。原初の傷が創られるのは、生まれたての赤ん坊とその赤ん坊のコアに内在する深いスピリチュアルな知恵との関係が薄れてゆくせいだ。人類の進化という視点からみて、なぜこうしたことが起こるのだろう。その答は、人生の初期におけるコアとのつながりと人生経験を通して獲得されたつながりの違いにある。赤ん坊の時のつながりは無意識のものである。これに対して人生経験を経て築かれたつながりは意識的なものだ。大人としての自己のコアとのつながりは人生経験を通してもたらされるが、それは自己の内なる神聖さについての意識的な認識を生みだす。大人は人生を通して、自らが宇宙の神聖な光の火花の一つであることを発見する。それは個人の内に顕現された神性だ。これは進化の過程であり、人類にさらに意識的な目覚めをもたらす。肉体を持って生まれることの目的は、自分が神聖な宇宙の共同創造主であるという認識を得ることにある。

憧憬を追い求めて人生の使命にたどり着く

人は皆、真の自分自身になり、それを理解し、そして表現したいという憧憬を抱く。この憧憬は人を進化の道に沿って導いてくれる内面の光である。個人的レベルでは、すべての人が「自己の存在のコアにふたたびつながりを確立する」という目的を持って生まれている。これを全うするには、自己の意識とコアの間にある障壁をとり除かなければならない。これは「個人的な人生の目的」と呼ばれる。これを達成すると、内奥の創造エネルギーが解放され、自己の存在のコアから「贈り物」、すなわち「ある特別な才能」がもたらされる。この「贈り物」はまず自分自身が受け取り、次に世界もこれを分かちあう。この「贈り物」、つまり自己の才能を世界にもたらすことで、人はこの世界における自己の使命を果たすことができる。この世界レベルの使命が形をあらわすのは創造エネルギーが自己のコアから解放された時だけだ。このように、我々がこの世界で達成したいと望むことは自己のトランスフォーメーション（変容）プロセスに取り組むことによってのみ実現可能となる。

誰もが傷ついたヒーラーである

人は皆「傷ついたヒーラー」だ。自分を「無防備」にすること、自分を表に出して内面にあるものを見せることは、それがポジティブなものであろうとネガティブなものであろうと、ためらわれる。自己の抱える痛みや傷を見せることをためらい、恥じて隠そうとする。そのような痛みや傷を抱えているのは自分一人だと、あるいは自分の痛みはほかの誰のものより恥ずべきものだと考える。ごく安全だと感じられない限り、自己をみせるのは難しい。これが人の現状だ。誰でも、自己の傷を外部に対して認めるまでには時間を要する。また大量の愛も要する。たがいに充分、余裕と時間とそして愛に満ちた励ましを与えあおう。この傷を通してこそ我々は皆愛することを学ぶ。すべての人が抱えるこの内面の傷は誰にとっても最大の教師だ。自分の内面の姿をたがいに認めあおう。我々は美しいコアエッセンスだ。たとえ痛みや怒りに幾重にもとり巻かれていても。人は誰もそれぞれかけがえのない存在であり、これはすばらしいことだ。「傷ついたヒーラー」として自己を認めよう。そして自己の内面の存在の真実をたがいに分かちあえるよう助けあおう。

人は善意に満ちて豊かな宇宙、神聖な宇宙の内に自らをみいだす。我々は宇宙の腕の中に抱かれている。宇宙のユニバーサル健康フィールドに包まれており、これは生命を支え、維持してくれる。手を差しのべてこれとつながりを持とう。それによって育まれることができるし、事実、人はつねに育まれてきている。自分は神聖な宇宙であり、宇宙は自分である。生の神聖な神秘は自己の内にあり、それはまた自己のまわりをとり囲んでいる。

人は自己のヒーラーである

自分自身を癒すことができるのは自分であり、それ以外の誰でもない。あなたにもできる。自己の病気を癒す過程は、自己に力を与える過程でもある。これはとても個人的な旅であり、「成人の儀式」であり、また最高の学習教材として自分自身が設計したものである。自己を癒すための旅路にはもちろん、近代医学がもたらすあらゆる最新の技術を活用すべきだ。同様にホリズムに基づく医療［訳注：漢方、鍼灸、ホメオパシーなど、西洋医学以外の療法で人間を全体的視野から扱うもの］がもたらす最高の技術も活用すべきである。

さらに高い視点からみれば、病気が引き起こされるのは自己の憧憬が満たされないのが原因だ。病気が重いほどその憧憬は深い。それはいつのまにかどこかで自分の姿を忘れ、人生の目的を忘れてしまっているというメッセージである。自己の存在の奥深くにある創造エネルギーの目的を忘れ、それから切り離されてしまっている。病気はその兆候であり、病は満たされない憧憬のあらわれだ。だからなにより大切なのは病気になったらそれを機に自分を解放することで、いつもやってみたかったことをやり、いつも心の中でなりたかったものになり、そして最も深く、広く、高い真実から見た「真の自己」を表現するのを始めよう。人はすでに「真の自己」なのだ。

病気であることに気がついたら、自分をかえる準備をしよう。最も深いところに秘められた憧憬が表に出て実るのを待とう。走ることをやめて振り向き、内面の「虎」に直面する準備をする時がようやくきたのだ――この「虎」はなんであれ非常に個人的なものである。病気の意味するものをつきとめるのに最もよい出発点はこう自分に問うことだろう。

「自分がずっと望んでいながら、人生に創りだすことができないでいるものとはなんだろう」。

満たされない憧憬と病気の間の直接のつながりがやがてみつかるだろう。

この健康と癒しの基本的な図式を理解することによって、健康をとりもどすことができる。これは肉体の健康についてだけ当てはまるものではない。肉体の健康は二次的なもので、ここではむしろ精神の健康、魂の健康について語っている。この枠組み、あるいは真実のメタファー（譬喩）の中においてこそ、すべての生命と健康の問題をとり扱うことができる。肉体レベルでの生の目的は、愛を持って生き、自己のより高い本質をあらわし、神聖なるものと一体になることで、現在の環境がどのようなものであろうと人生の目的はこれなのだ。どのような痛みも問題も病気も愛について教えてくれる教師、自己の神聖さについて思いださせてくれる教師だ。こうして自分の光が顕れる。

2章　創造エネルギーの四つの次元

創造エネルギーの性質と、それがなにをし、どのように機能するかを理解するのは、自己の創造エネルギーを解放し、健康とヒーリングに、あるいは人生に新しいなにかを創りだすのに役立つ。また、内面の普遍的な創造プロセスの自然な波と流れについて理解することも重要だ。生命エネルギーフィールドは創造プロセスの媒体であり、これを通して人生の状況、出来事、経験、そして物質的環境までもが創りだされる。

創造パワーにはいくつかの次元がある。言葉は、こうした次元と次元の違いを記述するにはあまりに限られている。この次元を、人は創造プロセスを通過する間に個人的に経験する。ほかによい言葉がないので、ここでは「エネルギー」、「次元」という言葉を、科学で使用されるのと異なる形で説明に使うことにする。さらに多くの人々がこの創造の力に満ちた経験を理解するにつれて、より適切な言葉や表現が加わってゆくだろう。

私の視点からみれば、個々の人間存在は少なくとも四つの次元から構成されている。それぞれHSP

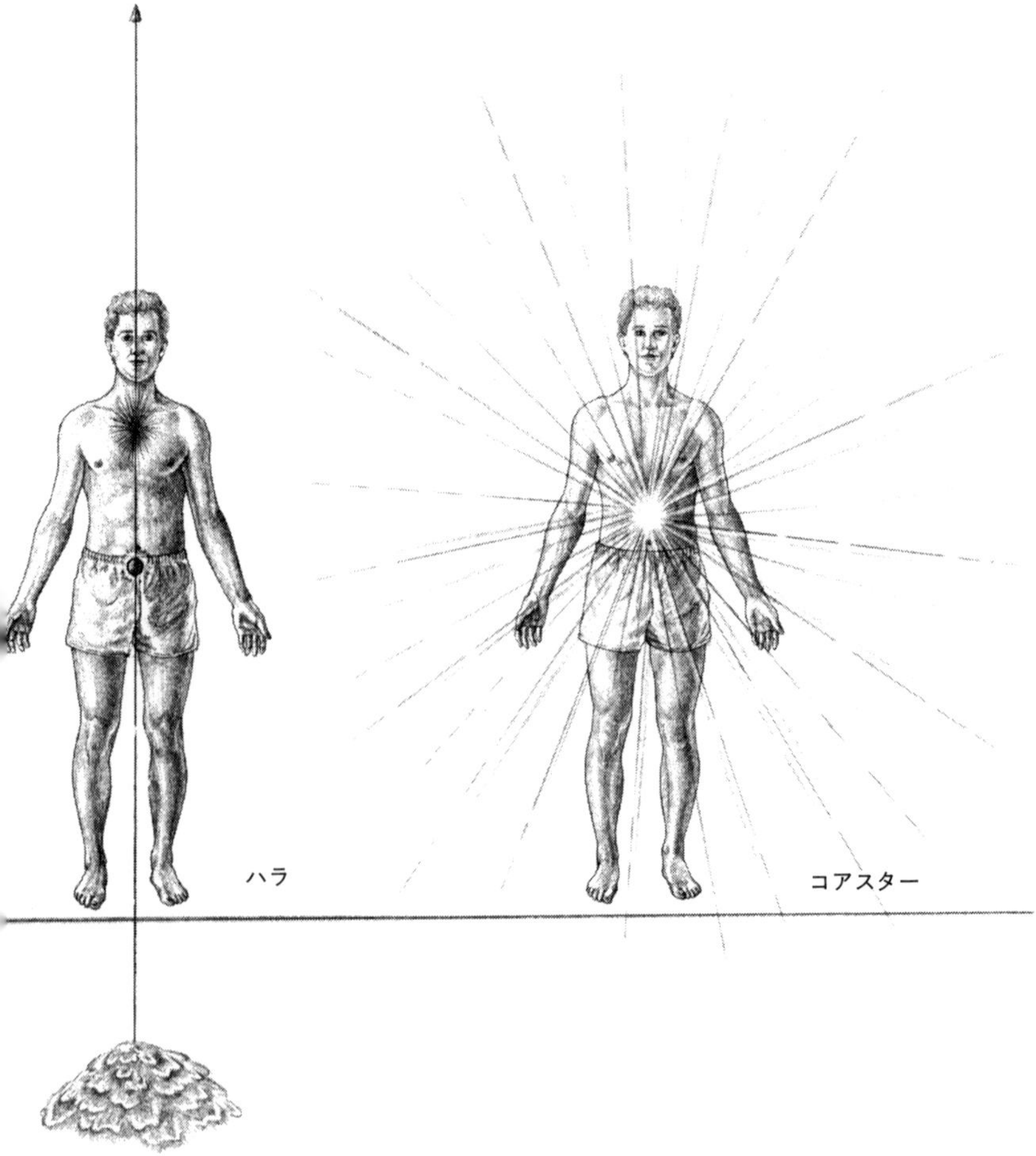

四つの次元

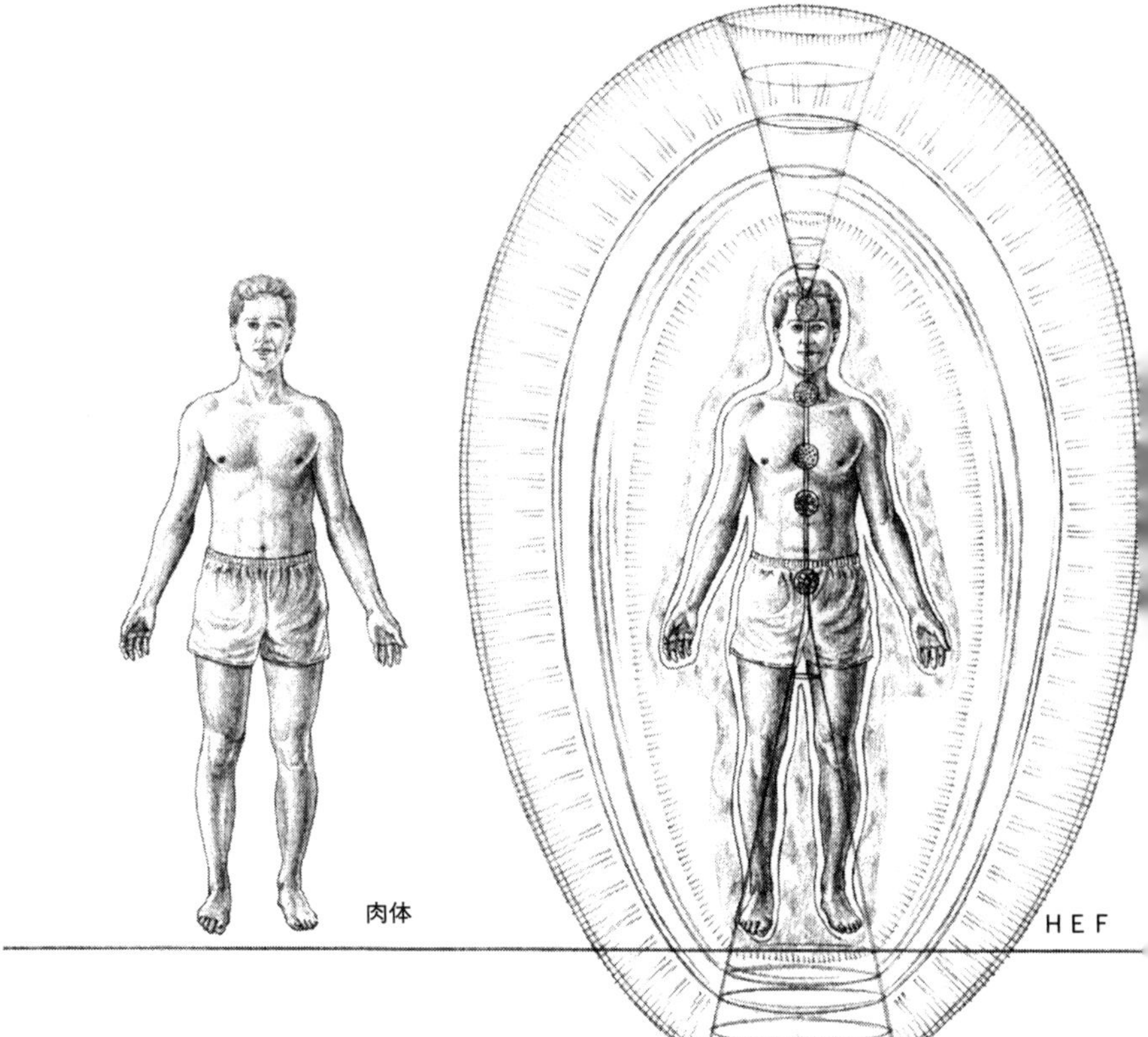

図2-1　人間の

（超感覚的知覚）を使って感知することができ、訓練されたヒーラーはそれぞれの次元で直接ヒーリングを行なえる。図2―1はこの四つの次元を示す。すなわち肉体レベル、HEF（ヒューマンエネルギーフィールド）レベル、「ハラ」レベル、「コアスター」レベルである。

第一の次元は身近な物質世界だ。物質世界は、土台となるエネルギーと意識の世界によって形を保たれている。

物質世界のすぐ下はユニバーサルエネルギーフィールド（UEF）またはユニバーサル生命エネルギーフィールドの次元で、そこにHEFも存在する。このレベルはエネルギーの枠組みまたはグリッド構造であって、その上に物質世界がのっている。物質世界に創りだされるものはすべて、生命エネルギーの世界ですでに存在しているか、そこでまず創造されなければならない。物質として存在するすべての「形」は最初にエネルギーフィールドの構造レベルで形成されなければならないのだ。この次元はまた、人間の人格（パーソナリティ）のレベルでもある。人間が経験するすべての感情が生命エネルギーフィールドのレベルに存在する。感情に関係するHEFがあらわされる時は、愛情に満ちた笑顔や拒絶を示すしかめ面、さまざまな歩き方、座り方、立ち方といった形をとる。

HEFレベルの下には「ハラ」レベルがあり、これは「意図」のレベルだ。意図は創造のプロセスにおいて非常な重要性を持つ。人が無意識の、あるいは混乱した、あるいは外面の行動とは反対の意図を持っている場合、創造プロセスが阻害される。また自己の内だけでなく直接いっしょに働く人々の意図を一つにまとめることができれば、より大きな創造力を引きだせる。さらにこのグループの意図をもっと大きなグループのそれと一つにすることができれば、いっそう膨大な創造パワーが引きだされる。

ハラレベルの下は、存在の中心的コア（核）のレベル、私が「コアスター」レベルと呼ぶ次元だ。これは自分の中にある「源」が存在するレベルであり、また内在する「個人化された神」のレベルである。

創造力はすべてこの内なる源から湧きあがってくる。

完全かつ自然な創造プロセスであれば、コアスターからのエネルギーと意識がこの四つの次元すべてを通り抜けて出てくる。いずれかの次元において恒久的な変化が起こるためには、その土台において変化が起こる必要がある。土台とはその次元より奥の次元である。したがって、ヒーリングの観点からは、肉体あるいはその一部を不健康な状態から健康な状態にかえるためには肉体の土台であるエネルギーの次元でヒーリングを行なわなければならない。四つの次元それぞれでヒーリングを行なう必要がある。このためにはまず、四つの次元をそれぞれ探ってみる必要がある。まずHEFレベルから始めよう。

このレベルのエネルギーは、いつの世にもさまざまな目的のために探索、研究、利用されてきた。科学的方法論が確立される以前に始まり、以来ずっと続いている。

図2―2はこれまでにユニバーサルエネルギーフィールド（UEF）について言及されたものの一覧表であり、紀元前五千年にまで遡る。図2―3は二十世紀におけるHEFの観察者、その観察者がHEFを呼ぶのに使用した名称、それに帰属するとされた性質、どのように使用されたかを示す。

今日の科学者は生体について測定可能なエネルギーフィールドを「生物エネルギーフィールド（バイオエネルギーフィールド、BEF）」と呼んでいる。一方、「オーラ」、「HEF」という用語をヒーラーは使用する。この区別をすることが重要なのは、生物エネルギーフィールドは研究室で測定可能だが、オーラあるいはHEFはHSPを使用して個人的また臨床的に観察されるものだからである。前者の場合、測定される情報は測定機器の条件に制限され、後者の場合、情報はHSPを使って観察する人間の明晰さと一貫性に左右される。私の知るところでは、生物エネルギーフィールドの測定結果はHSPによるHEFの観察とよく一致する。この二者の相関を明確に示すいくつかの実験も行なわれている。まずはじめに科学的視点からとりあげることにしよう。

図2－2　歴史上のユニバーサルエネルギーフィールド

時代	地域／提唱者	エネルギー名	帰属するとされた性質
紀元前5000年	インド	プラナ	あらゆる生命の基本的源
紀元前3000年	中国	気	あらゆるものの内に存在する
		陰と陽	対極にある二つのエネルギーで両者が調和していると健康な状態にある
紀元前500年	ギリシア／ピタゴラス	生エネルギー	光に満ちたもので治癒をもたらす
1200年代	ヨーロッパ／パラケルスス	イリアステル	生命力。癒しをもたらす。霊的な業をなす
1800年代	アントン・メスメル	動物磁気	生物も物体もチャージできる。催眠術。遠くからでも影響を与えられる
	ヴィルヘルム・フォン・ライプニッツ	エッセンシャル・エレメント	力の中枢で、動く力の源を内包している
	ヴィルヘルム・フォン・ライヒェンバッハ	オドカ	電磁場にたとえられる

図2-3　20世紀におけるヒューマンエネルギーフィールドの観察者

年	観察者	エネルギー名	発見された性質
1911年	ウォルター・キルナー	オーラ 人間気圏	カラースクリーンとフィルターを使って三層のオーラを観察。オーラの状態と肉体の病気に相関関係を発見
1940年	ジョージ・デラワー	エマネーション	ラジオニクス装置を開発して生体組織からのエネルギー放射を探知し、遠距離からの病気診断と治療に使用
1930年－50年	ウィルヘルム・ライヒ	オルゴン	人体のオルゴンを用いた心理療法を開発。自然エネルギーを観察し、オルゴンを探知、蓄積する装置を作製
1930年－60年	ハロルド・バーおよびF. S. C. ノースロップ	ライフフィールド（ＬＦ）	ＬＦは生命体組織に方向性を与えることを発見。サーカディアン周期という概念を開発

（次ページへ続く）

図2-3（右ページより続く）

年	観察者	エネルギー名	発見された性質
1950年代	L. J. ラヴィッツ	思考フィールド（ＴＦ）	ＴＦはＬＦに干渉して心身症を引き起こすことを発見
1970年－89年	ロバート・ベッカー	電磁場	人体の直流制御系を測定、その結果と健康や病気との相関関係を発見。電流を使って骨の成長を促進する方法を開発
1970年－80年代	ジョン・ピエラコス、リチャード・ドブリン、バーバラ・ブレナン	ＨＥＦ	臨床的にエネルギーフィールドを観察し感情反応との相関関係を発見。暗室の光量を測定し、人間が入ると増加することを発見
1970年代	デヴィッド・フロスト、バーバラ・ブレナン、キャレン・ジェスラ	ＨＥＦ	ＨＥＦがレーザーの軌道を曲げることを発見
1970年－90年	本山博	気	経絡を電気的に測定し、病気の診断や治療に使用
1970年－90年	ヴィクトール・イニューシン	バイオプラズマ	ＨＥＦには自由イオンからなるバイオプラズマが含まれること、物質の第五状態、陽イオンと陰イオンのバランスがとれていれば健康であることを発見
1970年－90年	ヴァレリー・ハント	バイオフィールド	人間のバイオフィールドの周波数および位置を電子機器で測定。その結果とオーラリーディング［訳注：オーラ透視者のオーラ記述］を関連づける
1960年－90年	アンドレア・プハリック	生命増強場	ヒーラーの手から生命力を増強する磁場（8Hz）が出ているのを測定し、これより高い周波数も低い周波数も有害であることを発見
1980年－90年	ロバート・ベック	シューマン波	ヒーラーの磁気パルスが大地の磁気パルスであるシューマン波と相関関係にあることを発見
1980年－90年	ジョン・ツィマーマン	脳波	ヒーラーのα波が右脳と左脳で同調し、それに合わせて患者の脳も同調することを発見

物質世界と生物エネルギーフィールド

人体と関連するエネルギーフィールドは、脳波計（ＥＥＧ）、心電図計（ＥＫＧ）、超伝導量子干渉装置（ＳＱＵＩＤ、超高度に敏感な電磁波計）などの装置で測定される。数々の研究を通して、生物エネルギーフィールドの異常は肉体の病気感染を招くことが示されている。たとえばエール大学のハロルド・バー博士は、植物の種子のエネルギーフィールド（同博士は「ライフフィールド」と呼ぶ）を測定することでその植物の強さをみわけられることをみつけた。同博士は、ライフフィールドの弱りが病気に先だってあらわれることを発見している。

ニューヨークの骨形成外科医であるロバート・ベッカー医師は、体の表面および体内を通して流れる直流電流のパターンを測定している。生物エネルギーフィールドは肉体の機能に直接関係している。ベッカー医師は、肉体の電磁場の形と強さの複雑なパターンは生理的および心理的変化に伴いかわることを示した。

日本の本山博博士は宗教超心理学国際協会創設者でもあるが、経絡を電気的に測定し、その結果を鍼灸の治療に利用している。カザフ大学のヴィクトール・イニューシン博士は多数の科学者とともに、長年にわたり光測定装置でエネルギーフィールドを測定してきた。また、コロナ放電写真を通して人体のツボの位置を示すことに成功している。この写真を撮るには、非常に高い周波数と高電圧の微電流を被験者の体に流す。電流が低いので高周波は被験者の皮膚の上を流れるだけで体には害を与えない。

測定された「生物フィールド」と知覚される「ＨＥＦ（ヒューマンエネルギーフィールド）」との間の相関を示す実験もいくつか行なわれている。私が知っている中で最も優れたものは、ＵＣＬＡ（カリフォルニア州立大学ロサンジェルス校）のヴァレリー・ハント博士によるものとアンドレア・プハリック博士が私設研究室で行なったものである。ハント博士の実験の結果は、身体表面で測定された交流電流の周波数および波長のパターンと「オーラ透視能力者」によって感知された特定の色との間に直接の相関があることを示した。同博士は同じ測定をＨＳＰ（超感覚的知覚）を使用する十二人の異なる「オーラ透視能力者」を使って繰り返し行なった。いずれの場合も、感知された特定の色に対して特定の波形と周波数パターンが対応するのが発見された。プハリック博士は、一貫して八ヘルツ（一秒に八サイクル）の磁気パルスがヒーラーの手から出ているのを測定でみつけ、さらに強い信号を出すヒーラーほどヒーリングの効果も高いことを発見した。

原子物理学者のロバート・ベック博士は世界中を回ってヒーラーたちの脳波を測定し、すべてのヒーラーがヒーリング中に七・八〜八ヘルツの脳波パターンを示すのを発見した。これはヒーリング方法の類似や相違に関係なかった。カリスマ的なキリスト教信仰ヒーラー、ハワイのカフナ［訳注：呪術師］、ウィッカ［訳注：大地信仰の白魔術］の魔術師、サンテリア［訳注：カリブ海地域の宗教］の祈禱師、ダウザー、ラジオニクス系の治療者、透視能力者、ＥＳＰ能力者、超能力者について試験を行なったが、結果はすべて同じだった。

博士は次に、こうしたヒーラーが「どのようなリズムに合わせているか」を考えた。そしてそれはなぜなのか。その答は地球の磁場の変動にあった。それは七・八〜八ヘルツの間で変動し、この変動はシューマン波と呼ばれる。さらに詳しい調査の結果、ヒーリング中にはヒーラーの脳波の周波数と位相がシューマン波と同調することを発見した。これは脳波が周波数だけではなくタイミングまで地球のシューマン波と同調していることを意味する。ヒーラーは患者のヒーリングのために地球の磁場からエネルギーをとり入れられると想定できる。この現象は「場の結合」と呼ばれる。

ジョン・ツィマーマン博士はネヴァダ州リノにある生体電磁気研究所の創設者兼所長であるが、場の結合に関する多数の研究論文を検索し、それをヒーラーの経験と関係づけた。ヒーラーが「大地へのグラウンディング」と呼ぶ行為は明らかに周波数と位相の両方において地球磁場とのリンクを形成する。博士は、ヒーラーが一度シューマン波とリンクすると、脳の右半球と左半球がたがいに調和し、七・八〜八ヘルツのα波を出すことを発見した。ハンズオン（手当て）ヒーリングで患者に手を当ててしばらくの間患者とリンクすると、患者の脳波もまたα波を示し、ヒーラーの脳波と位相同調して右脳と左脳が調和されることもわかった。ヒーラーはつまり患者を地球の磁場のパルスにつなぎ、これによってヒーリングのための膨大なエネルギー源にアクセスするのだ。

HEFは人間のエネルギーを運ぶ乗り物である

HSP（超感覚的知覚）を使用する、エネルギーに敏感なヒーラーとして、私は人々をとりまくエネルギーフィールドを長年観察してきた。植物、動物、そして人間のエネルギーフィールドを多数研究した後、私は、HEF（ヒューマンエネルギーフィールド）は細胞を育てるエネルギーのマトリクス（鋳型）であると結論した。これはHEFの方が肉体よりも先に存在するという意味である。

この考えをうらづける現象に幻肢効果がある。これは手足を切断された人がないはずの手足を感じる現象のことで、この「手足が残っている」感じは通常、切断された神経末端の炎症として説明される。しかし、HSPで観察すると切断された手足が患者のHEFにまだ残っているのが見える。感覚が媒介されるのはHEFによってなので、これはうなずける。

ニューヨークのコアエナジェティックス研究所の創設者兼所長で『コアエナジェティックス』の著者

でありまた私の友人でもあるジョン・ピエラコス医師が、この幻肢に苦しんでいる患者を治療した。この女性には切断されたはずの足が後ろに折り曲げられて縛りつけられているとどうしても感じられて、そのため椅子に腰を下ろそうとするとその折り曲げられ縛られた足の上に座ってしまう感じがするという。ピエラコス医師にはHEFでその足が、女性が感じているのと同じ位置に折り曲げられているのが見えた。そこでこの女性のHEFを治療し、エネルギーの足をまっすぐにのばして通常の歩行状態になるようにした。これによって症状は治療された。ピエラコス医師があとから切断を担当した外科医に問い合わせたところ、足は手術の際にそのとおりに折り曲げられ縛られていたことが判明した。私はこの女性は自分の足のHEFを感じていたのだと考える。

そしてこれは足の基本的エネルギー構造がまだ存在していたことを意味する。したがって、HEFは肉体に先立ち存在するといえる。これは多くの科学者と根本的に考えが違うところだ。彼らはエネルギーフィールドは肉体から発せられるのだとし、肉体がエネルギーフィールドから形成されるとは考えない。エネルギーフィールドが肉体より先に存在することが実際に証明されれば、いつの日か、サンショウウオのように人間も手足を再生することができるかもしれない。

コロナ放電写真はさらに、HEFの方が肉体よりも主要であるという私の仮説を支持する証拠を与えてくれる。ファントムリーフ（幽霊葉）効果と呼ばれるものだ。コロナ放電写真を撮影する直前に葉の一部を切り取っても、葉全体が（切り取られた部分も含めて）鮮やかな色と光をもって写る。つまり切り取られた部分については、エネルギーフィールドが写っていると結論できる。エネルギーフィールドは葉の一部が物理的に切り取られても無傷のまま残るのだ。したがって、エネルギーフィールドは物質から生じているはずがない。むしろ、物質がエネルギーから生まれるといえる。

この結論は、健康と成長過程にとってエネルギーフィールドが、これまで予想されていたよりもはるかに重要なものであると示す。肉体はエネルギーフィールドから形成されるから、エネルギーフィールドの不調和や歪みはそれが支配する肉体にもやがて病気をもたらす。したがってエネルギーフィールドの歪みを治療することで肉体も治療できる。ヒーリングとは、エネルギーフィールドを再形成し、バランスさせ、チャージする方法を学ぶことだ。

さらに『光の手』（河出書房新社）で示したように、HEF中のエネルギー現象は物質現象の土台であり、つねに先に起こる。現象は必ずHEFから肉体へと「凝結」する。これは、どんな病気も肉体にあらわれる前にHEFにあらわれること、したがって肉体に凝結する前にHEFレベルで治療可能であることを意味する。

HEFは肉体よりも人間存在の飛躍的に深いレベルにある。人間の心理プロセスはこのレベルにおいて起こる。HEFはあらゆる心身反応を媒介する。ヒーラーの視点からみればすべての病気は心身症だ。健康を維持するためにはHEFが調和して機能する必要がある。

しかしHEF自体は現象の根源ではない。コアからの創造意識が肉体へと達するための媒介である。私が行ないまた教えているヒーリングはすべて、HEF、そしてさらにその下に存在するより深いレベルの構造と機能の知識に基づいている。『光の手』では、HEFの解剖学と生理学、そしてHEFが病気とヒーリングで果たす役割について詳しく説明し、またそれに基づいたヒーリング方法を教えた。ここでは再度、HEFについて手短に説明し、前著で簡単に触れた分野についてもう少し述べてみよう。

HEFの七つのレベル

HEF（ヒューマンエネルギーフィールド）は七つのレベルから構成されている（図2―4参照）。多くの人はこれは玉葱の皮のようなものだと誤って考えているが、そうではない。各レベルはそれぞれ肉体を突き抜け、皮膚の外へものびている。レベルが高くなるごとに「周波数」または「オクターブ」も高くなる。それぞれのレベルは、その内側の（つまり周波数の低い）レベルよりも十センチ前後外にのびている。奇数層のレベルははっきりした構造があり、持続的にまたたく光の線からなっている。この第一、第三、第五、第七レベルは特定の形と構造を持っている。偶数層の第二、第四、第六レベルは形のない「物質」ないしエネルギーで満たされている。第二レベルはガス状で、第四レベルは液体状、第六レベルはろうそくの炎のまわりの放射光のようだ。プラズマと関連し「バイオプラズマ」と呼ばれているのは、この形のないレベルのHEFである。なお、ここで使用しているのは厳密に科学的な用語ではないことを忘れないでほしい。というのは、こうした物質がなんであるかを確認する実験はまだ行なわれていないからだ。しかし適切な表現がないため、「バイオプラズマ」という語を使うことにする。形のないレベルのバイオプラズマはさまざまな色をしており、密度と強度があるように見える。このバイオプラズマは構造レベルの光の線に沿って流れ、人間の感情と直接関連している。

持続的な光のグリッド（格子）とそこを流れるバイオプラズマの組合せは、肉体の形を維持し、生命エネルギーを与え、単一の生命体として機能するための通信および統合システムとして働く。このHEFの全レベルはホログラフィーのように働き、たがいに影響しあう。

こうしたレベルを人によってはエネルギー体と呼んでいるが、これは肉体よりリアルではないと考えることはできない。すべてのエネルギー体が強くてチャージされていて健康であれば、人生のあらゆる領域で満ち足りた経験をすることができる。しかしいずれかのレベルが弱いとそれに対応した経験をするのが難しく、人生経験は限られたものになる。豊かに発達させているレベル（エネルギー体）が多い人ほど、人生はさらに満たされた、幅広いものになる。

人はすべての人生経験が物質次元と同じようなものだと思い込む傾向がある。しかしそれは当たっていない。むしろ、人生は多数の振動レベルにわたって存在している。各レベルはそのエネルギー意識体の作りにより異なっている。おかげで人は広範な人生経験をすることができるのだ。HEFの七つのレベルは、七つの異なる人生経験のタイプと一致する。各レベルはバイオプラズマの周波数帯、強度、構成が異なっており、それに応じた形で刺激に反応する。

このことを考える時、私は、応用数学のクラスで異なる条件下での流体の動きについての方程式を導くのがどれほど面白かったかを思いだす。流体の動きに関する同じ公式が空気に対しても水に対しても成り立つのを知って驚いた。違いは、異なる媒体では公式中の特定の因数がほかの因数より影響力を持つことだ。同じことは地表近くと上空での空気の動きを説明する公式についても成り立つ。地表近くの空気の動きは上空のそれより樹木や茂みの摩擦に影響を受ける。つまり地表から離れるにしたがって方程式中の空気の動きの摩擦係数をへらす必要がある。その結果、気流の方向に変化があらわれる。この方向の変化は風のシアと呼ばれる。読者もきっとある高度の雲は異なる高度の雲とは違う方向に動くのに気づいたことがあるにちがいない。マイクロ気象学は狭い地域内の空気の短距離の移動を説明する。これは海の上の空気のマクロな動きとは異なる。そこではコリオリの法則によって地球の動きが影響を持ってくる。しかしなおかつ同じ方程式がすべての場合について当てはまる。異なる条件下では方程式の異なる部分がさらに影響力を持つだけだ。

私はこれと同じ考えと一般的法則をHEFの相互関係について当てはめた。HEFのエネルギー意識体は異なるレベルでは異なった形で流れ、異なる要因に影響を受ける。つまり各レベルでのエネルギー意識体の組成は独自のものであり、ほかのレベルと異なる。各レベルは種々の要因に対し異なった反応をする。この現象を説明する別の見方は、各HEFレベルのバイオプラズマはおそらく固有の周波数帯、チャージの強度、組成を持っているというものだ。したがって、当然、こうしたものに応じて刺激に反応する。

もう一つ、天文学および地球現象の観察に使用される研究で私のHEFの見方に影響を与えているものがある。こうした分野の研究では一般に余計な波長をとり除いて狭い波長帯で観察を行なう装置を作る。この方法で太陽を観察すると異なる高さでの太陽の大気像が得られる。こうして太陽の黒点やフレアの像を得る。それは太陽のずっと奥深くのエネルギーや外層のコロナとはおおいに異なって見える。同じ原理はHEFの観察においても大変役立つ。自己のHSPを異なるHEFの周波数レベルに合わせてかえることで、異なるレベルがより明確に把握できる。こうしたレベルがいったん明らかに定義されれば、容易に直接そのレベルでヒーリングを行なえる。

以下に述べるHEFの構成要素およびそれに関連した体験の記述は、私の観察、研究、そして二十年にわたるヒーリングと十三年にわたる教師としての経験に基づく。図2―4にHEFの七つのレベルを示す。

HEFの第一レベル

HEF(ヒューマンエネルギーフィールド)の第一レベルでは、肉体の苦痛と快感の双方を感じる。第一レベルのエネルギーの流れ、パルス、構成と肉体の感覚は直接対応する。肉体に痛みがある時にはつねにHEFの第一レベルに直接対応する機能の異常がある。

ロバート・ベッカー医師は実験を行ない、指を縫うために局部麻酔をかけるとその指の知覚神経に沿って素粒子の流れが止まることを示した。エネルギーの流れが再開すると同時に感覚がもどってくる。私もHEFにおいて同じ現象を観察している。感覚の麻痺はHEFの第一レベルでエネルギーの流れが止まることと関係している。ヒーラーがその部分のエネルギーの流れが再開されるようヒーリングを行

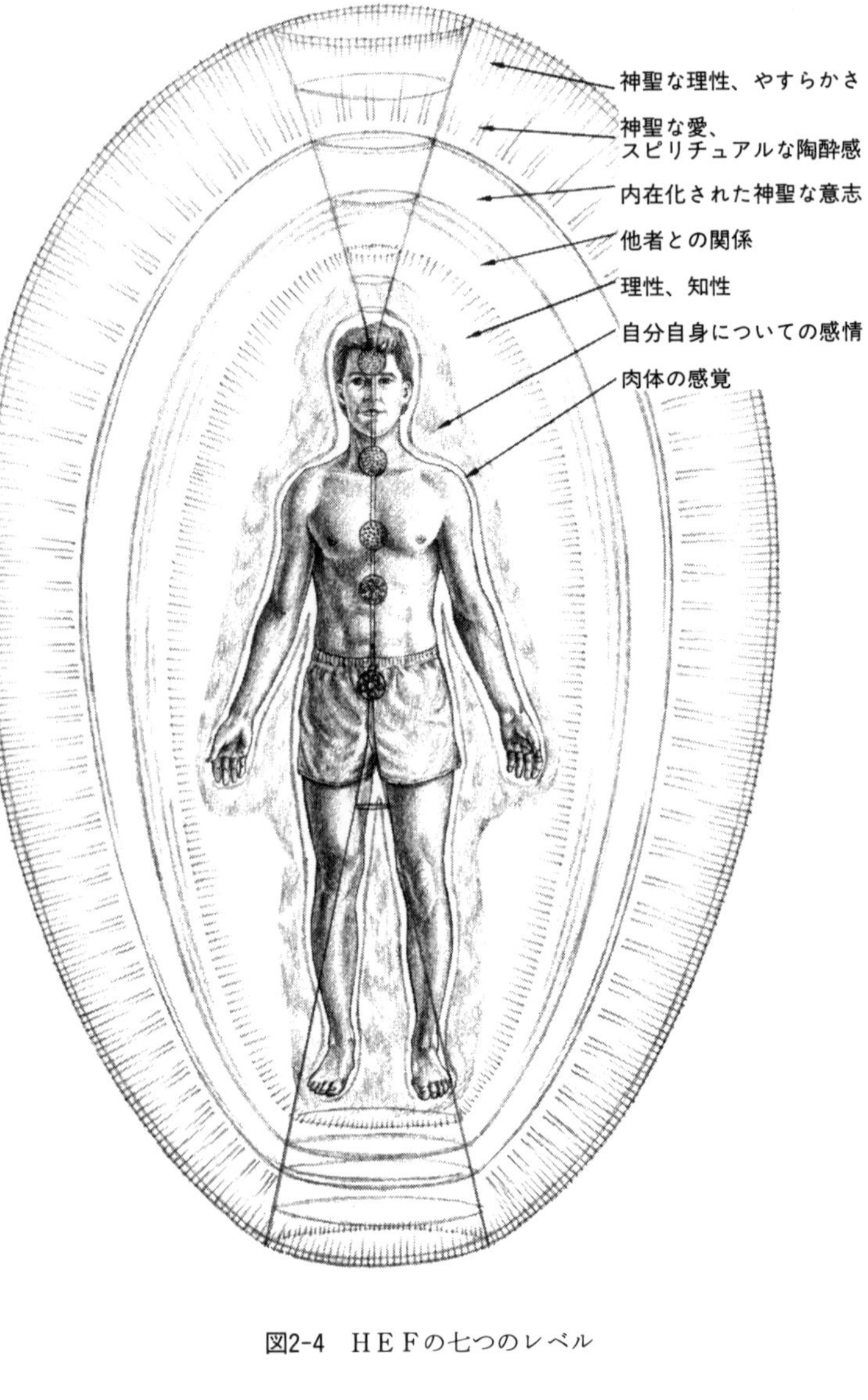

図2-4　ＨＥＦの七つのレベル

なうと、感覚がもどってくる。

ＨＥＦの第一レベルは物静かで繊細な人ではデリケートで細く、明るいアクアブルーをしており、強く頑丈なタイプの人では幅が広くて目が粗く、濃い青灰色だ。自分の体とのつながりを強めてケアや運動をよくすればそれだけ第一レベルは発達する。運動選手やダンサーは一般に非常によく発達した第一レベルを持っている。エネルギーの線の数が多く、それぞれの線が太く、より柔軟性があり、チャージされ、明るい青色をしている。

第一レベルが強い人は大変強くて健康な肉体を持ち、それに伴うすべての快い肉体感覚を楽しむことができる。これには自分の体を感じる喜び、活力、肉体の活動や接触、セックス、眠りなどがある。味覚、嗅覚、聴覚、視覚も含まれる。このような人は第一レベルのすべての機能をさらに使い続ける可能性が高く、したがってそれをチャージし健康な状態に保ち続けるであろうことを意味する。このレベルは使えば使うほど、チャージされる。

一方、自分の体のケアをしない人の第一レベルは弱く、光の線はあちこちで折れ、もつれ、あるいはチャージ不足になっている。特に体のケアの足りない部分では線は細くまばらだ。

第一レベルが弱いと自分の肉体が弱く感じられ、このレベルに関連するすべての心地よい感覚に自分を結びつけることを好まない。このためますます体を使わず、第一レベルを弱いままにしておくことになる。おそらく、ある特定の感覚に関するエネルギーの線はちゃんとつながっているがほかのものはつながっていないような状態だろう。感覚のあるものは心地よさとして経験されるどころか、なにか我慢しなければならないもののように感じられることさえある。たとえば、あらゆる種類の肉体的活動が嫌いかもしれない。あるいは食べることは好きだが体に触られることは嫌いかもしれない。あるいは音楽を聞くのは好きだが体を維持するために食べるのは嫌いかもしれない。

HEFの第二レベル

HEF(ヒューマンエネルギーフィールド)の第二レベルは自己についてのフィーリングや感情に関連している。このレベルのエネルギーの動きはすべて自分自身についての感情に対応する。明るい色の雲のようなエネルギーは自己についてのポジティブな感情、暗く汚れた色はネガティブな感情に関係する。このレベルにはあらゆる色が見られ、雲状のエネルギーの流れは第一レベルの光の線に沿って流れる。

自己についての感情をネガティブなものであれポジティブなものであれ自由に流れさせる人では、このレベルはバランスを保っている。そして自分についての感情と関わるネガティブなフィーリングやエネルギーは自然と解放されて昇華する。自分自身についての感情を止めようとすると、それに対応する第二レベルのエネルギーの流れを止めることになる。エネルギーは停滞し、じきにチャージ不足で暗く汚れたさまざまな色の雲を創りだす。この雲は自己についての感情のうち意識的に経験されなかったものと関連する。

ウィルヘルム・ライヒ医師は生体エネルギーを「オルゴンエネルギー」、形のないレベルのHEFにみられるチャージ不足のエネルギーを「DOR(死んだオルゴンエネルギー)」と呼んだ。

この暗く停滞した雲は、体のほかの部分でのエネルギーの停滞と同じように、システムを詰まらせ健康な機能を妨げる。またやがて隣りあっている第一レベルと第三レベルの停滞をも引き起こす。たいていの人は自分自身についての感情をすべて流れさせているわけではない。その結果第二レベルにエネルギーを停滞させ、その程度に応じて健康を妨げている。

第二層が強くチャージされていれば自分自身に対する感情を楽しむことができる。これは、自分について多くの感情がありしかも悪いものではないこと、自分が好きで自分自身を愛していることを意味する。このような人は自分自身であることを楽しみ、心地よく感じているだろう。第一レベルと第二レベルがいずれもチャージされていれば、自分の体が与えてくれるあらゆる肉体的快感を楽しみ、同時に自分自身を愛し、心地よく感じているだろう。

第二レベルが弱くチャージ不足であれば、その人は自分について多くの感情を持っていないかもしくはそれに気づいていない。チャージはされているが暗くて停滞していればその人は自分が好きでなく、嫌ってさえいるかもしれない。あるいは自己についての否定的感情を抑え込んでおり、自分自身が嫌いなために鬱状態にあるかもしれない。

HEFの第三レベル

HEF(ヒューマンエネルギーフィールド)の第三レベルは知性あるいは理性の領域と関連している。このレベルの光の線は非常にデリケートで、極上の薄いベールのようだ。この明るいレモンイエローのエネルギーの線は非常に速い速度で脈動している。その明るさ、強さ、持続的な光の線に沿ってのエネルギーの流れは、知的プロセスと精神の状態に関連している。このレベルがバランスがとれて健康である時には、理性と直感が一つに調和して働き、明晰さ、バランス、ふさわしさを感じることができる。第一から第三レベルまでのHEFがシンクロナイズしている人は、自己を受け入れることができて人生に安心感とふさわしさを覚え、自己のパワーを感じることができる。

第三レベルが強くチャージされていると、強くて明晰な、うまく機能する精神を持つ。活発で健康な知的生活を送っており、学ぶことが好きだろう。

このレベルが弱くチャージ不足の人は知的な敏捷性や明晰さを欠いているだろう。学ぶことなど知的な目標を達成しようとすることにもあまり興味を示さない。

思考がネガティブな時はこのレベルのHEFのパルスが遅くなり、エネルギーの線は暗くなり、歪んでくる。この「ネガティブな思考体」は習慣的にネガティブな考え方をすることに対応している。これをかえるのは難しい。というのも本人にとっては論理的であるようにみえるからだ。

第一と第二レベルが弱いのに第三レベルだけが強くてエネルギーがあれば、自己の感情や肉体よりも頭の中で生きている人である。このような人はなにかを決定する際、自分の感情を考慮するより物事を理屈によって分類して問題を解決しようとする。当然、人生経験は限られてしまう。

ネガティブな思考体はさらに、隣接する第二と第四レベルに鬱積した感情にしめつけられて行動に出る。別の言葉でいえば、人が自分についてのネガティブな感情（第二レベル）と他人についてのネガティブな感情（第四レベル）のどちらか一方または両方を感じないように努めると、そのレベルでのエネルギーの流れが停止される。すると第三レベルのエネルギーの流れは押さえられ、歪められる。

別の見方をしてみよう。エネルギーにとっての自然な状態とは絶えず動き続けていることだ。エネルギーの動きが第二と第四レベルでネガティブな感情を止めるために押さえられると、その勢いの一部は第三レベルに転移される。こうして第三レベルに転移された勢いが精神を動かす。この動きは歪んでいる。というのはそれは自然に動くことが許されず、上下のレベルのエネルギーから押さえつけられているからだ。

私の考えでは、ネガティブな思考体を維持する習慣は我々の文化では適切なことだとみなされている。我々の社会では、陰で他人についてネガティブな思考を抱いて悪意を示すことの方がネガティブな感情を直接本人にぶつけるより望ましいとされている。我々はネガティブな思考体を適切に処理するモデルを持っていない。はるかに望ましいのは、自己の内面をみつめて自分が自分に対して抱いているネガティブな感情をみつけることだろう。たいていの場合、他人に対しネガティブな感じを抱くのはその人間とつきあうことで自分に対するネガティブな感情の引き金が引かれるせいなのだから。

ＨＥＦの第四レベル

ＨＥＦ（ヒューマンエネルギーフィールド）の第四レベルはあらゆる「関係」の世界をまるごと含む。このレベルから、人はほかの人間、動物、植物、物体、地球、太陽、星々、そして宇宙全体と関係を持つ。これは「我と汝」のつながりのレベルだ。ここにはたがいの関係にまつわるあらゆる感情がある。第四レベルのエネルギーは第二レベルのそれより周波数は高いのだが、密度が濃いように感じられる。色のついた雲のような第二レベルと比べ、第四レベルのエネルギーは色のついた液体のようである。このレベルにもあらゆる色が含まれている。

第四レベルのエネルギーがチャージ不足だと、あるいはヒーラーの表現を使えば「波動が低い」と、エネルギーは暗く、濃く、重い液体のように感じられる。私はこれをＨＥＦのミューカス（粘液）と呼んでいる。これは風邪をひくと体にたまる粘液（たんや鼻水）と同じようなものだ。ＨＥＦの粘液は肉体に非常に有害な影響を与えて痛み、不快感、重さ、疲労を引き起こし、やがて病気をもたらす。

第四レベルのエネルギーは部屋の向こうにいる人にまでのばすことができる。二人の人間があからさまに、あるいはこっそりとたがいのことを考えると、色のついた液体状のバイオプラズマの大きな流れがそれぞれからのばされ、たがいのＨＥＦに触れる。その相互作用の性質はエネルギー意識体の性質と一致する。たとえば、やりとりに多くの愛が存在していればたくさんの甘い薔薇色のエネルギーが柔らかな波のように流れる。嫉みがあれば暗い灰緑色で、ねとねと、ねばねばする。情熱があれば薔薇色に強いオレンジがかかり、刺激的な効果を持つ。この場合波はより速く、波頭はより高い。怒りがあれば激しく、鋭く尖って相手を突き刺すようで、暗い赤色をしている。

第四レベルには人間関係のあらゆる愛と喜び、同時に苦悩と痛みが含まれている。特定の人間と関係を持つほど、その人との間にエネルギーのつながりが形成される。

強く健康でチャージされた第四レベルを持っている人は、ほかの人と安定して良好な人間関係を保っているだろう。友人や家族が人生の大きく重要な部分を占め、人のまわりにいるのが非常に好きで、サービス業に従事しているかもしれない。このような人にとっては愛とハートが人生で最も大切なものである。

第四レベルが弱くチャージ不足の人にとっては、人間関係はそれほど重要なものではないだろう。孤独を好むタイプかもしれない。あまりまわりの人と親しい関係がないか、あるとしても問題があり、人間関係というのは割に合わない面倒ごとの方が多いと感じているだろう。このような人はまわりの人々から圧倒されるように感じる。というのは、多くの人が自分より強い第四レベルを持っているので、ほかの人のエネルギーによって文字どおり圧倒されるからだ。

人はコード（紐）をHEFに持って生まれてくる。これは自分と両親の間を、ちょうど臍の緒のようにつなぐ。こうしたコードは、HEFと同じように、子供時代の発育段階を経て発達する（『光の手』8章参照）。コードはそれぞれ父親、母親との関係をあらわしている。父親との関係、母親との関係はそれぞれ人生において男性または女性との関係を築いてゆく際のモデルとなる。コードは新しい人間関係を結ぶごとにさらに増えてゆく（詳しくは本書下巻14章参照）。

HEFの第一から第三のレベルはそれぞれ、物質世界における肉体、感情、知的経験をあらわす。人間関係に対応する第四レベルは、物質世界とスピリチュアルな世界の掛け橋である。第五レベルから第七レベルは、それぞれスピリチュアルな世界における肉体、感情、精神の経験をあらわす。第一レベルから第三レベルまでのテンプレート（鋳型）でもある。つまり、第七レベルは第三レベルの、第六レベルは第二レベルの、第五レベルは第一レベルのテンプレートである。第五から第七のレベルはそれぞれ、対応する下位のレベルの鋳型として機能する。

HEFの第五レベル

HEF（ヒューマンエネルギーフィールド）の第五レベルは神聖な意志のレベルだ。初めてこのレベルを知覚することを学んだ時には少々混乱するかもしれない。第五レベルにおいてはなにもかもが青写真のように逆に見えるからだ。通常なにもない空間として経験される部分はコバルトブルーの光で満たされ、堅い物質として経験される部分はなにもなくて透明のエネルギーの線で構成されている。これは第一レベルのテンプレートである。第五レベルには「なにも入っていない」スロットあるいは溝があって、第一レベルの青い光の線がそこにはまるようになっている。第五レベルは第一レベルを保持する。ちょうど空間が形のない未分化の生命によって満たされているようなものだ。生命が特定の形をとるためには、まず空間をカラにしてそのためのスペースをつくることが必要だ。第五レベルには人間の肉体の形ばかりでなくほかの生命の形も含まれている。第五レベルのHEFには自らを形にあらわしつつある進行中の生命の進化のパターンが含まれている。神聖な意志とは、パターンと形にあらわされた神聖な意図だ。

このレベルで経験したことは説明するのが最も難しい。というのは、我々の言葉にはそれを記述する語彙がないからだ。この神聖な意志は人の内にも、そのまわりすべてにも存在する。自らをこの神聖な意志に従わせるかどうかについて、人は自由に意志を決められる。神聖な意志は人類と宇宙の偉大な進化計画のテンプレートまたはパターンである。このテンプレートは生きており、脈動し、つねに展開している。パワフルな、ほとんど理解を越えた意志と目的の感覚がある。これを経験すると完璧な秩序を経験することになる。精密さの世界であり、完璧なトーンのレベルだ。シンボル（象徴）のレベルでもある。

この神聖な意志に自らを沿わせる人の第五レベルは強く、エネルギーに満ちている。そのパターンは神聖な意志の普遍的なパターンにぴったり合う。HSP（超感覚的知覚）を使えばそのパターンをこのレベルに見ることができる。それは非常なパワーと、自分がまわりのものすべてとつながっているという感覚をもたらす。自己の目的を知ることができ、自分がいるべき場所にいるのがわかり、すべての場所と目的にシンクロナイズできるからだ。このレベルでHSPを開ければ自分がまさしくこの生きた脈動するテンプレートの共同創造者であることを見るだろう。それはこの世界の秩序を支えるテンプレートである。宇宙の計画の中での自己の位置は自己の内部のより深いレベル、「ハラ」レベルで、自分自身によって決定、創造される。このレベルについてはこの章の後半でさらに詳しく説明する。

第五レベルの強い人は人生の秩序を理解し、維持できる。「すべてのものにあるべき場所があり、すべてのものは現にそのあるべき場所にある」。このような人の家の中はよくかたづいており、時間に正確で、どんなに細かな仕事でもうまくこなすだろう。意志が非常によく機能している。「神聖な意志」というようなものについて聞いたことがあろうとなかろうと、それに従っている。そして秩序が宇宙の原則であることを知っている。人生のより大きな目的やパターンにつながりを感じているかもしれない。

一方、神聖な意志に自己を沿わせていない人は第五レベルが歪んでいる。偉大な宇宙のパターンに合っておらず、自分とまわりのつながりを感じることもできない。宇宙の計画の中での自己の位置もわからず、自分の目的もわからない。実際、そのようなものがあるという考え自体が意味のないことに感じられる。まるで誰かが自分を騙し、居場所を勝手に押しつけようとしているように感じているだろう。

もちろん、こうした視点からみれば、自分のいる場所は気に入るものでも心地よいものでもない。このような人は、明確な意志やきちょうめんさにぶつかるとおそらく威嚇されたと感じるだろう。また明晰さ、秩序、場所柄の重要さを否定するか、それに対して反抗的だ。自己の価値に疑いを持っている人なら、第五レベルを非人間的で愛のないものと感じるかもしれない。このレベルでは、感情ではなく目的の方がより重要だからだ。このレベルについての意識を発達させる際にネガティブな自己感情を持っていると、自分は人生という巨大な機械の単なる歯車だと感じるかもしれない。こうしたことを経験するのはすべて、その人の第五レベルが神聖な意志に沿っておらず歪んでいるせいだ。

第五レベルが弱い人の人生は秩序が欠けているだろう。物事をきちんときれいにしておくことに興味がなく、また実際やろうとしても非常に難しい。秩序というものが自分の自由に対する非常な邪魔もののようにみえる。秩序を保っている人を非難し、秩序は創造性を妨げると主張するかもしれない。このような人は神聖な意志や人生のより大きな目的とろくに関わりを持たない。また複雑な体系や物事の全体的なパターンを理解することができない。

二と四のレベルが弱く、一、三、五のレベルの強い人は、ほとんど独裁体制のような秩序をつくりあげて自分の創造性を閉じ込めている可能性が高い。このような人は感情生活を充実させることに時間を使い始めるべきだ。

ネガティブな感情を手放し、自分が完璧な世界の共同創造者である可能性を考えることで抵抗感を突き抜けられれば、それが自己の目的と居場所をみつける第一歩となる。そこからすべてをかえられる。それができればおおいに安心感を得られるだろう。自分が偉大で神聖な計画の一部だとわかるようになるからだ。自分を、この偉大な、生きて脈動する光の織物の中の一部として経験できるだろう。事実、人はその織物を自己の内にある光から織りあげる。このレベルでHSPを開くと、その計画を感じ、見ることができる。自己と世界を透明な光として、まるでコバルトブルーの背景の前のなにもない空間のように感じる。

このレベルについて静かに考え、偉大な進化の計画について瞑想することは、人生の目的とのきずなを整え、自分を成長させるのにおおいに役立つ。それは、社会の常識によって「正しい」とされることではなく真の自己を受け入れることだ。そうすれば本当に、機械の歯車などではない、この宇宙でかけがえのない創造の源泉となることができる。

HEFの第六レベル

HEF（ヒューマンエネルギーフィールド）の第六レベルは美しい光の流れがあらゆる方向に、体から六十〜九十センチのあたりまで放射されているように見える。オパールのように輝く虹の七色だ。これは形のないレベルであり、非常に高い周波数を持つ。

健康な第六レベルは明るくチャージされており、体から美しいエネルギーのビームがしっかりとまっすぐに流れ出る。このレベルが明るくチャージされている人ほど、意識的にこのレベルの経験に気づいている。これはスピリチュアルな世界の感情、神聖な愛のレベルである。このレベルを意識しながら瞑想することは、体に安らぎの感覚を与え、癒《いや》しの効果がある。ここにはスピリチュアルな陶酔感があり、スピリチュアルな愛、喜び、興奮、至福として経験される。このレベルの経験に達するには、心の雑音を止めて静かに耳を傾ける。メディテーション、宗教、あるいはよい音楽、詠唱（チャンティング）、黙想などを通してこのレベルに達することができる。ここには非常な広がりの感覚があり、天上のさまざまな世界のあらゆるスピリチュアルな存在と、そして地上の人類、植物、動物たちと、兄弟のように親しく交わることができる。すべての人がろうそくのまわりの後光のように見える。中心光から放射される、真珠貝の持つオパールのような光のビームとなる。

第六レベルが弱くエネルギーのあまりない人はスピリチュアルな経験やインスピレーションを感じた経験がほとんどないだろう。ほかの人がこのようなことについて話しあっている時にも、なんのことを話しているのかさえわからないかもしれない。第六レベルがチャージ不足で不健康だと、スピリチュアルなレベルでなにかを経験するのは非常に難しい。神は病気である、あるいは神や天国、スピリチュアルな存在といったものはありはしないとなんとなく感じているかもしれない。このような人にとってはこのレベルを経験する人というのは妄想家であり、自分でつくりあげたおめでたい世界に住んでいるのだと思われるだろう。

このレベルが不健康だと、暗く、薄く、チャージ不足で、光のビームは垂れ下がる。これは通常スピリチュアルな面の滋養不足からくる。原因はいろいろあって、たとえば、スピリチュアルな経験を排除するような環境で育てられたために単にこのレベルの滋養を受け取れないという場合もある。また宗教的なトラウマ（精神的外傷）を受け、その宗教を含めいっさいのスピリチュアルなものも拒んでしまっている場合、あるいはその他の個人的なトラウマ経験の結果神と宗教を拒絶している場合などがある。はじめのケースでは、第六レベルは単にチャージ不足で、その人は自分にはスピリチュアルな面の滋養が必要だということを知らない。あとのケースでは、第六レベルがチャージ不足であるばかりでなく、ほかのレベルと分離してしまっている。この場合、実際にレベルとレベルの間にギャップがあるのを見ることができるし、またレベル間の通常の通信回路は閉じてしまっている。

第六レベルがほかのレベルよりきわだって強い人は、スピリチュアルな経験を物質レベルでの生活を避けるのに利用することがある。人生をみる視点は幼稚で、自分がスピリチュアルな世界にだけ住んでいるかのように思い、自分で自分のことをせずにすませられると期待しているかもしれない。スピリチュアルな経験を、自分を「特別な存在」にするために使い、「そのような経験があるので自分はほかの人間より優れている」と証明しようとする。しかしこれは本当は、物質世界で生きなければならないことに対する恐怖心に対する防衛なのである。この防衛は長続きせず、突然目覚めを迫られて幻滅の中に放り込まれるだろう。幻滅はよいことだ。幻を溶かしさり、本人を物質世界の「今、ここ」に引きもどしてくれる。そして物質世界はスピリチュアルな世界の内に存在しており、その外にあるのではないことを学ばせるだろう。

スピリチュアルな世界を経験するための鍵は第六レベルをチャージすることだ。これは非常に簡単なメディテーションを通して行なえる。たとえば一日二回、五分から十分ほど静かに座り、薔薇、ろうそくの炎、あるいは美しい夕陽といったものに集中する。あるいはマントラか、意味のない一つの音、または音の組合せを繰り返すのもよい。

HEFの第七レベル

HEF(ヒューマンエネルギーフィールド)の第七レベルは、健康であれば美しい、きわめて強い金色のエネルギーの糸からなり、非常に高い周波数できらめいている。こうした糸は織りあわされて肉体のあらゆる構成要素を支えている。第七レベルは体から九十センチないし一メートルあまりまでのびている。外側は金色の卵形をしており、内部のものをすべて覆い、保護している。外殻は強く厚くなっており、個人のHEF全体と外の空間とのエネルギーの流れを調節している。そしてエネルギーが外へ漏れるのを防ぎ、また外部の不健康なエネルギーが浸透するのを防ぐ。第七レベルは各レベルのHEF全体をまとめる役割もしている。私はいつもこのレベルに存在する途方もない強靭さに驚かされる。

第七レベルを織りなす金色の光の糸はまた、すべてのものの中にもまわりにも存在している。この糸は器官の細胞、肉体、一団の人間、あるいは世界全体といったすべてのものをたがいに織りあわせる。

これは神聖な理性のレベルだ。このレベルが健康でこれを意識的に認識できる時、人は自己の内の神聖な理性を経験し、宇宙の神聖な理性のフィールドという世界に入ってゆく。ここでは自分が生命の偉大なパターンの一部であることを理解し、知ることができる。この宇宙の真実を経験すると、非常に心やすらかな気分に導かれる。ここでは自己の不完全さの内に完全さをみることができるのである。

このレベルでHSP（超感覚的知覚）を使うと、金色のグリッド状になった真実の体系が宇宙全体に織りあわされているのが見える。ここでは、人はやがてHSPによって心と心でコミュニケートすることを学ぶだろう。それほど遠くない将来、HSPはまったく普通の能力になるだろう。現在でも時々、人が宇宙の理性にアクセスして情報を得ることがある。その情報は一般に普通とみなされている感覚から得ることが不可能な種類のものだ。

第七レベルが強くチャージされ健康である人は創造的思考を生みだすことと、存在、世界、およびその本質についての広く全体的な概念を明確に理解することの二つに優れている。新しい考えを生みだすことができ、またそれが偉大な思考のパターンのどこに当てはまるかを知っている。さらに自分がこのパターンのどこに当てはまるかも知っている。神について明確でしっかりした理解を持っており、神学者、科学者、発明家であるかもしれない。明確で統合的な理解力があるため、広範で複雑なテーマについてのよい教師でもあるだろう。

第七層があまり発達していない人は創造的な考えを生みだせないだろう。人生のより大きなパターンについてもあまり理解できないし、自分がどうそれに当てはまるかもわからない。というのは、このようなパターンが存在することも知らないからだ。なにもたがいにつながっているものはなく、宇宙とは本質的にランダムで混沌としていると感じているだろう。

第七レベルが健康でないと、金色の線は光が薄く、弱い。線はその形を保つことができず、ある部分ではほかより細くなっている。場所によってはグリッドが裂けて開き、エネルギーが漏れているかもしれない。第七レベルが不健康だと、神聖な理性あるいは宇宙の理性のフィールドに存在している真実に自分がつながっているのを経験できない。自己の不完全さの中の完全さという概念も理解できないだろう。自己の不完全さはむしろ耐えがたいものとなる。実際、このような人は自分の不完全さを否定して自分を完璧なものと主張するか、そうなろうと努めるかもしれない。しかしそれは人間的状況の中では不可能である。このような人は宇宙の神聖な理性のフィールドにアクセスすることもできない。心は孤立して働き、創造性とはなんの関係もないように感じられるだろう。

第七レベルがほかのレベルより強い人は、自分の創造的思考を実用的なものにするのが難しい。

第七レベルを強める最高の方法は人生において絶えることなくより高い真実を求め、それに従って生きることである。私の知っている第七レベルを強める最良のメディテーションは「心を鎮め、自らが神であると知れ」というマントラを繰り返すことだ。このマントラを使うことでエネルギーが第七レベルに集まり、やがて自分が神聖な理性であり神であるという知識を経験できる状態に導かれる。

創造的思考を物質世界において形をとらせるためには、肉体のすべてが良好に機能している必要がある。肉体の健康と充実した人生を望むなら、体のすべて、そして人間経験のすべての領域を浄化し、チャージし、バランスさせることが必要だ。このため、癒しのプロセスにはつねに、ＨＥＦの七つのレベル全部に行き届いたケアを施し滋養を与えることが含まれなければならない。

チャクラはヒーラーがヒーリングを行なうHEF（ヒューマンエネルギーフィールド）という構造体の構成要素だ。チャクラとはサンスクリット語で「車輪」を意味する。私のHSP（超感覚的知覚）ではむしろエネルギーの渦あるいは漏斗のように見える。チャクラはHEFの七つのレベルにそれぞれ存在し、第二から第六までのチャクラは体の前と後ろにある。私はチャクラに番号とアルファベットで呼称をつけている。Aは体の前面、Bは体の背部を意味する（図2―5参照）。

チャクラはエネルギーをユニバーサルエネルギーフィールド（UEF）からとり入れるための器官だ。UEFはユニバーサル健康フィールドとも呼ばれ、我々をとり巻いている。それぞれのチャクラからとり入れられ代謝されたエネルギーは最も近い主要神経叢近くにある体の部分に送られる。このエネルギーはHEFと肉体が健康に機能するために非常に重要である。東洋では、このエネルギーは伝統的に「プラナ」あるいは「気」と呼ばれている。チャクラが適切に機能するのをやめると、エネルギーのとり入れが妨げられる。これはそのチャクラからエネルギーを受け取っている体の器官が必要なエネルギーを得られないことを意味する。チャクラの機能が低下したままだと、その器官および周辺の正常な機能が妨げられる。その部分の肉体が弱くなり、免疫機能も低下し、やがて病気になる。

チャクラには七つの主要なものがある。それぞれのチャクラは口の広い方が体の外に向かっており、直径十五センチほどで、体から二センチ半のところまで出ている。小さい方の先端は体の中、背骨の近くまでのびている。VPC（バーティカルパワーカレント、垂直パワー流）は体の中央線を通っている。それはエネルギーの大きな導管で、すべてのチャクラがまわりをとり巻いているユニバーサル生命（健康）フィールドからとり入れたエネルギーがここに注ぎ込まれる。チャクラから集められたエネルギーはVPCを上がったり下りたりする。それぞれの色が織りあわされ、美しく脈動する多彩色の光のロープのように見える。VPCはたいていの人で幅二センチ半ほどである。しかしヒーリングのために高度

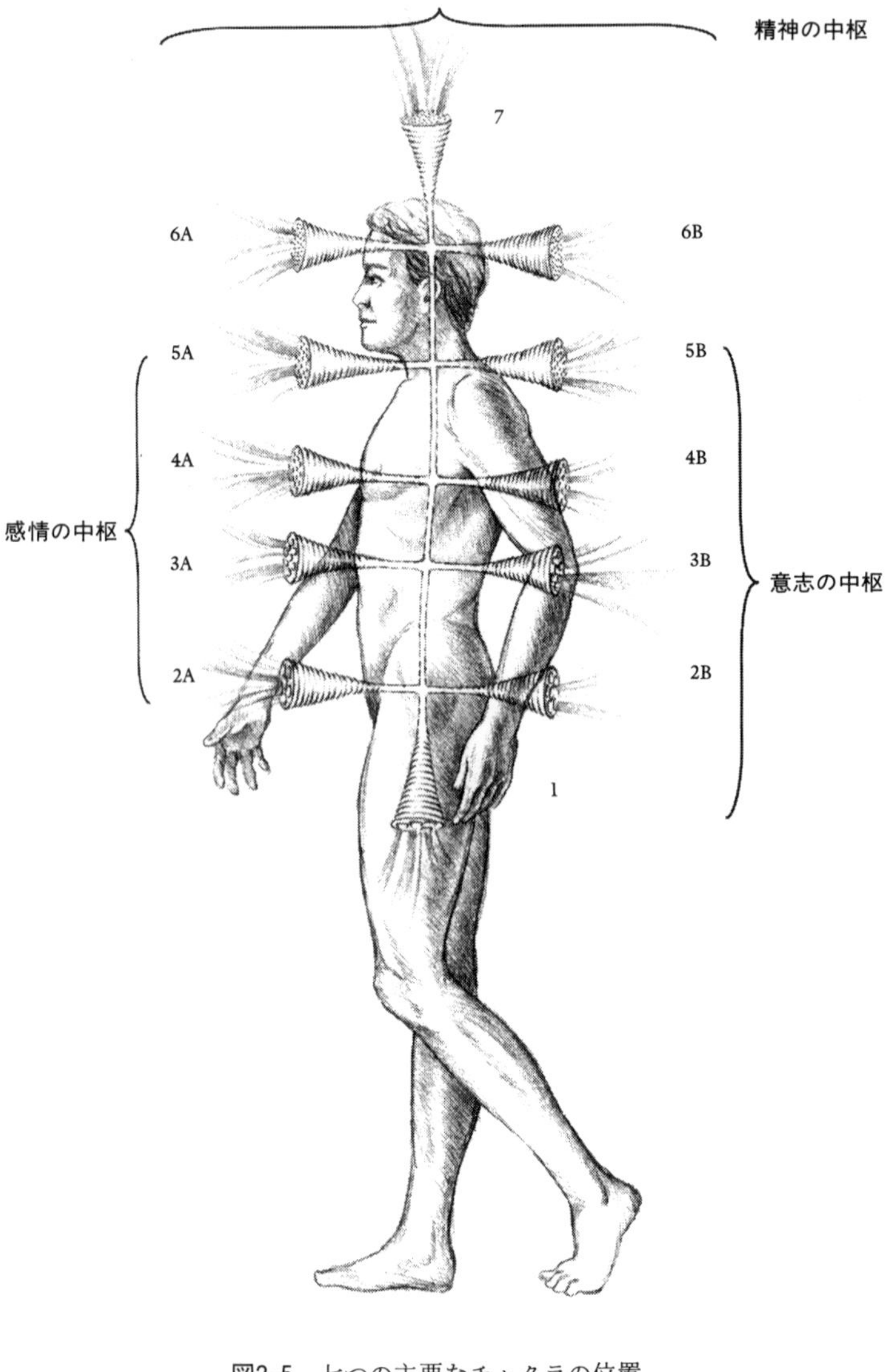

図2-5　七つの主要なチャクラの位置

のASC（変性意識状態）に入ったヒーラーでは、直径十五センチにもなることがある。

七つの主要なチャクラは体の主要神経叢の近くに位置している。第一チャクラは股間にあり、その先端部（口の細くなっている方）は仙骨部の尾骨関節に位置する。これは筋感覚（身体の位置感覚）、運動感覚（身体の移動感覚）、触覚に関連している。また生きる意志に関係しており、肉体的活力を与える。また特に脊椎、副腎、腎臓にエネルギーを供給している。

第二チャクラは恥骨のちょうど少し上に位置し、体の前と後ろにある。先端は仙骨の真ん中にあり、このチャクラを通して人間は感情を感じる。このチャクラは官能と性に関連している。また生殖器官や免疫系に多くのエネルギーを供給する。

第三チャクラは太陽神経叢（胃のあたり）に位置し、やはり体の前と後ろにある。先端は横隔膜のつなぎ目、胸椎十二番と腰椎a一番の間に位置する。これは胃、肝臓、胆嚢、膵臓、脾臓、神経系にエネルギーを与える。また直感にも関係し、宇宙の中の自分の姿や、自分がどのように他人とつながっているか、そしてどのように自己にケアを施しているかにも関わっている。

第四チャクラは胸のあたりにあり、愛と意志に関連している。このチャクラを通して人間は愛を感じる。体の前のチャクラは愛に、背中のチャクラは意志に関連する。このチャクラの機能を保つためには、愛と意志をバランスさせて生きなければならない。先端部は胸椎五番に位置し、エネルギーを心臓、循環系、胸腺、迷走神経、背中上部に送る。

第五チャクラは喉の前と後ろに位置する。これは聴覚、味覚、嗅覚と関連し、先端部は頸椎三番に位置している。これはエネルギーを甲状腺、気管支、肺、食道に供給し、また与えることと受け取ること、そして真実を語ることに関係する。

第六チャクラは額と頭の後ろに位置し、先端部は頭の中心にある。エネルギーを脳下垂体、脳下部、左目、耳、鼻、神経系に供給し、視覚と関連している。前のチャクラは概念の理解に、後ろのチャクラは考えを手順を踏んで実行することに関連する。

第七チャクラは頭のてっぺんにあり、先端部は頭の上部中央に位置する。エネルギーを脳の上部と右目に供給する。直接知を経験すること、およびパーソナリティをスピリチュアルなものと統合することに関連している。

一般に、体の前のチャクラは感情の機能に、後ろのチャクラは意志の機能に対応し、頭部のチャクラは理性的機能に対応する。理性、意志、感情の機能のバランスがとれていることが健康を維持するのに不可欠である。特定のチャクラを流れるエネルギーの量はそのチャクラがどれだけ使用されているかを示すので、対応する理性、意志、感情がどれだけ使われているかをも示すことになる。理性、意志、感情のバランスがとれた人生にするためには、チャクラをバランスのとれた状態にし、大きさをそろえ、シンクロナイズさせなければならない。

本書では、ヒーリングセッション中にヒーラーがどのようにHEFにヒーリングを行なうか、また自己ヒーリングのために自分で自分のHEFにどのように変化をもたらすことができるかを説明する。そのあと個人的なヒーリングのプロセスを、HEFの各レベルに対応する人生経験の七つの段階にそれぞれ関連づけて説明する。自己ヒーリングは各レベルに相当する人生経験に対応した自己のニーズを満たすことで行なえる（HEFとチャクラについてさらに詳しいことは『光の手』2章および3章を参照のこと）。

「ハラ」レベルは意図と目的のレベルである

「ハラ」レベルは、人間存在の本質において、HEF（ヒューマンエネルギーフィールド）よりもさらに飛躍的に深い次元にある。ハラレベルとはHEFがのっている土台である。私がそれをハラレベルと呼ぶのはそこに「ハラ」が存在するからだ。「ハラ（腹）」は日本では下腹部にある力の中心として定義されている。HEFが人格に関連しているのに対し、ハラレベルは「意図」に関連しており、人生の使命あるいは深いスピリチュアルな面における目的に対応している。さらに大きな転生上の目的および瞬間瞬間における自己の目的のレベルであり、人間が意図を抱き、保持するのもこのレベルにおいてだ。

ハラレベルは複雑な構造を持つHEFよりはるかにシンプルだ（図2―1参照）。このレベルは肉体の中心線上を走るレーザー状の線と、それに沿った三つのポイントからなる。線は幅一センチ弱で、頭の上に一メートルほどのびており、下は地球の核にまでのびている。頭の上の第一ポイントは、逆さになった漏斗のように見える。広い方の面は下を向いており、直径は一センチである。これは人が神から最初に別れて「個」になった状態、つまり肉体を持ったことをあらわしている。このポイントはまた理性の機能も持ち、理性を具現化する。人が自己の高いスピリチュアルな世界にアクセスするのは、ここを通してである。私はここをIDポイント（インディビデュエーションポイント、個人化のポイント）と呼んでいる。このレーザー状の線を胸の上部あたりにまでたどると、第二のポイントがみつかる。これは美しく放散する光で、このレベルの感情に対応する。人はここにスピリチュアルな憧憬を抱いている。その憧憬はこの人生を通して自分を導いてくれる、神聖なものである。この憧憬は自分が達成しようと望む人生の使命と実に深く対応している。それは人生においてなににも増して成し遂げたいことであり、それこそが自分が生まれてきた理由だ。すべての人々が自己の内に抱えている思慕であり、なぜ自分が今ここにいるのかを感じさせてくれるものだ。私はこれを魂の憧憬の座、あるいはSS（ソウルシート、魂の座）と呼ぶ。

次のポイントは「丹田」である。これはマーシャルアーツ〔訳注：拳法、空手、柔道、太極拳などの武術〕の達人が体を動かす際にその中心とする点で、ここからコンクリートさえも割る力が引きだされる。丹田は力の集まったボール、あるいは「存在の中心点」のように見え、直径六センチほどで、臍の六センチほど下に位置する。強い膜で覆われ、ちょうどゴムボールのようにも見える。色はしばしば金色だ。丹田はこのレベルの意志の中心である。肉体を持って生きる意志であり、肉体を物質世界に顕現させる音を含んでいる。

この音と意志によって、人は母なる地球から自らの肉体を造りだす。またヒーラーが肉体を再生するすばらしいパワーにアクセスできるのも、この中心点からだ。ただしそれはハラライン（ハラの線）を地球の奥深くにある溶けた核にグラウンディングさせた場合にのみ可能となる。ハラインが大地に深くのびる時、ヒーラーは非常な力を凝縮することができる。ヒーリングに使われる時、丹田は非常に明るい赤色にかわり、とても熱くなる。これがハラレベルでグラウンディングするということだ。これが起こって丹田が赤くなると、体中に非常な熱を感じる。

ハラレベルに明確な意図を設定すると、ＨＥＦと肉体レベルでの行動が喜びをもたらすようになる。ハラレベル（すなわち自らの意図と人生の使命）の異常とそれが健康に与える影響については、本書中各所で触れている。たとえば病気は、意図が不明確だったり混乱していたりあるいは自分の使命と対立したりする場合や、自分の使命と乖離している場合に引き起こされることがある。世界の特に近代化、産業化された地域で、多くの人々がスピリチュアル面での非常な苦痛を抱えて生きている。自分に人生の目的があると知らないからだ。彼らはなぜ自分が苦しんでいるのかを知らない。そしてこのような種類のスピリチュアルな痛みには治療法があることを知らない。より深いレベルの人生の目的から乖離しているとそれがハラレベルにあらわれるが、このレベルでのヒーリングによって癒すことができる。

コアスターレベルは神聖なエッセンスのレベルであり、創造エネルギーの源である

コアスターはハラレベルよりもさらに飛躍的に深い次元にある真の自己であり、その人の神聖なエッセンスに関係している。HSP（超感覚的知覚）を使うと、コアスターのレベルでは誰もが美しい星のように見える。それぞれの星はたがいに異なっており、それぞれ生命の内的な源である。ここでは、自らが宇宙の中心である。このレベルではそれぞれの人の内に神聖な「個」が存在している。コアスターは体の中心線上、臍の四センチほど上に位置している（図2―1参照）。コアスターレベルで透視能力を開いて人々を見ると、それぞれが美しい星のようで、無限に光を放射すると同時にほかのすべての星を貫いているのが見える。

コア（核）は、人間存在の最も深い本質であり、まったく一人一人に固有のものだ。これは我々一人一人の内に時のはじめ以前から存在している。まさに時間、空間、信仰の制約を越えている。個人の内に顕現された神の一面である。自己の内にあるこの場所から人の生と存在が発する。コアはいったん気づきさえすれば、生まれた時から知っていたものだと容易に認めることができるだろう。ここでは人は知恵と愛と勇気に満ちあふれている。

この本質は時間を経てもほとんどかわってきていない。どんなネガティブな経験もコアスターを決して汚すことはできない。ネガティブな経験に対する自分の反応に覆われたり隠されたりすることがあっても、コアスター自体は決してかわらない。最も本質的な存在であり、すべての人の奥深くにある善良さ、人の真の姿である。内にあるこの場所からあらゆる創造エネルギーが生まれる。個々の内に存在する永遠の泉であり、すべて創造はここに由来する。

創造のプロセスと健康

本書の主な目的は自己のコアから生まれる創造プロセスとその重要さを、特に健康とヒーリングの面から読者に理解してもらうことにある。創造プロセスは人の内にあるコアから発し、つねに二つの要素から生まれる。一つはポジティブな意図あるいは神聖な意図であり、もう一つはポジティブな喜びである。

人がその人生で行なったことはすべて、もともと善良な意図から、そしてつねに喜びを伴って始められたのである。

あらゆる創造活動は人のコア意識の内から始まり、存在の深いレベルを抜けて汲みあげられ、物質世界に達する。人生のあらゆる創造行為は同じコースをたどる。創造活動は次の道筋をたどって物質レベルに到る。まずコアレベルで意識として、次に意図としてハラレベルで、そして生命エネルギーとしてHEF（ヒューマンエネルギーフィールド）で形をなし、やがて物質世界へと汲みあげられる。

このエネルギーの流れがコアレベルからハラレベルの使命へ、そしてHEFレベルの人格に、さらに物質的肉体へとまっすぐに流れている時、健康と喜びを人生にもたらすことができる。この創造プロセスが本書の基本である。この自己のコアから顕れる光によってこそ、我々は存在のあらゆるレベルにおいて経験を創りあげることができる。

コアスターから生じる創造エネルギーを遮ると、やがて人生に苦痛が創りだされる。前に横たわる仕事とは、自分のコアから覆いをとりさって自らの光と創造性を喜び、楽しみ、健康を味わいつつ顕すことである。そうすれば調和と平和に満ち心の通いあう世界を創りだせるだろう。

3章　ヒーリングの新しい視点――ホログラフィー的経験

ホログラフィー的経験とはなにかを理解し生活の一部に組み入れるためには、まず、我々の現在の世界認識をふりかえってみる必要がある。我々の現在の世界認識はホリズム〔訳注：全体的視点に基づく考え方〕的なものとはいえない。

現代科学の基礎となっている形而上学的概念

「原始的」な文化が伝統的な信仰体系を持っているのと同じように、西洋の科学文明も一連の仮定に基づいて築かれている。こうした仮定の多くはつい最近まで、触れられることも疑問を投げかけられることもなかった。現在「基本的真実」と考えられているものはいくつかの形而上学に依存しており、それが現代科学の土台となっている。ウィリス・ハーマン博士は著書『グローバルマインドチェンジ』の中で、三種類の形而上学、M―1、M―2、M―3を挙げている。これは発展する人間の歴史の中で用いられてきたもので、博士はこれを以下のように定義する。

M—1形而上学＝唯物的一元論（物質から心が生じる）

この形而上学によれば、宇宙の基本構成要素は物質とエネルギーである。真実について学ぶために測定可能な世界を研究する。「意識」というものがなんであれ、それは動物の進化が充分に進んだ時点で物質（つまり脳）から生じるものであり、意識について学べることはすべて、脳を物質的に研究した結果得られた知識と一致しなければならない。物質である生命から離れて存在する「意識」というのは知られていないばかりでなく、考えられないからである。

M—2形而上学＝二元論（物質プラス心）

もう一つの形而上学として二元論がある。これによれば宇宙には二つの異なる基本構成要素がある。物質およびエネルギーと、精神ないし霊である。物質とエネルギーは現代科学の道具で研究され、精神と霊はそれに適したほかの方法で探索しなければならない（たとえば自己の内面の主観的観察）。したがって、世界には本質的に二つの相補的な知識が存在し、それはある領域では重なりあうと考えられる（たとえば超能力現象）。

M—3形而上学＝超越的一元論（心から物質が生じる）

さらに第三の形而上学では、宇宙の最終的構成要素は意識であるとする。心あるいは意識の方が主要であり、物質とエネルギーはある意味で心から生じる。物質世界はより大きな「意識」にとって、個々の心にとっての夢のようなものだ。究極的には、物質世界の背後にある真実は肉体感覚ではなく深い直感によってアクセスされる。意識は物質的進化の産物ではなく、むしろ意識の方が最初にあった。

西洋文化の思考の条件づけや科学的業績はもっぱらM―1形而上学（物質から心が生じる）モデルに基づいており、これが機械論的科学を支えている。しかし、人類の未来はすでにM―3（心から物質が生じる）モデルの中に蒔かれており、こちらはホログラフィー的科学につながる。

ヘルスケアにおける旧来の機械論的モデル

ヘルスケアの分野においてホログラフィーモデルに移行するには、まず健康、癒《いや》し、医療についての旧来の考えを検討し、それがどのように人々を制限してきたかをみる必要がある。これは旧来の科学的機械論のモデルに基づいており、西洋文化の思考の条件づけもこれによっている。この旧来のモデルはM―1形而上学（物質から心が生じる）に基づくもので、「科学の時代」の一連の暗黙の「理性的」前提が含まれている。ハーマン博士はこうした前提を以下のようにリストアップする。

1　知識を獲得する方法には、物質的感覚か、または遺伝子を通じてのある種の情報伝達によるものしかない。あるいは経験的科学や、肉体の感覚を補う機械を通して測定可能な世界を探索することによる。

2　すべての「質」的性質は、最終的に「量」的性質に還元される（たとえば色の違いは波長の違いに還元される）。

3　すべての人に感知可能な客観的世界と個人によってのみ感知される主観的経験には、明確な境界線がある。科学の知識は前者のみを扱い、後者は個人にとっては重要かもしれないが、それを調べても公に確認可能な種類の知識は得られない。

4 自由意志の概念は前科学的なものである。科学的分析によれば、外部からの力の組合せが個人に刻み込まれ、同時にその生体に内包される圧力と緊張が個人の行動を引き起こすと説明できる。

5 意識あるいは思考や感情の認識として知られるものは、脳の物理的および生化学的過程から生じる副産物である。

6 記憶とは単に中枢神経に保存されるデータである。

7 時間の性質からいって、未来の出来事を知るためには既知の原因と過去の規則性に基づいて理性的に推測するしかない。

8 精神活動とは、物理的生体（脳）の種々の動的状態にすぎないので、それが生体外の物質世界に影響を与えるようなことは不可能である。

9 宇宙と人間の進化は物理的原因から引き起こされた。この進化には宇宙の目的、意識の発達、個人の努力といった概念を正当化する要素はなにもない。

10 個人の意識はその肉体の死を越えて存続することはない。もし存続するとしても、その意味は生きている人間によって理解することはできず、それについて知識を得る方法もない。

これが現代の産業社会とヘルスケアシステムの基礎となっている前提である。ヘルスケアではこれはある場合には見事に働くが、そうはゆかない場合もある。生活のある一面では、たとえば製品の購買力といった場合、ある人にとってはうまく働く。しかし貧困の中に閉じ込められている人にとってはそうではない。社会問題や二十世紀を蝕む「疫病」により効果的に対処するには、こうした真実についての前提をさらに踏み込んでみてゆかなければならない。

西洋文明では、哲学は古典物理学的な機械論に基づいている。これはさらにM—1形而上学(物質から心が生じる)に基づいており、世界は電子や陽子といった物質の構成要素から構成されているとする。こうした小さな「物質」ないし部品が存在するすべてのものを構成するという。したがって世界を理解するには、その構成要素に分けて研究すればよいことになる。このように、我々は理性を信頼し、それによって生きるよう教えられてきた。学校や医療のシステムは問題の原因を発見し、理性的に解決し、物質の働きを理解することに重点を置く。このために、すべてのものを個々の部品に分解し、それを研究する。

残念なことに過去四十年間、我々は世界を個別の部品に分けて、おのおのがたがいに孤立したものであるかのように扱い研究することに力を注いできた。しかし最近の研究は、そのような孤立は事実ではないことを示している。すでに過去二十年以上にわたり、物理学や生物学の研究によって、すべてのものがつながっていることが示され始めている。実験者を実験から切り離すことはできないし、個人を全体から切り離すことは不可能だ。しかしなお毎日の生活において我々は、物は分解して理解できると考え続けている。

旧来の考え方ではなぜうまくゆかないか

機械論的に考える時、人はこんなふうに考える。

「やつらはいったいいつになったら手を打つつもりだろう?」。

「連中はこの惑星を破壊している」。

「重役（または労働者）のやつらがこれほど欲張りでなければうまくいくのに」。

こうした言葉は、状況をかえるために自分でできることをするのではなく、架空の「彼ら（やつら、連中）」を創りだし、責任を「彼ら」に押しつけることで自己を他から切り離している。しかし人間は、どのような状況におかれていようが、その状況の共同創造者なのである。

自分の健康についても同様で、我々は臓器をまるで体の中で別々に働いているかのように考える。また病気を自分自身から切り離して考える。体の部分をそれについての感情から切り離しておいて、まるでそんなことをしてもなんの影響もないかのようにふるまう。そしてこう言う。

「私は君から風邪をうつされた」。
「背中のやつが痛む」。
「胃のやつがまた面倒を起こしている」。
「私は自分のヒップが嫌い。私には大きすぎるの」。

そして問題の原因に焦点を当てるのではなく、症状だけをとりさろうとする。これは実に危険なことだ。

「先生、この膝の問題を一気に解決したいんです」。
「頭が痛い。痛み止めが必要だ」。
「面倒が起きないように胆嚢を取ってしまおう」。

我々はしばしば、病気は病原菌や腫瘍など外からの侵入者によって引き起こされるのだからそれをとり除く必要があると考える。病気を治す主な方法は薬を飲むか手術を受けることだ。痛みをとるのに薬を処方したり、病気を治すのに病原菌を殺すという考えは、しかし、世界がばらばらの部分から構成されているという前提に基づいている。この見方では、病気の原因については扱わない。近代医学の発達は驚くべきものだが、人々は自分の手で健康を維持することがますますできなくなっている。医師にある箇所を治してもらったら、別の箇所がおかしくなる。時には治療の副作用が別の病気を引き起こしさえする。それでいてその病気は別の原因からきたものだと考える。世界をあまりにたくさんの部分に分割して考えるせいで混乱し、医師が我々の健康に責任を持つべきだと考え始めている。

人間を一つのまとまった、統合された生命としてではなく、個別の部品の集合として考える考え方のせいで、非常な苦痛が生みだされている。このような孤立主義の思考はまた、自分の健康管理の責任を医師に引き渡すことにもつながっている。機械工が車のパーツを修理するように医師が体の部品を修理できると考えるのだ。私はこうして生じた苦痛を多く目撃してきた。分割化からは混乱が生まれる。私のところにやって来た患者には、医師、各種の治療家、ヒーラー、超能力者、鍼灸師、栄養士、薬草医などからたくさんの治療を受けてきた人が多かった。しかしこうした治療はほとんど効果がなかった。主な原因は症状についての相反する混乱した分析が行なわれたことだった。患者はどうしたらよいか、誰を信じたらよいのかわからない。分割化は矛盾を生みだすからだ。

西洋文化に条件づけられているため、人々は診断を求める。これは物質の最終的構成元素を求めるようなものだ。そんなものは存在していない。しかし人々はそれを単に求めるだけでなく、要求する。そしてそれを得る。肉体の病気の診断という具体的な「事実」の提示はしかし、全体像を見る力を限られたものにする。というのは、人はそれを「自己」という全体的な文脈からとりだしてしまうからだ。自己を全体的に見た場合、病気の原因は複数レベルの機能と経験に関連している。にもかかわらず人は診断を完全な答として受け取り、安心材料と（都合よく）解釈する。そうして、医師に圧力をかけて診断と治療によって自分の健康の面倒をみさせる。病気に名前をつけることができればそれをコントロールすることができる、あるいは医師がコントロールしてくれると信じて。

まったく、この方法は多くの病気に「効く」。「病気」と呼ばれる肉体的症状をとり除くのに役立つ。しかし、自己の奥深くにある内的な原因は解決されない。長期的には、肉体症状の診断と治療というシステムは人々をさらに自己から、そして自己の深い真実から切り離してしまう。問題は診断の体系自体にあるのではない。本当の問題は診断だけ、そしてその結果である治療だけにとどまってしまうことにある。それをより大きなパズルの断片だとみて、自己の理解と成長のために使用しないことにあるのだ。切り離された症状の診断だけから病気にアプローチすることはまた、西洋医学という診断体系に力を与えすぎ、それを硬化させる。これは別の、もっと重大な誤用につながる。

機械論的モデルが「死刑宣告」に等しい診断を生みだす

患者が混乱しより苦痛を味わうのは、「この治療方法に従わないともっと悪くなるし、死ぬかもしれませんよ」というような脅迫的な診断と治療指示を受けた時だ。医師はもちろん、患者が治療を受けなかった場合の予後について知っている情報を伝えるべきだが、しかし自分の治療方法が唯一のものだと言うべきではない。自分が知らない治療方法があるかもしれないのだ。別の言葉を使えば、通常の医療技術の限界を限界と認めるべきであり、別の可能性への扉はつねに開けておかなければならない。たとえその医師がほかの治療方法としてなにがあるのか知らなかったとしても。患者に「助からない」とレッテルをはるのではなく、西洋医学ではその病気を効果的に治療できないことをはっきりさせるべきなのだ。

　ガンを宣告された患者について私がみてきた中で最もひどいのは、末期宣告である。確かに、特定の病気について一定の症状の経過を示す統計的事実はある。しかしこれはすべての患者に当てはまるとは限らない。不幸なことに、この統計に当てはまらなかった患者は「誤診」だったとみなされるか、「病状の自発的休止」、「病気の質《たち》がよかった」あるいは「奇跡」などと呼ばれる。そうして、実際に患者の回復を助けた西洋医学以外の治療方法の信用は落とされる。

　西洋医学が治療できない病気について「不治」、「助からない」という診断を下すと、ほかにも問題が生じる。患者に「自分は助からない」と思い込ませるのだ。患者はこの病的な思い込みに基づいて行動し、いっそう悪くなる。患者は病気と戦うのみならず「自分はよくならない」と思い込んでいる自分自身の一部をも征服しなければならない。病気の診断が患者の心に病的な視点を植えつけるのは、患者がこの医療体系を信じているからだ。事実は単に、この医療体系には治療方法がないというだけのことなのに。ある意味で、西洋医学は実はこう言っている。「我々の信じることを信じろ、我々が示す真実を受け入れろ、（我々が診断した）この病気は（我々が認めた）間違いのない唯一の真実で、治らない」。

　こうしてふたたび元の問題に我々は引きもどされる。真実についての仮想モデルが人生に果たす役割と、その仮想モデルが唯一の真実だという思い込みだ。人々はその圧倒的な影響に気づいていない。

真実についての「仮想モデル」や「比喩」の問題点

人気女優リリー・トムリンのブロードウェイヒット劇「宇宙における知的生命の探索」に出てくる浮

浪者の女性はこう言う。「真実ってのは、集団的思いつきよ」。

人は一般に、自分が受け入れている「真実のモデル」を「真実である」と主張する傾向がある。真実がそのモデルに合わないと困ってしまう。この場合、自分自身を責めるか、「モデルに合わないのでそんなことは不可能だ」と宣言する。自分のモデルが限られているとは認めようとしない。

すべてのモデルには限界がある。このことを忘れてはいけない。これを忘れない限り、特定の真実の比喩を偏見のない形で受け入れることには問題はない。たとえば機械論の場合なら、「物質が基本的真実だ」というのが「比喩」だ。しかし不治の病となると、この比喩はもう役に立たない。そのような場合には、治療が可能となるようなもっと機能的な比喩をみつける時がきたということだ。機械論的治療法はある病気を治療できないだけでなく、アーユルヴェーダ［訳注：インドの伝統的医術］、ホメオパシー療法、鍼灸、マクロバイオティクス［訳注：日本式の自然食療法］のようなシステムによる治療を難しくする。

「不治」という診断はその医療体系内でのことであって、患者についての事実ではない。容態についてこのように決めつけることは、ヒーリングの過程において患者を非常に不利な立場に立たせる。ヒーリングという創造のプロセスが湧き出るチャンスを奪い、西洋医学以外の治療法にまったくチャンスを与えない。このような場合、はるかに望ましいのは医師が次のように言うことだ。「私にできることはすべてやりました。現時点で、私にはこれ以上行なえる治療はありません。望まれるなら、できるだけ気分をよくするよう手伝いましょう。多分ほかの人ならそれ以上の方法を知っているかもしれません」。

これだけが医師の責任だ。ほかの人間の生命や健康について責任を負うことはできない。医師は神ではない。このことは医師から心の負担をとり除くはずだ。もちろん、医師は全身に神の光を宿している。

しかし患者も同じように神の光を宿しているのだ。医師はヒーリングの力にアクセスできる可能性が患者より高いが、患者もその力にアクセスすることを学ぶ十全の力を持っている。これもまた医師の負担を軽くするだろう。

人々が医師に背負わせ、また医師が背負ってきた責任は、妥当でも現実的でもない。それは機械論的モデルに基づいたものだ。あくまで、患者を悩ませている患者とは分離されているなにかをとりさるために薬を与えたり手術をしたりするのが医師だとするならば、それは医師の責任ということになるだろうが。

ホログラフィーモデルに向かって動きだす

患者は自分のヒーリングに対する責任をとりもどさなければならない。医者に頼むべきことはそのための手助けだ。患者、ヒーラー、そして医師の間に友好的な協力関係を築き、自己ヒーリングも、ヒーラーも、医師による最適の治療も、最大限活用するべきだ。

三者の間で協力関係を結ぶためには、新しいM―3形而上学(心から物質が生じる)へと移ることが必要だ。物質よりも心の方が基本的真実なのだと考え始める必要がある。これは物事を大きくかえ、我我はホリズムへと移ることができる。

本書の内容はM―3形而上学に基づいている。心から物質が生じる、したがって心あるいは意識の方が基本的真実なのだ。しかし「心」と「意識」は、我々の文化ではまだ限られた用語である。人間経験の広範な広がりは、単なる心をはるかに越える。したがって、私は人間性の基本的性質を呼ぶのに「エッセンス」という語を好む。エッセンスは意識と呼ばれるものよりさらに精妙で、広がりがある。意識は心よりも精妙で広がりがあり、心の土台である。つまり、エッセンスが意識を生み、意識が心を生み、心が物質を生む。

エッセンスはあらゆる生物のコアスターレベルにみることができる。すべてのものの内に、あらゆるところに、存在している。あらゆるものには究極的にエッセンス、意識、心が浸透している。M—3形而上学は最も自然に人をホリズムに導き、すべてのものがつながっているという認識をもたらす。これはヒーリングステート（ヒーリングの起こる状態）においてしばしば経験する。M—3形而上学を受け入れることは、新しいホログラフィー的科学へ足を踏みいれることだ。そこには豊かな未来がみえてくる。自分自身やヒーリング、創造プロセスについての古くからの質問に新しい答が与えられる。

ホリズムに移ろう。ホリズムとはなんだろう。現在受け入れられている真実についての仮定となにが違うのだろうか。ホログラフィー的真実に生き、ホログラフィー的に考えるとはどのようなことなのか。人生はどのようにかわるのだろう。

多くの人がメディテーション、あるいは夕陽を見るといったシンプルな感動を通して、ホリズム的経験をしている。この経験は非常にパワフルだ。たいてい、どうしたらこれをもう一度起こせるかを知りたいと考える。自然発生的なホリズムの経験と日常におけるホリズムの応用の間には、非常なギャップがあるようだ。このギャップに段階的に橋をかける方法を本書は示している。橋の一方には物質世界と肉体が、もう一方には広がるホリズムの経験がある。そこではすべての人が宇宙と一体となる。では、どうしたらこのような視点に移れるだろうか。

ユニバーサルホログラムを経験する

個人的にホログラフィーモデルに従って生きるとはどのようなことかを模索するために、私のスクールの三年生に以下の質問をしてみた。「自分がホログラムであると想像しなさい。それによってどのように自己の制限がとり除かれますか?」」。以下はその答だ。

マージョリー「ホログラムの中では、私たちは観察者であり同時に創造者だ。パターンの一部であるだけでなく、パターンそれ自体である。ホログラムは直線的な時間と三次元の空間の外にある。それはすべてのものがつながっていることを意味する。無制限そのものである。すべての経験に対して身をまかせること、つまり、すべての人、すべてのもの、宇宙全体とともにある自分を本当に感じることであり、瞬時にして現在、過去、未来であるものだ」。

アイラ「自分自身がホログラムだと想像することで自己の制限がとり除かれるのは、自分の体の一つ一つの細胞を通して、自己の人生の一つ一つの経験を通して、宇宙のすべてを経験あるいは理解するのを可能にするからだ。あらゆる部分や構成要素が全体を理解するための扉となる」。

シルヴィア「自分がホログラムだとしたら、制限がなくなる。時間と空間に入り込み、永遠に達し、また帰ってくることができる。私は木であり、動物であり、また家のない人々だ。おそらくこれが『すべては一人のために、一人はすべてのために』という格言の意味するものだろう」。

キャロル「自己をホログラムだと想像すると、すべての創造物の間のつながりを認めることができる。自分は聖なるスピリットの写し姿だ。また自分のすべての考え、言葉、行動は、全体によって経験されることになる。これは圧倒されるような考えだ! 同時にすべての創造物を『受け取り手』として経験できる」。

ベティ「たとえば自分がアルコール中毒のホログラムだったら、私はアル中患者の妻であるだけでなく、夫、娘、息子、そして患者自身だ。アルコールが体に入るのを経験し、同時にまわりのすべての人が感じ、考え、知ることを、知性で、感情で、肉体で、スピリチュアル面で経験する。どれか一つの立場をとることはできない。というのは自分は同時にそのすべてであり、それらがすべて神と宇宙の一部だとわかるから」。

パム「私は自分がホログラムだと信じるが、それがなにを意味するかを受け入れるのは難しい。それを信じることで私の制限がとり除かれるのは、次のことを意味するからだ。

1　私は孤立した存在でなく、つねに全体とつながっている。事実、私は『全体』である。

2　どの瞬間にも、必要な形をとることができる。事実、つねにすべての形をとっている。

3　私はつねに存在するすべてのものと共時的にある。

4　私は自己の肉体に縛られない。宇宙の全情報に、過去、現在、未来、ほかの次元のすべてにアクセスできる。いつでもどこにでもいることができる。事実、複数の場所に一時にいることさえできる。つまり、私はとても大きく、強いつながりを持った存在になる。私は全体であると同時に部分である」。

ロザンヌ「私がホログラムだとしたら、私は全体の一部ではなく、全体そのものだ。それはあらゆる意味で自己の制限をとり除く。私はすべての存在につながっているだけでなく、すべての存在そのものであり、理解、知識、視覚、学習、存在、行動、その他すべての領域において私の能力は無限になる。『私は全体である』のと同時に、私はまた『他の中にあり、他そのものである』。したがって無制限の自己と他者の存在との間にバランスが保たれている」。

ジョン「これはキリストの『私と父は一つである』という言葉の科学的比喩だ。それは自分が『部外者』ではなく『愛されている息子』として宇宙の豊かさを内包していること、正確には、豊かさが自己を通して流れることを意味する。この考えは、最も恐ろしく不安な瞬間にもその奥を流れている平安さの感覚を思いださせる。まるで、世界全体の膨大さを思うと、それが人間の顔をして自分をみつめ返すかのようだ。自分をホログラムとして考えることは勇気と希望を与えてくれる」。

マージ「私は自分自身を存在するすべてのものとしてみることができる。望むままに自分自身のさまざまな面にアクセスすることを学びたい。ホログラムとしてはすべてが可能であり、すべての知識が手に入る。必要なのは単にそれが起きるにまかせることだけだ」。

ローリー「それは私に翼を与えてくれ、私はいつでも好きな場所に行ける。それは自分の本当の姿を知る創造の責任を与え、世界全体をかえる。すべての知識と理解への無限のアクセスを可能にする。二元的な不調和のくびきから自己を解き放ち、光、調和、知識の世界へと導いてくれる。私はすべてのものに分かちがたくつながっている」。

スー「想像するのは難しい。私の心は『自分はホログラムではない』と言うから。むしろ『自分はすべてのものにつながった網だ』と考える方がやさしい。こうすると『自分』もなく『自分でないもの』もなく、ただ『自分は存在する』。この意味で時間と空間は存在しない。私はあらゆる場所に同時に存在する」。

ジェイソン「自分をホログラムと想像すると、望めば望んだだけ自分から制限がとり除かれる。しかしある段階でちょっと怖くなる。たとえば、そのことを想像すると、自分の人格と人生の道程から少し距離をとって、相互に関わりあうパターンの集まりとしてみることができる。それは自分について幅広い視野を与えてくれる。一方、ミクロレベルでは、毎日の生活のそれぞれの面を自己の完全な表現としてみることができるようになる。自分が人生で自己実現をしている様をみることができる。才能、視野(または視野の欠如)、問題、強さなど、あらゆる面に完全にあらわれているのを。私は物事を突き放してみることが容易にできる性質なので、この傾向が強くなりすぎるのは好きではない。しかしこのような見方で人生を一度に眺めてみるのは面白いものだ。ヒーラーとしてこのように患者をみる時、患者の過去、現在、可能な未来に完全に触れることができると感じる。これによりヒーリングの瞬間が現在を超越したものになる」。

ホログラフィー的経験をするには、意識の拡大が必要だ。すべての存在に対して非常に敏感であることが、個人的にも対人的にも必要とされる。しかしこのような拡大された意識を段階的に開発することは可能であり、それを本書で示す。

ホログラフィー的経験はヒーリングの瞬間に起こる。直線的時間と三次元の空間をこのような形で超越した時、ヒーリングは自動的に起こる。これが宇宙の本来の性質だ。

このような経験を誰でもきっとしたことがあるだろう。次に学ぶべきことは、必要な時にどのようにそれを経験するか、そしてそれを日常の生活にどのように統合するかだ。これは大きなチャレンジだ。そのためには、ホリズムをよく理解しなければならない。では、ホログラフィー理論についてもっとよくみてみよう。

ホリズムとホログラフィーの起源

一九二九年、著名な数学者で哲学者であるアルフレッド・ノース・ホワイトヘッドは、自然を「たがいにつながった、拡大中の一連の大きな出来事」と表現した。「こうした出来事は単に感覚的に知覚されるだけではない。心と物質を分ける二元論は誤っている。真実は包括的であり、たがいにからみあっている」。ホワイトヘッドは、感覚も含めすべての出来事は相互の関係に基づき成り立つと指摘した。人は感覚をある状況について情報を得るために使用し、感覚はそれが知覚する状況に影響を与え、状況は人がそれを知覚するのに用いる感覚に影響を与える。同じ年、カール・ラシュリーは人間の脳についての研究結果を発表し、特定の記憶は脳の特定部分に位置するのではないことを示した。脳の一部を破壊しても、その部分に存在しているはずの記憶は破壊されないのだ。記憶は特定の脳細胞に位置づけることはできず、むしろ脳全体に、おそらくエネルギーの場のように広がっている。

一九四七年、デニス・ガボールは三次元写真の可能性を示す数式を導きだした。彼はこの三次元写真をホログラフィー（ホログラム写真）と呼んだ。最初のホログラム（ホログラフィーによる記録）がレーザーを使ってつくられたのは、一九六五年、エメット・リースとユリス・ウパティニクスによってである。一九六九年には、スタンフォード大学の著名な脳生理学者カール・プリブラム博士が、ホログラムは脳の情報処理機能のモデルとしてまさにぴったりだと提唱した。一九七一年には、アインシュタインと共同研究を行なった著名な物理学者デイヴィッド・ボーム博士が、宇宙の構成はホログラフィー的なものだろうと提唱した。プリブラムはボームの研究について聞いて興奮した。人間の脳はホログラムのように機能し、ホログラフィーのような宇宙から情報を集め読みとるという自分の考えを支持するものだったからだ。

ホログラムとはなにか

こうした研究がなにを語っているかを理解するために、まずホログラムがどのように機能するか考えよう。読者もきっとホログラムを見たことがあるだろう。これは三次元の像を、一見どこからともなく空間に投影する。この像のまわりを歩くと、その異なる面が見える。

三次元のホログラム像をつくるには二段階の過程が必要だ。図3—1はその第一段階を示す。レーザーからのビームがビーム分割機により半分に分割される。片方はレンズを通して対象（図ではリンゴ）に焦点を合わせ、次に鏡によって写真板に反射される。もう片方は鏡に反射させ、レンズを通して同じ

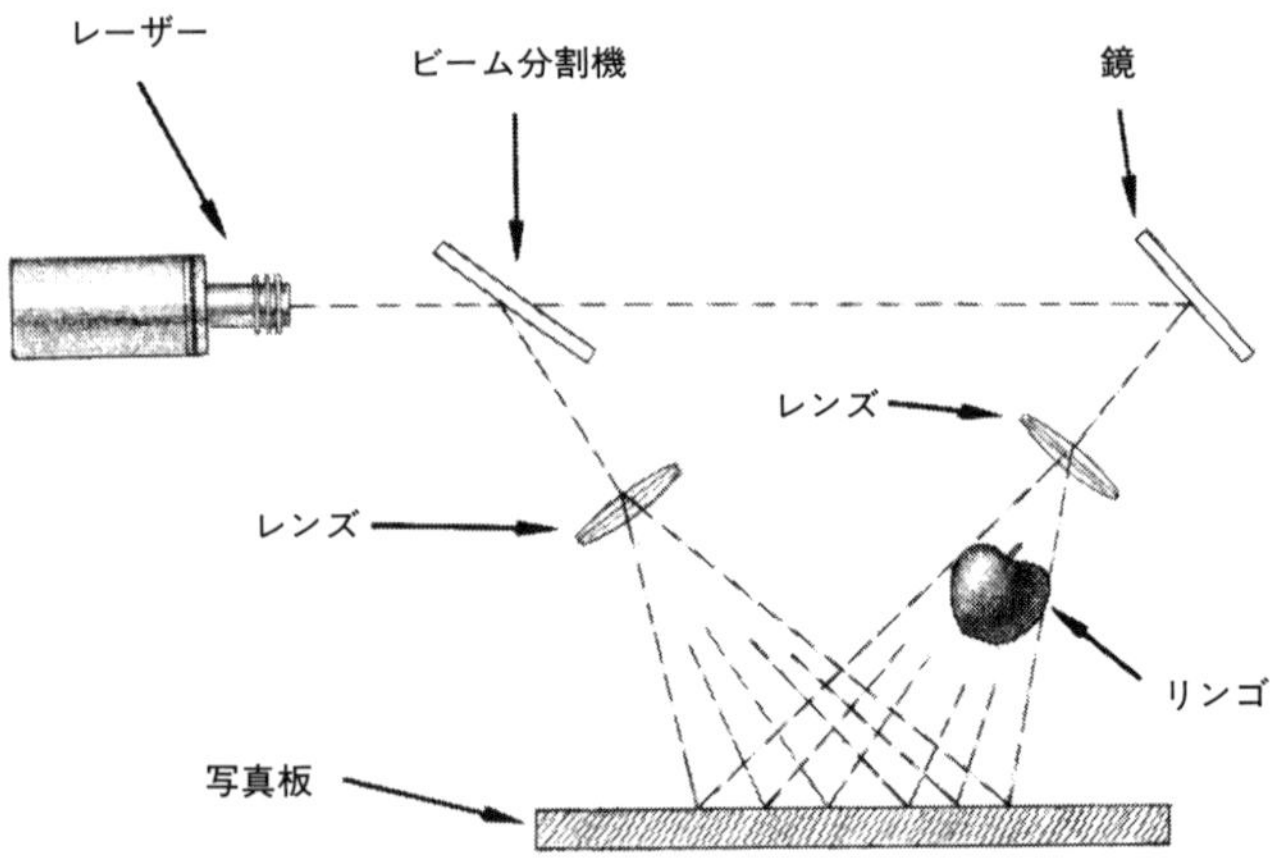

図3-1　リンゴのホログラムをつくる

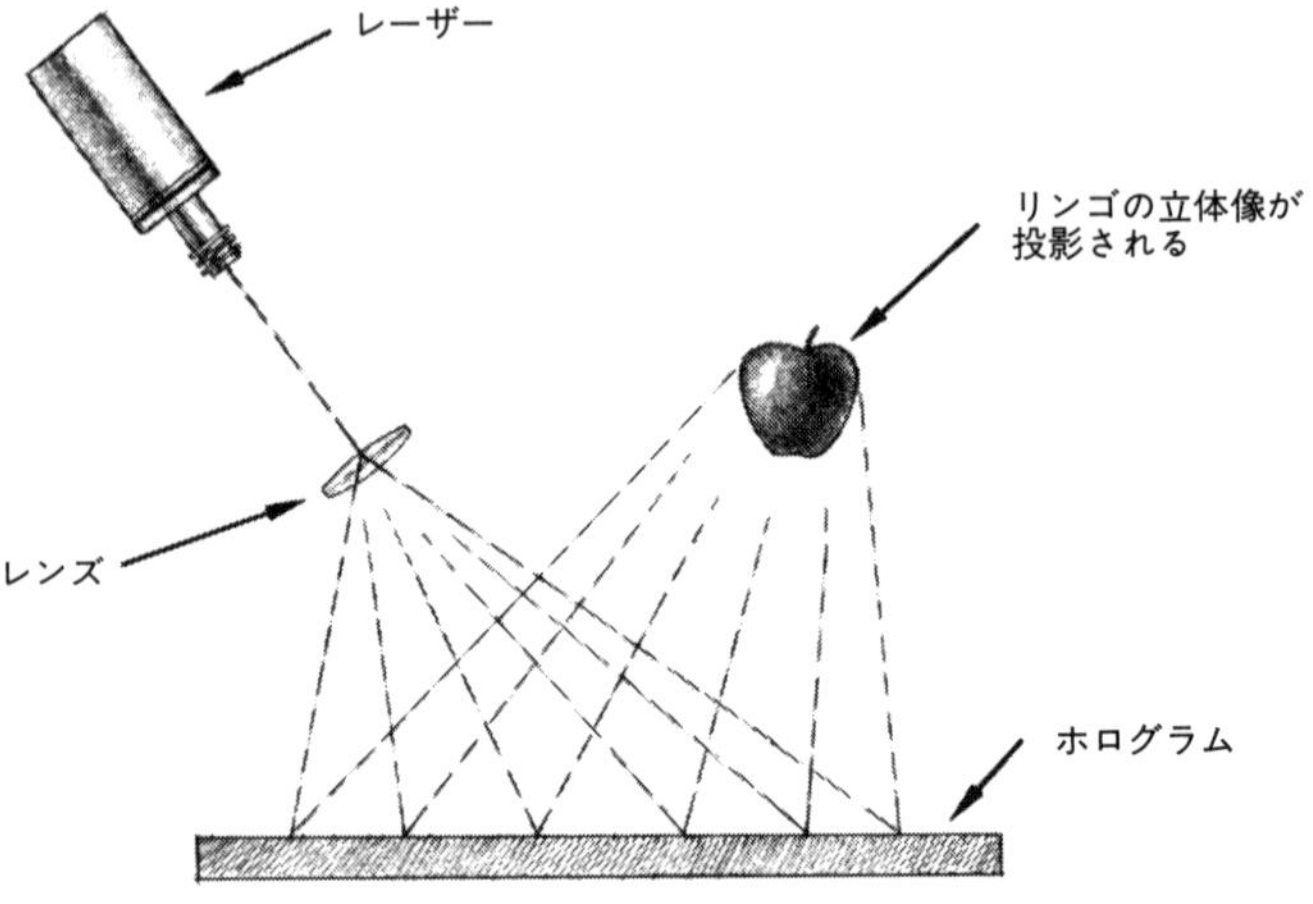

図3-2　リンゴのホログラムを投影する

写真板に焦点を結ばせる。こうして特定の位相関係がレーザービームのそれぞれの半分の間に設定される。写真にとると、二つのビームが写真板にもどってきた時につくりだした干渉パターンの写真ができる。この干渉パターンは、ぼんやりとした落書きの線のように見える。

第二段階は図3―2に示されているが、リンゴ、ビーム分割機、二番目の鏡とレンズをとり除く。次にレーザーをレンズを通して写真板に結像させると、リンゴの三次元像が空中に浮かんで見える。さらに驚くべきことに、その写真板を半分に切っても、リンゴが宙に浮かんだ像はそのままである。ただ少しぼんやりして見える。それをさらに半分に切っても、リンゴの全体像が得られる。その写真板をどれだけ小さく切っても、リンゴ全体が映る。ただし半分に切るたびに、像はだんだんぼやけてゆく。

ホログラフィーから導かれる七つの前提

ホログラフィー時代に足を踏み入れるには、多くの変化に備える必要がある。それには、ホログラフィーについての研究結果から直接導かれる、真実の性質についての七つの前提が基礎となる。

前提一：意識は現実の土台である

意識が基本的現実であるとの前提に到るには、プリブラム博士の分析に従おう。博士によれば基本的現実とは脳が感覚を通して受け取るエネルギーの「印《しるし》」であるという。脳はその印をリンゴの形や色として解釈する。これは、本来の現実とは情報を運ぶレーザービームのようなものだという意味だ。人が現実とみなすのはホログラムに投影されたリンゴの三次元像のようなものだ。本当の現実は、我々が現実として定義する対象よりも、感覚が受け取るエネルギー自体にみつけられる。

博士によれば、脳はホログラムのように機能し、本当の現実であるエネルギービームを幻のリンゴに投影する。つまり脳は五感を使って人が注意を向けるもののエネルギーフィールドを受け取り、それを対象に投影する。これは、人が感知する対象は実際には二次的な現実だということだ。それは対象の投影の元である、より本質的な現実の「印」にすぎない。

博士は、すべての感覚は世界という幻を自己のまわりに創りだすために一致団結して働くと言う。それは一組のステレオスピーカーのおかげで部屋の真ん中から音がくるように感じたり、ヘッドホンを使うと音楽が頭の真ん中で聞こえるように感じるのと同じだ。ただホログラムでは、レーザービームの光を使い、視覚的な像をつくりだすのである。いつの日か、触感、聴覚、嗅覚、味覚を使ったホログラムもつくられるようになるだろう。

明らかに、プリブラム博士の研究は私のHEF（ヒューマンエネルギーフィールド）のモデルにも関係してくる。HEFのレベルでは基本的現実はエネルギーである。しかし、それよりさらに深くへ行くと意図のレベルにたどり着く。それはさらに意識から生まれたものだ。エネルギーの流れは意識により生みだされる。さらに深いレベルにはエッセンスとコアスターがあり、それがすべての現実の土台である。これによって我々はM―3形而上学にたどり着いた。

前提一が健康とヘルスケアシステムに与える影響

1　おそらく最も大きく我々の健康に関係するのは、意識が意図として表現され、さらにそれがHEFのエネルギーとして表現されることから、健康と病気における最も重要な要因は意図と考えられるということだ。これは人間の意図が、意識していようと無意識にであろうと、どのように思考、感情、行動に表現されるかが健康状態の主要な鍵であることを意味する。肉体のトラブルはすべて真

2

の病の物質的表現にすぎず、真の病は意識の中にある。意識が病気を物質的に表出させるのだ。物質世界に基礎をおく科学やヘルスケアシステムは、一次的原因ではなく二次的原因を治療しようとしていることになる。

前提二：すべてはたがいにつながりあっている

このつながりは空間的、時間的距離に左右されない。ある場所での出来事は即座に、時間のずれがなく（つまり光より速く、アインシュタインの相対性理論を越えた形で）、ほかのすべての存在に影響を与える。

時間のずれがないので、原因と結果は同時に発生する。したがって原因と結果の概念は、この物質世界では非常に便利であるが、一次的現実では当てはまらず、意味がない。

前提二が健康とヘルスケアシステムに与える影響

1 ホログラフィー的視点からみれば、人間、出来事、物、「無」、あるいは自分自身を分割することは不可能だ。一つの出来事はその特定の影響範囲だけでなく、ほかの一見独立したあるいは関連のない生の領域にまで影響を及ぼす。我々の日常の経験も科学、心理学、政治などがばらばらに存在するものはないという真実を示している。出来事は、それが政治的、心理学的なものであれ、あるいは原子や素粒子のレベルであれ、「他に関係なく起こり、すぐまわりにあるものだけにしか影響を与えない」と考えることはできない。科学でも政治でも、一つの出来事は即座にすべての場所であらゆるものに影響を与えることが示されている。核兵器の開発や環境保護活動も明らかにこのことを示している。

2　人が健康と病気について行ない、語り、考え、信じるものはすべて、すべての人間に即座に影響する。

3　自己を癒すことは、他を癒すことになる。他を癒すのを助けることは、自己をも癒す。

前提三：個々の部分には全体が含まれる

ホログラムモデルを使うと、西洋文化がこれまで考えてきたのとはまるで違う現実の性質がみえてくる。ホログラムでは、リンゴの三次元像全体が、その写真板がどれほど小さくなろうとも保たれ、明らかに個々の部分には全体が含まれることを示している。

前提三が健康とヘルスケアシステムに与える影響

1　人間の個々の部分には全体のパターンが含まれる。これは物質世界では遺伝子によってあらわされている。各細胞は肉体全体の遺伝子構造を含んでいる。やがて、たった一つの細胞から自分のクローン人間をつくることもできるかもしれない。

2　エネルギーレベルでは、各細胞のHEF（ヒューマンエネルギーフィールド）のパターンには健康のパターン全体が含まれている。このパターンにアクセスすれば健康をとりもどすことができる。そのためには全身でたった一つでも健康な細胞が残っていればよい。

3　人は同時に「すべての存在」である。別の言葉を使えば、存在するすべてのものは一人一人の内に存在する。自分の内的風景を探索することで、宇宙を探索できるのだ。

4　自分を癒すことで、地球と宇宙を癒すのを手伝うことができる（どのようにしてそうなるのかについての詳しい説明と深い理解は、本書下巻13章のヘヨアンからのチャネリングで得られる）。

前提四：時間もまたホログラフィー的である

個々のアスペクト（相、面）はすべての場所すべての時間につねに存在する。個々の瞬間は同時に時間全体であり、完全であり、生きており、ほかのあらゆる瞬間と共存している。個々の瞬間は「自己」を知り、それ自体の知性を持ち、ほかのあらゆる瞬間にアクセスすることができる。

前提四が健康とヘルスケアシステムに与える影響

1 過去の出来事も、現在の世界の構造の中に広く織り込まれている。一人の行動は、これまで考えられていたよりもはるかに広い範囲に影響を与える。まわりの人々だけでなく遠方にいる人にも影響を与えるわけは、こうした影響はホログラフィー的であり、空間や時間によって制約を受けないからだ。一次的現実にあっては、時間と空間は存在しない。

2 個々のレベルでは、この現在にいる人間はそれぞれあらゆるほかの瞬間にアクセスできる。あるいは、人はあらゆる場所に、あらゆる時に、つねに存在する。

3 個々の人間は病気の前のとても健康だった自分、そして回復後の自分につながっている。この健康の経験にアクセスして、それを今この瞬間にもたらし、ヒーリングに使うことができる。

4 逆に、人はそれぞれ、あらゆる病気から学んだ教訓とつながりを持ち続け、その経験から得られた知恵を保持することができる。

5 完全な全体的状態に入ることで、即座に自分を癒すことが可能である。

前提五：個とエネルギーが宇宙の基本である

各アスペクトは独自の存在で、ほかのいかなるアスペクトとも異なる。光は粒子であり、同時にエネルギーの波であると証明する実験がある。しかし、別の実験では、粒子は物質のように行動しないということが示されている。むしろ粒子は「相互関係としての個々の出来事」であり、同時に基本的にエネルギーである。したがって、宇宙のあらゆるアスペクトはエネルギーの波、すなわち個々のエネルギー粒子なのだ。

前提五が健康とヘルスケアシステムに与える影響

1　個々の人間はエネルギーから構成されている。「自分は物質的肉体である」という考えを「自分は光である」という考えととりかえることで、ずっと容易に自分をかえられる。それは光からできているからだ。一瞬一瞬、人の体は変化する。同様に体もかえられる。

2　個々の人間はほかのいかなる存在とも異なる。個々の人間に起こる出来事や経験は独自のものである。それは過去の統計に基づく確からしさによっては決定できない。この決定には、前提七で述べる創造性の働きが考慮されなければならない。

前提六：全体は部分の合計より大きい

逆にたどって、写真板のかけらを一つ一つつなぎあわせてゆくと、そのたびにより明確でよりはっきりとしたリンゴの全体像が得られる。この前提から導かれる主要な点には以下のようなものがある。

1　個々のアスペクトはそれ自体より大きな体系の中に存在し、その体系はそれよりさらに大きな体系の中に存在し、これが階層的に続いてゆく。

2　個々のアスペクトと体系は、ほかのすべての体系の知識を含んでいる。

3　個々の部分を全体につなげ統合することで、全体についてさらによく明確な理解が得られる。

前提六が健康とヘルスケアシステムに与える影響

1　自己の「部分」あるいは「複数の自己」をつなぎあわせることで、さらに大きな、全体的な自己の像をより明確に得られる。

2　人々がグループになれば、個々のメンバーが別々に持っている力、愛、創造性、あるいは努力の合計よりも大きな全体を創りだせる。

3　グループ内の個人はそのグループのパワーにアクセスできる。個々のグループはそれが属する、より大きなグループのパワーとエネルギーにアクセスできる。これがさらに階層的に続いてゆく。これはヒーリングについてもほかの創造行為についても当てはまる。

4　人は皆、個人としてまたグループで、宇宙に存在する、またこれまで存在した、そして存在するであろうすべてのヒーリングの知識と力にアクセスできる。

前提七：意識が現実とその現実内での経験を創りだす

この前提はカール・プリブラム博士のホログラフィー的な脳のモデルに基づいている。博士によれば、脳は習慣的なパターンに沿ってデータを処理する。これは、人間なら自己の思い込みや信条の体系、さらに文化背景に基づいて予期することに沿った経験をするということだ。

前提七が健康とヘルスケアシステムに与える影響

ヒーリングを行なう時私はこう言う。「人はその人固有の現実と病気を創りだすだけでなく、その現実の経験をも創りだす。それには健康や病気といった経験も含まれている」。

これは大きな論争を引き起こす可能性のある表現だ。この解釈は非常に注意深く行なわれなければならない。というのは、誤解と誤用を非常に招きやすいからだ。与えられた状況について責任を持つことは、それについて責められることとは違う。後者は「自分が悪いので病気になった」という考えだ。一方、自己の現実の経験を創りだせるのは自分だけであるということを受け入れれば、自分をパワフルな立場におくことになる。自分がどうやってそのような経験を創りだしたかをみつけだし、自己の在り方をかえ、別の、より好ましい在り方を創りだすことができることを意味するからだ。これには二つの注意すべき点がある。

第一は、「自己のどのレベルからこの創造が行なわれるか」。神聖なエッセンスからだろうか。意図の意識的レベルからだろうか。あるいは人格の知性と感情レベルからなのか。

第二は、「この創造を行なうのは誰か」。ホログラフィー的視点からみれば、人は皆たがいに、また宇宙の偉大な創造力につながっており、つねにどこでも影響を与えあう。

人生で自分を必ずストレスのかかる状況に追い込む人は、明らかに、自分の心臓病を創りだすのにおおいに関与している。これはHEF（ヒューマンエネルギーフィールド）の思考と感情に対応するレベルで起こる。病気には個人的に行なう選択がおおいに関連しており、同時にそれを創りだすエネルギーの大部分が本人からくる。しかし、こうした人々はまた、自分たちの文化の産物でもある。ある文化はストレス、食事、感情的滋養の欠乏などによって、多くの心臓病患者を生みだす。

一方、エイズにかかって生まれた赤ん坊は、上記の患者と同じ個人的選択を人格レベルで行なったわけではない。新生児にエイズが創りだされるのは、ホログラフィー的視点からしか理解することはできない。このような赤ん坊は、その社会集団全体から生まれたのである。ここで創造を行なっている「自分」とは、社会全員のことだ。我々は集団としてエイズを生みだすような状況を創りだしたのであり、それが特定の赤ん坊において肉体レベルで形をとった。エイズの影響は、我々全員に程度の差こそあれあらわれている。それはエイズという病気の存在自体の否定という形かもしれず、それに対する恐怖、それから離れたいという否定的な反応、あるいは自分がそれにかかる可能性があるという事実を否定するといった形で表現されるかもしれない。あるいは、エイズを肉体的な形で持っている人との人間関係のあり方にあらわれるかもしれない。このエイズという現象は全人類に「愛を選ぶか、恐れを選ぶか」と迫る。我々全員で創りだしたエイズという問題に直面するたびに、我々は愛か恐れを選ぶよう迫られているのである。

もちろん、エッセンスと意図からなる深いスピリチュアルな世界をこの比喩に含め、生まれる前に、ある個人は人類に対する贈り物としてエイズにかかって生まれることを選んできたかもしれないと考えることもできる。この贈り物は我々に恐れではなく愛を選べと挑む。確かにこの時代は愛について学ぶべきことが多い。

私にとってはこうしたことはすべて適切に用いるならば事実であり、またヒーリングという場で役立つ。人が自己の現実を創りだすということをあらゆるレベルで探求するのでなくては、完全なヒーリングは求められない。

ホリズム的なヘルスケアの今後

宇宙の基本的現実はエッセンスである。これには個人的なエッセンスと、あらゆるもののエッセンスが組みあわされたものとがある。後者はユニバーサルエッセンスとも呼ばれる。すべての創造物はそのエッセンスからくる。人間の意識、心、感情、物質、肉体さえも。健康は自己の真にユニークなエッセンスを意識、心、感情、肉体へと浸透させた結果だ。健康や病気はこのプロセスから創りだされる。エッセンスは自分そのものだ。

病気は意識または意図の歪みのせいで、エッセンスが各レベルを通して肉体へと浸透するのを妨げられた結果である。病気には、自分がどのように自分自身を内奥のエッセンスから切り離そうとしたかがあらわれている。

人が創りだすものは、自分自身からも自分の属する集団のレベル全体からも、ホログラフィー的に生みだされる。集団とは、最も近しいグループから宇宙的規模のつながりまでを含む。つまり、我々が創りだしたものは自分だけの力ではなく最も強いつながりを持つ人々に強く影響されており、そこからホログラフィー的に生みだされる。また、つながりの弱い人から受ける影響は弱い。

特定の病気の原因は幾重にも折り重なっており、ここでそのリストを挙げるのは不可能だ。集団が実にてごわい原因となっているような例もある。現在つぎつぎにあらわれてきているものは、たとえばエイズに感染して生まれてくる可愛らしい赤ん坊たちのように、さらに大きな人間集団から生じている。これは時代がかわりつつあることを示している。あらゆるものがつながっていると人類が認識したことを象徴しているのだ。エイズは国境を溶かしさる病であり、人類に「愛こそが答」だと教える。

こうした健康や病気のプロセスにおいては、内面の自己を分けたり、まわりから自己を切り離すことはできない。人はすべてつながっている。自分が健康と病気について考えること、感じること、行なうことは、すべての人間に影響する。自らを癒すことは、他を癒す。自らのエッセンス、ユニークさをあらわすことで、ほかの人がエッセンスをあらわすのを可能にし、皆に健康をもたらす。

人のあらゆる部分には全体のパターンが含まれている。体の細胞一個一個には体全体のパターンが含まれており、また人類のパターンが含まれている。この偉大な力と光に満ちた健康のパターンにアクセスし、ヒーリングをもたらそう。このパターンは真実であり、生きている。

人間とはこのパターンそのものだ。このパターンはHEF（ヒューマンエネルギーフィールド）の中にある。人はエネルギーであり、非常にすばやくかわることができる。ゼラチンのような体の中に生きており、その体はつねに変化し、大きくかわることも可能だ。

時間はホログラフィー的であり、ヒーリングのために時間の枠を移動させ、過去やありうる未来についての情報を得ることができる。また過去のすべての知恵にもアクセスできる。人間とはこの知恵である。それは我々の内にあり、また我々をとり囲んでいる。

さて、健康についてのM—1的表現（七六ページ参照）を、ホログラフィー的視点から言いかえよう。「私は君から風邪をうつされた」と言うかわりにこう言おう。「この風邪は、自己のバランスを整える必要があるという信号だ。私は自分の免疫系統を弱めて、ウイルスが入りやすいようにした。自分が必要としているものに多分注意を払わなかったのだ。もっとよく自分の面倒をみる必要がある。バランスを回復するためにはなにが必要だろう？　我々は二人とも風邪をひいており、その点においてつながっている。君もきっと、もっと自分の面倒をよくみる必要があるだろう」。

「背中のやつが痛む」と言うかわりに、こう言えるだろう。「背中が痛むのは私が自分自身に背いているというメッセージだ。自分の意図を明確にし、従う時がきた。明確な意図から背中との新しい関係が生まれるだろう。それにはこの背中を『大切なもの』としてケアすることも含まれる。私が自己の真実の側に立てば、ほかの人々もそれぞれの真実の側に立つことができるようになる。

「胃のやつがまた面倒を起こしてる」と言うかわりに、こう言えるだろう。「私はまた自分につらくあたって、緊張を全部胃にため込んでいる。緊張を手放し、自分自身に優しくする時だ」。

「私のヒップは大きすぎるから嫌い」ではなく、「私は憎しみをヒップにため込み続けて、ヒップはそのために大きくなり続けている」。

病気に対するこうした新しい取り組み方は、医師による治療に反対するものではない。重要なのは、これまで医療というものをどう扱ってきたか、そして健康を維持するためにはそれをどのように改革しなければならないか、だ。新しい取り組み方によって健康を獲得する新しい機会もできるだろう。病気を抱え続けてきた旧来の習慣を改め態度をかえれば、自動的に新しい考え方ができるようになる。人はもはや孤立した犠牲者ではない。そもそものはじめから自分が関係していたのだ。新しい自由の中で新しい道を自分に与えよう。そうすればほかの人が新しい道をみつけるのを助けることにもなる。

ホリズム的な視野が開く世界

患者あるいはヒーラーとして我々が立ち向かうのは、ホログラフィーモデルが与えてくれる機会を受け入れ、理解し、利用することを学ぶことだ。真の意識とエネルギーの世界こそが一次的現実である。二次的現実、つまり物質世界に焦点を当てる科学は幻に基づいており、したがって幻のようなものだ。とすれば――この説を支持する証拠はある――、世界は我々が基礎としている三次元的定義から想像していたのとはまったく異なっている。これに慣れるには練習が必要だろう。我々は旧来の世界の定義に慣れてしまっている。

まず第一に、自分自身をかえ、ホログラフィー的視野を受け入れなければならない。これは自己のアイデンティティと自己責任の感覚を大きくかえ、自己の行動により大きな責任をとるよう迫る。自分の行動は自分にもほかの人にも影響するからだ。同時に、そのための無限の資源も与えてくれる。現在の段階においては、この一次的現実においてどれほどのパワー、知識、エネルギーが使えるようになるかを我々は想像もできない。

ホログラフィーモデルに基づいて旧来の診断システムを見直す

西洋医学で「自発的病状の休止」あるいは「奇跡的回復」と呼ばれる現象に対する答は、ホログラフィーモデルにある。ホログラフィーモデルでは、病気は空中に浮かんだリンゴの像に相当する。実際にはそこにない。なにか別のものの「印」、バランスの崩れたエネルギーの「印」だ。西洋医学が病気と呼んでいるものは、人間の精神の奥深くに押し込まれた真の不調和のあらわれだ。あるいはヒーラーの視点からみれば、病気はより深いレベルでの問題が肉体にあらわれたものである。

ホログラフィーモデルでは、あらゆるものが関連している。たとえば、膵臓の不調は人生の「甘さ」を吸収することができない状態と関連する。膵臓は口から入る甘いものだけでなく、人生や人間関係のもたらす甘美さや滋養を受け取り維持することができない状態とも関係する。こういったことははじめのうちはばかげて聞こえるかもしれないが、HEF（ヒューマンエネルギーフィールド）を観察すれば明白になる。健康な膵臓を持った人では、膵臓のエネルギーフィールドと普遍的な甘美さを感じるエネルギーフィールドにコンタクトする力が直接つながりあっているのを、見ることができる。

ホログラフィー的に考えると、症状は友達である。症状の真の役割はなにかバランスが崩れているぞと教えてくれることだ。症状とは、おばあさんの長椅子の下から出ている毛糸の先っぽのようなもので、その毛糸をたどってゆくと仔猫が遊んで残していった毛糸玉が丸ごとみつかる。この玉の中に、病気の原因が隠れている。

特に「治療不可能」とされる病気において、患者は深い内面の真実に、そして医師の診断よりも自分のヒーリングを助けてくれる創造エネルギーに、意識を向けることを学ぶ必要がある。ホログラフィー的視点からみれば、人間の体は自然に健康を保ち、あるいは最も自然な形で健康にもどろうとするようになっている。私はこの健康に向けての自然なプロセスを「バランスシステム」と呼ぶ。誰もがこれを持っている。たいていのバランスシステムはとても強いのだが、無視されたり干渉されたりすることもある。自分のバランスシステムに耳を傾け応えることは、一人一人の責任である。

4章　自己のバランスシステムに耳を傾ける

人の中にはすばらしい自動制御システムがあり、人間、HEF（ヒューマンエネルギーフィールド）、肉体を完璧な状態に保つよう設計されている。私はこれをバランスシステムと呼ぶ。このシステムの内には各人の全体的パターンが保持されている。エネルギー体または肉体のどこかでバランスが崩れると、自動的にバランスをとりもどそうとする。この仕組みはほとんど意識の外で機能する。人間の中でもこの領域に存在する知恵は、自分で認めるよりもはるかに大きなものだ。人類はまだ、それを意識的に使うことを少しずつ学び始めているにすぎない。

これまで、バランスシステムについてはあまり考えられてこなかった。それはM—1形而上学のエントロピーの概念に反するものだったからだ。熱力学の第二法則は、システム（系）はつねに崩壊しつつあり、注ぎ込む以上のエネルギーをそこからとりだすことはできないと示している。鉄片を雨の中にさらしておけば錆びる。木や葉は腐るし、人間は年をとって死ぬ。エネルギーはつねにシステムから失われることになっており、永久機関を作ることはできない。M—1形而上学の体系では、すべてのものが崩壊することになっている。

しかしこの法則がすべてのものに適用されるなら、進化も起こらないはずだ。あたりを見回してみればこれが事実でないことはすぐにわかる。生物の形態と知性はつねにさらに発達し、特殊化したものへと進化している。

生化学者ルパート・シェルドレイク博士は『生命のニューサイエンス』(工作舎)、『過去の存在』、『自然の再誕』などの著者だが、生命系を研究し、形態場という概念と形態共振の理論を提唱した。博士の研究によれば、生物の形態はその背後の知性ある統一的生命の場、つまり形態場を通してつねに進化する。生命個体に自動的に健康を維持させ、病気や怪我から回復させる。この「場(フィールド)」は生きてつねに展開し続けるだけでなく、ほかのすべての生命フィールドと形態共振を行なう。つまりほかのすべての生命形態とコンタクトし、通信を行なっている。ある個体に起こることはこの形態共振を通してほかのすべての個体に伝わる。ある個体が学んだこともやがてほかのすべての個体に伝えられる。

人間のバランスシステムも形態場の一種であり、秩序だった普遍的生命の原則に基づいている。これはM―3形而上学とホログラフィーモデルからくるものだ。生命はつねにより複雑で高度なものへと進化し、より知性と能力の高い生命形態がつくりだされる。これが絶え間なく働き続けるためには、より複雑な個々の生命内で、より高い秩序とバランスが保たれる必要がある。あらゆる生命体はバランスと秩序を目指すようにできている。エネルギーフィールドでいえば、自己のフィールド内でのバランスとコヒーレンス(整合性)である。さらに、エネルギーフィールドは自然にすべての生命フィールドとシンクロナイズする傾向を持つ。人間の基本性質は、すべての生命と同調するようにできているのだ。

肉体では、バランスシステムは自動的に働く。胃はもっと酸を必要とする時にも「酸が必要だ」と要求したりしない。自分でもっと生産するだけだ。あるいは体がもっと酸素を必要とするなら、単に呼吸を速め、深くする。

一方、体が自分で自分に与えられないものを必要とする時には、バランスシステムは感覚を通して、その要求を満たすように求める。HEFの第一レベルはすべての肉体的感覚を司る。喉が渇くのを知るのもこのレベルを通してだ。HEF中の要素はすべて周波数としてみることができるので、喉が渇いている時にはこのレベルで水に対応する周波数が低くなっていると考えられる。別の言葉を使えば、第一レベルで水の持つ周波数が不足すると、「喉が渇いた」という感じを覚える。

第一レベルのエネルギーが、たとえば激しい運動のあとなどに低くなると、パルスは通常より遅くなり、光の線は鈍くなる。この変化を、人は「疲れ」として感じる。このように、第一レベルはつねに必要を満たすべき時を我々に教える。運動、睡眠、食事、適切な衣類、体の位置、鼻をかむ、トイレに行く、等々。気持ちよさ、健康感、エネルギーあふれる感じなどは、第一レベルがチャージされていてバランスがとれ、コヒーレント（整合状態）であることを示している。

私は、この過程を患者とともに観察する間に、「こうすることが必要だ」と語る声は、生活のあらゆる面で聞こえることをみつけた。バランスシステムはあらゆるレベルで自己のケアをするのを助ける。健康によくないことをしたり、感じたり、考えたりすると、バランスシステムはメッセージを送り、生活のあらゆる面でより健康によい行動をとらせようとする。これには対人関係、仕事、環境、スピリチュアルな感性なども含まれる。こうしたメッセージはHEFの各レベルからくるもので、単純な「心地悪さ」として感じられる。心地悪さの種類は、HEFの各レベルに結びついた経験と対応する（2章参照）。心理的な心地悪さや苦痛は心理機能に関係する第二、第三のレベルの、人間関係の苦痛や心地悪さは第四レベルの、スピリチュアルな面での心地悪さや苦痛は第五、第六、第七レベルのバランスの乱れからくる。

バランスシステムからのさまざまなメッセージに注意を向けよう。チューニングされた状態を保ち、人生の種々の状況において自分がどのように感じるかに気を配ろう。心理的バランスはとれているだろうか。人といる時にはどう感じるだろう。スピリチュアルな面でもつながっている、満たされていると感じているだろうか。

心地の悪い状況は健康に悪いが、どんな状況であれ、かえることができる。ある部分ではもっと気を配ることが必要かもしれない。別の部分では今ほど時間を使う必要がないかもしれない。あるいは解決しがたい状況から立ち去って人生をかえる方を選ぶ必要があるかもしれない。健康と人生を変革するのに踏んでゆかねばならない段階について学んでゆこう（7章参照）。また本当に自然な人間としてのニーズを学ぼう（8章参照）。これが満たされた時に健康がもたらされる。こうしたことを学べば、本書のほかの部分からも人生を調和させるのに必要な具体的で詳細な情報を得ることができるし、健康と喜びを人生にもたらすことができるだろう。

バランスの乱れが病気を生みだす

ある人はしかし、不健康な状況に慣れてしまう方がそれをかえようとするよりもやさしいと自分を説得するかもしれない。たいていの人は、自分の人生の多くの領域で問題があると認めるのを拒む。かえるのは難しすぎる、あるいは不可能だと感じるからだ。冒すリスクが高くつきすぎると感じる人もいる。人生から自分が必要とするよりも少なめに受け取って満足する方が、必要なだけ受け取ろうとしてリスクを冒すより簡単なようにみえる。このような現状の否認は、外から変化を余儀なくされるまで何年も続くこともある。変化は通常、人生の危機という形で引き起こされる。不幸なことに、このような否認が人々が訴えるあまたの体の不調をもたらしている。

バランスの乱れに、つまりHEF（ヒューマンエネルギーフィールド）のバランスシステムからの不快信号に、いつ、どのように対応するかは、肉体の健康におおいに関係がある。こうした要求にうまく応えることができるほど、肉体を健康に維持でき、病気と戦う免疫系統を強いものにできる。

健康を維持するには、自己のバランスシステムと緊密に結びついている必要がある。健康が思わしくなければ、意識的に自己のバランスシステムに注意を払い、その知恵を受け入れ、導きに従うことだ。大多数の人は、従うのが不便なメッセージを時には多数無視している。メッセージが無視されるとなにが起こるか、やさしい例をみてみよう。

体が睡眠を必要とする時にそれを与えないと、体はオーバードライブ状態に入る。副腎は活動を続けるために余分のエネルギーを供給する。これが習慣になると、副腎がオーバードライブした興奮状態を普通のことと感じるようになる。つまり、体のバランスシステムから「疲れた、休む必要がある」というメッセージがきても、それを認識できなくなっている。オーバードライブ状態を続けると、副腎が疲れ、「燃えつき症候」を示す。そうなると、多くのセラピストが知っているように、エネルギーの大部分を失ってしまい簡単にはとりもどせない。一時的には多量のエネルギーが出ても長く続かず、すぐに休まなければならない。時には仕事を通常のスケジュールにもどせるようになるまでに三箇月もかかることがある。体の代謝系統からの通常のエネルギー源のみならず、副腎にあった予備のエネルギー源まで消耗してしまったからだ。

自分の体が必要とする休息の量と、いつそれが必要とされるかをみつけよう。夜の睡眠について一般的な目安はあるが、それも人によって異なる。自分の体はいつ眠るのが好きだろうか。自分は朝型か夜型か。必要な睡眠時間は七時間か、八時間か、それとも九時間か。自分なりのスケジュールを設定しよう。

一日の中で疲れが出やすい時間には休みをとろう。私の経験では、必要な夜の睡眠を充分とるのに加え、日中、疲れたらすぐに五分から十分の休みをとるのが非常に効果的だ。特に腰痛に悩む人にとっては必要不可欠だ。腰痛はたいてい疲れている時か空腹時に再発する。どこにいても短い休みをとる工夫をしよう。たとえばオフィスでも、五分ほど一人で座っていられる時間があれば、短いメディテーションができる。トイレでも可能だ。静かに座り、背中をまっすぐにして目を閉じ、深呼吸をしながら、頭の中心に光を描いてそれに集中する。これはすばらしい休息効果があり、しかも誰にも気づかれないだろう。自分個人のオフィスがあってドアをしばらく閉じられるなら、小さなカーペットか大きなバスタオルを仕事場に持ってゆこう。休憩時間には部屋のドアを閉めてタオルを床にしき、仰向けになる。膝は曲げた状態で足を椅子の上にのせる。椅子の高さは、足をのせたときにわずかに膝の裏が引っ張られ、背中はわずかに宙にもちあげられた状態になるくらいがちょうどよい。あるいは頻繁にストレッチをしたり、短い散歩に出たりしよう。一日がよりスムーズにゆくようになるのに気づくはずだ。自営業なら会社員より自分のスケジュールを管理できるだろう。しかし毎日九時から五時まで働く人でも、休み時間には必ず休みをとるように自己管理をしよう。医療関係の仕事やコンサルタントをしているなら、長時間続けて患者や依頼者に会うことのないようにスケジュールを調整する。たとえば私は、長時間のクラスを教える日には、昼食後三十分から四十五分間昼寝する。心身がリフレッシュされ、一日のはじめのように仕事を再開することができる。大部分の人は、こういったことをスケジュールに組み込む自由を自分が持っているのに気づかない。メディテーションや運動と同じく、いよいよ実行することにしたならば必要な時間をみつけるのはさほど難しくないのだ。

バランスシステムは食べ物についても同様に働く。栄養が必要な時、お腹が空く。これはバランスシステムの食欲調節中枢が働いたのだ。ちょうどヒーターのサーモスタットのように働き、設定に合わせてスイッチを入れたり切ったりする。自分の食欲調節中枢とのつながりが明確なら、体に栄養が必要な時にだけお腹が空き、そして必要としているものを食べたいと感じる。また、体が充分な量の食べ物を受け取ったら、それ以上欲しくなくなる。「皿の上のものを全部平らげる」というのはよくない習慣だ。まるで食べ物の方を自分の体よりも大切にしているようなものだ。

食欲調節中枢はHEFでどのように働くのだろうか。お腹が空くのはHEF中の特定の周波数の波動が足りなくなっているからだ。その周波数は普段食べている食品の中のどれかに含まれている（ただし、充分にバランスのとれた食生活を送っている場合）。ある周波数が不足すると、それを含んだ食べ物を食べたいと感じ、その周波数の波動でHEFが満たされると、その食べ物は欲しくなくなる。しかし満たされなかった周波数については、それを含んだ別の食べ物がまだ欲しいと感じる。したがって、自分が日頃必要とする食品のタイプをみつけることが重要になる。

人はなぜバランスシステムを無視するのか

なにか特別の配慮を必要とする時にバランスシステムから送られてきた不快感を無視すると、より大きなメッセージが苦痛の形で与えられる。それも無視されると、さらに大きな苦痛が与えられ、これは問題が解決されるまで続く。

自分自身に訊いてみよう。体で不快な部分、あるいは痛みがあるのはどこだろう。どのくらいの間それに気づいていたのか。それについてなにをしただろうか。このような質問をすれば、ただちに、自分の中にこれまでおそらくは何年もの間無視するように努めてきた不快感があるのに気づくだろう。すべての人はこれをやっている。その兆候を無視するほど、メッセージは大きくなる。メッセージに応えて自己に必要なケアを施すのを怠っただけで病気になることもある。

どうして人はメッセージを無視し続けるのだろう。大きな理由が一つある。それは「恐れ」だ。無視するのをやめた時に直面しなければならない「なにか」が怖いのだ。私はそれを「内面の虎」と呼ぶ。

誰もがこの恐れを持っている。自分の「虎」はどのようなものだろうか。バランスシステムへの反応を遅らせ、メッセージを遮断するのは恐れである。バランスシステムに反応しないと、人生にいっそう痛みがもたらされる。なにかを恐れながらしかも自分が恐れているのを否認すると、自分が人生の中で恐れているまさにそのものを創りだす。バランスをとりもどす自然な能力が遮断されるからだ。これはすべての人、あらゆる病気にあてはまる事実であり、自分を病気だと考えていない人にもあてはまる（医師たちは自分を健康だと考える普通の人の体にも多くの病気があると指摘している）。

恐れていることを否認することが自然の治癒力と自己の成長プロセスを遮断すると認めたら、症状は味方なのだと気づく。症状は健康状態についての情報を与えてくれる。どれだけそれにうまく応えられるだろう。自分の反応する能力はどのようなものだろうか。

否認し続けることは時にとても高くつく。たとえば、ある患者は非常に大きな否認を抱えて私のところへ来た。この女性は太りすぎで、非常に濃い化粧をし、サングラスとかつらをつけていた。本当はどんな姿をしているのかさえわからないほどだった。彼女は恋愛に終止符を打ったばかりで、家を失い、友人もお金もないと語った。大きな悪性腫瘍があごと喉にできており、二年前にそれを診断され、治療が処方されていた。しかし自分の猫を「癒《いや》した」ことがあったので、自分の腫瘍も助けを受けずに自分で「癒す」ことにした。私のところへきた時には、ＨＳＰ（超感覚的知覚）で見ると、腫瘍は首近くの脊椎に侵入しつつあった。神経が圧迫されて腕がしびれていた。明らかに私ができる以上のことを必要としていた。脊椎が損傷を受ける前に腫瘍を縮められる可能性は非常に低かった。私のところへ来るのが遅すぎたのだ。ただちに医師による治療、手術か化学療法を受けることが必要だった。私は彼女に、ヒーラーと協力して治療を行なうことに同意する医師のところへ行くよう説得した。しかし彼女はその医師との予約の日に現れず、ヒーリングにももどってこなかった。彼女に二度と会うことはなかった。大部分の人はこれほどの否認状態に長くとどまることはない。この女性の恐れは非常に大きなものだった。

否認が問題への解決策をとるのを大幅に遅らせたような時、ようやくみつかった解決策は劇的なものとなることがある。私のある友人はＨＥＦ（ヒューマンエネルギーフィールド）の第四レベルに強い否認を抱え、自分の結婚に問題があることを強く否定しようとしていた。夫は彼女の誕生日に、びっくりさせることがあるので昼食に家に帰ってくるようにと言った。彼女が家に帰った時、夫は別に女性ができたので別れると言った。実際、その日の午前中いっぱいかけて家具の半分を家から運びだしていたのだ。彼は去り、それでおしまいだった。彼女は結婚のどこに問題があったのかわからなかった。これはとてもつらい経験で、このショックは彼女の人生をかえた。

彼女はなぜ問題を否認し続けたのだろう。それは、結婚生活にコミュニケーションの面で問題があると認めてもそれを解決することはできないと恐れていたからだった。問題を認めると結婚がだめになると恐れたのだ。いずれにしろ結婚はだめになった。つらい思いもした。こんなに頑固に問題を否定し続けなければ、そして自分の「内面の虎」に直面することができていれば、夫と話しあって解決するか、これほどショッキングでない形で事態をかえられたかもしれない。彼女は今では再婚し、もっとスムーズな結婚生活を送っている。そしてこうした結果にとても満足している。

自分を信じよう

自己のバランスシステムを信じること、同時に医療専門家や信頼する友人からのアドバイスにも心を開いていることが重要だ。矛盾するメッセージを受けたら、それを解決するような答を探し続けよう。医師がなにも悪いところはないと言い、自己のバランスシステムはそうではないと言ったら、別の医師の診断を求めるべきだ。自己のバランスシステムからくるメッセージを信じ、従おう。そのことに感謝する時がくるだろう。

たとえば、ある友人が医師から、口の中にできている腫瘍は悪性ではないと告げられた。生検も行なっていた。しかし彼女は、黒い糸状の異物が口の中にあってとりだす必要があるという夢をみ続けた。口からガンをとりだす夢さえみた。この二つの異なるメッセージをどうしたらよいのかわからなかった。最後にもう一度別の医師のもとで生検を受けて、悪性腫瘍であることが発見された。幸い、ガンが転移する前だった。しかし最初の診断から八箇月経っており、放射線療法を受けねばならなかった。数年後の今、彼女は元気である。

ヒーラーとしての十五年の経験によると、たいていの患者は私のところへ来た時にすでに自分の病気の原因を知っていた。最初の短い問診の間に、それについて語るのだ。多くの場合、肉体的になにが悪いのかも知っていた。医学上の名称は知らないかもしれないが、どの臓器に問題があるのかもおおむね知っていた。バランスシステムはしばしば病気についての情報を、病気が現代の医療技術による診断テストにあらわれるほど悪くなる前に教えてくれる。以下に人々が自分を信じたことでよい結果が得られた例を挙げる。

デイヴィッドは六年間、多くの医師や治療家に疲労と消化不良の治療を求めてきた。血液、尿、毛髪分析も含めあらゆるテストは、彼はなんの病気にもかかっていないと示していた。何人もの医師が「気のせいだから考えるのをやめなさい」と言った。表面上、彼の問題は医学的には「無症状」とされた。しかし実はどのテストも問題をみわけられるほど高くなかったにすぎない。疲労と消化不良は続き、ついに彼は私のもとを訪れた。デイヴィッドのHEF（ヒューマンエネルギーフィールド）を検査して、私は彼の腹部に複数の感染があるのを認めた。彼は、自分が肝臓の感染症にかかっておりそれは肝炎だと確信していた。デイヴィッドは私の所見に同意する医師から薬を処方してもらい、薬とヒーリングの組合せで健康を回復した。またこの状態を改善する薬の名もHSP（超感覚的知覚）を通してわかった。

エレンという女性は、六箇月の間何人もの医師の間をまわったあと、私のところへやって来た。彼女のバランスシステムが出す情報も病気の症状と認められていなかった。医師はなにも悪いところをみつけられず、心気症だろうと言った。この診断はしかし、症状をとりさりはしなかった。彼女は日ごとに衰弱し続けた。ヒーリングに来た時、私はHSPを通して、彼女が家の床から出ている毒気に反応しているのがわかった。何年もそこにあった古いカーペットのほこりのアレルギーだったのだ。私には彼女が子供といっしょに心理免疫学者のところでテストを受ける必要があるとわかった。また、カーペットを捨て、空調システムを検査させるよう教えた。

彼女はその家を買ったばかりで、六箇月前に引っ越してきていた。そしてそれ以来、自分の病気がその家となにか関係があると思い続けてきたのだが、それがなんなのかはっきりわからなかったことを思いだした。ヒーリングのあと、家に帰り空調システムを検査させたところ、数箇所でガスが漏れていた。空調システムをかえ、古いカーペットを捨てると、症状はただちに好転した。現在はきわめて健康である。子供たちを検査した結果、心理免疫学者は「もう二週間もガス漏れが続いていたら、この子らは脳にダメージを受け、あなたも重い病気になっていただろう」と言った。

バランスシステムはホログラフィーのように機能する

患者のバランスシステムについて観察するうちに、メッセージは生活のあらゆる面にあらわれ、たがいに類似性があることに気づいた。こうしたメッセージはホログラフィーのように働き、基本的内容はいつも同じだった。甘いものを消化する際に重要な役割を果たす膵臓に問題があれば、その人はたいてい人生のほかの面でも「甘いものを消化する」ことが難しい。配偶者や家族との関係、仕事、余暇といった面でも、人生の甘美さを楽しむことができない。これは宇宙がホログラフィーのように機能することのまた別の例である。

この現象をＨＥＦ（ヒューマンエネルギーフィールド）の面からみてみよう。第一レベルでは甘さは味覚として経験される。第二レベルでは良好で甘い自分自身との関係として感じられる。第三レベルでは甘美な思考として、第四レベルではごく親密な間柄に訪れる甘美さとして、第五レベルでは明晰なる神聖な意志の甘さとして、第六レベルではスピリチュアルエクスタシーの甘美さとして、第七レベルでは普遍的な理性の甘美さとして、感じる。それを越えたところには、宇宙を織りなす甘美な宇宙のエネルギーがある。

問題がホログラフィーのように人生に反映されるということは、ＨＥＦの関係にもみることができる。ＨＥＦの各レベルは特定の周波数帯としてみることができるので、各レベルに関連する経験はそのエネルギー周波数帯と対応する。甘さという経験は、ＨＥＦの各レベルにおける異なる周波数または周波数帯としてみることができ、たがいに、音楽における和声のように関係しあっている。

特定の周波数をＨＥＦのあるレベルで代謝することが難しければ、おそらく別のレベルにおいてもそれに和声的に対応する周波数を代謝することも難しいだろう。健康であるためには、「甘さ」をＨＥＦの全レベルにとり入れて消化（すなわち代謝）できる必要がある。

これをホログラフィー的視点からみてみよう。自分の人生で、不快感や痛みはどこにあるだろう。それについてどのくらいの間気づいていただろうか。それについてなにをしているだろうか。それを無視あるいは否定する期間が長いほど、状況はおそらくより深刻になっているだろう。

いったん不快な部分をみつけたら、人生のほかのすべての領域をチェックしてみると、同じような不快さが自分の存在全体に織り込まれているのに気づくだろう。本当の問題は人生全体に織り込まれている。その問題が最も顕著にあらわれている部分だけでなく、人生のすべての面が損なわれているのだ。

背中に痛みがある場合なら、どの部分で人生に「背を向け」ているのだろうか。私はすぐに、その患者がいつもやりたいと思っていながらできないと思い込んでいることがないかと探す。背中の痛みはすべての人が自己の内に抱いている深いスピリチュアルな憧憬とおおいに関係がある。この憧憬は人生にスピリチュアルなレベルから方向性を与えるものだが、通常、意識の端の無意識すれすれのところにある。人によっては何年もこの憧憬について考えたことがない。さもなければ考えようとするのさえ怖がっているか、避けている。内面の声がこう言うからだ。「お前はいったい何様のつもりなんだ?」、「無理だろう」、「それをやるのに必要な……が自分にはない」。

大きな電気機械の会社で営業マンとして働いていたある患者は、私のところに来た時、八十パーセントの時間を寝たきりで過ごしていた。私はＨＳＰ（超感覚的知覚）によって、彼がたくさんのすばらしい発明のアイディアを持っていながらそれを会社で使っていないことがわかった。ヒーリングで彼の背中はよくなったが、彼が自分の特別なプロジェクトに時間を使い始めるまで、本当の回復は起こらなかった。現在その会社は彼のアイディアをとり入れており、彼はとても健康だ。今では時間の一部をリサーチと設計の仕事に使っている。それは彼がいつもやりたかったことだった。

足が弱い人は、人生のあらゆる部分で自分は「自分のために立ち上がる」ことをせずにいるのではないかと考えてみよう。多くの場合、足に問題のある人は自分を守ることをしない人だ。あるいは自分で生活費を稼がない。時には、本当に他人から面倒をみてもらう必要があり、足の病気になることがそれを頼む唯一の方法であったりする。元のニーズあるいは憧憬が満たされると、ヒーリングは加速する。ある女性は手術のあと、十年間寝たきりで家族に面倒をみてもらっていた。十年目に彼女はついにこれで充分だと感じ、犬の散歩を引き受けている人を雇って、いっしょに散歩をしてもらうことにした。それはうまくゆき、今ではかなり自由に行動できるようになっている。

食べ物の消化に問題のある人は、自分の人生で、滋養の源でありながら自分が消化できないでいるものはなにかと考えてみる。ある患者は、友人関係からの「滋養」を受け取ることができないでいた。自分が受け取るものはすべて有害ではないかという恐怖を抱いていた。食習慣はでたらめで、一日に三食とっているかどうかも気にかけなかった。ヒーリングの過程で、この女性は自分の体に合った食事をみつけた。健康を回復するにつれ、これまで可能でなかったような形で、他人が与えてくれるものを滋養として受け入れることができるようになった。友人は彼女がこれまで自分に買い与えたことのなかったものを買うようにと勧めた。夫は初めて彼女を休暇旅行につれていってくれた。彼女は新しい家を買い、人生で初めて自分で家具を選び飾りつけた。

甲状線に問題のある人は、自分が人生でどのようにエネルギーをコントロールしているか考えてみよう（甲状線は体のエネルギー代謝をコントロールする）。ジョーンは忙しいビジネスウーマンで、何年もの間朝から晩まで働いて、甲状線を過労状態にした。人生でどこにエネルギーを使うかをコントロールできず、すべて仕事に注ぎ込んでいた。ルイーズ・ヘイの『ライフヒーリング』（たま出版）を読んだところ、甲状線に問題のある人についてこう書いてあった。「いったいいつになったら自分の番がくるのか」。それがぴったり自分にあてはまると感じた。いつも「次にやる仕事」を抱えており、自分自身のための時間がなかった。ついに彼女は仕事を辞め、今はもっと静かに人生を過ごしている。

肝臓はどのように人生を生きるかに関連している。ある男性は肝臓の機能が弱く、人生のほかの面でも弱かった。本当に自分がやりたいことをやろうとしたことがなかった。多くの時間をマリワナを吸い、歌手になりたいと夢みることで過ごしていた。

こうした人々は必要なエネルギーをどのように直接自分のＨＥＦで代謝したらよいかを知らない。この視点からみると、彼らの体験の意味がわかる。このような視点で自己の問題をとらえることを教えれば、自分が送っている人生の嘘に気づいてそれをやめるのを助けることができるから、おおいにヒーリングははかどる。

もちろん、患者に対していきなり「あなたの足は弱いですね。あなたは自分のために立つことをしていませんよ」と言ったりするわけではない。それでは愛のあるコメントにならない。そうではなく、患者が自分でそのことに気づくように導くのだ。ヒーラーは患者のＨＥＦに欠けている周波数を補うだけでなく、それをどのように自分で代謝するかを教える。患者は自分が人生で抱いている憧憬を追求しないことで自分を裏切っていると知らなければならない。ヒーラーは患者の病気が単なる足や肝臓の弱さ以上のものであることを教える。本当にヒーリングを必要としているのは満たされない魂なのだ。

ホログラフィーモデルはこのようなことを教えるのに大変役立つ。病気は本当はとても単純なものだ。そしてその原因についての知識も。しかしほとんどの人々はこのような「知識」を認めるように教えられていない。ヒーラーはそれを知っている。私はしたがって、どのヒーラーにとっても主な仕事とは、患者が自分のバランスシステムと親しい状態にもどるよう教育することだといおう。自己の奥深くにあるこの部分では、自分の本当の姿がどのようで、なにを必要とし、どのように自分を癒せるかを知っているのだから。

第2部　現代におけるヒーリングの技術

「本当の発見とは、新しい領域をみつけることではなく、新しい目で見ることである」。——マルセル・プルースト

第2部のはじめに　ヒーラーとしての私の見解

私はヒーラーとして十五年間患者をみてきたほか、ヒーリングの教師として十三年間教えてきた。この経験からはっきりとわかっているのは、ヒーリングと教育は愛、謙譲さ、勇気、そして力をもって行なわなければ実を結ばないということである。ヒーリングと教育は、スピリチュアルな真実のさらに奥深く湧き出る明晰な光の下に行なわれなければならない。患者がヒーリングを必要として訪れるといつも、すべての人の奥深くにニーズがあることに私は気づく。そのニーズとは自分の「故郷」を探すこと、真の自己、自己の内なる神性を探すことだ。患者の訴えがなんであろうが、深い内面で求めていることはいつもかわらない。真の自己へと到る道を切り開くことで、患者は自分自身を癒《いや》すのである。

あらゆるヒーラーと教師は自分の語ることを実践しなければならない。自己の精神を大きく成長させ、トランスフォーメーション（変容）を経験し、そしてヒーリング技術についての訓練を経なければ、よいヒーラーにはなれない。そして最も重要なのは、謙譲さと自己に対する妥協のない正直さである。ヒーリングの訓練で難しいのは技術を学ぶこと自体ではなく、特定の技術を学ぶために必要な自己の精神的成長という過程を経ることだ。必要な成長を遂げたあとでは、技術はきわめて容易に身につく。たとえば私は教師として長年、初心者なのに上級の技術を身につけようとする人々をみてきた。しかし上級の技術を身につけるには、その特定の技術と結びついたスピリチュアルな経験に入るだけのスピリチュアルな面での成長ができていなければならない。準備のできていない者が上級の技術を学ぼうとすると、妄想と幻惑に陥り、時には患者の役をしているクラスメートのHEF（ヒューマンエネルギーフィールド）を傷つけることがある。あるいは、週末の短いワークショップに出かけ、「これであなたはヒーラーです」と言われるか、自分で「自分はヒーラーである」と決めて、患者をみ始める人たちがいる。多くの場合、こうした人々によるヒーリングは効果がない。時にその所見はまったくの妄想で、不適切な治療を重い病気の患者に施し、病院に逆戻りさせるケースもある。

ヒーリングの核心はテクニックではなくヒーラー自身の「存在の状態」にあり、そこからテクニックが出てくる。たとえば、私がヒーリングを始めたばかりの頃に一時間半のヒーリングでできたことよりも多くのことを、今なら数分でやれる。というのも、今ではスピリチュアル的にはるかに深くてパワフルな状態に入ることができるので、患者のニーズにぴったり沿う患者に負担をかけないヒーリングエネルギーを何千倍も流せるからである。

ヒーリングを希望してヒーラーのもとを訪れる患者に必ず認識しておいてほしいこと、それは誰もが最も深く必要としているのは家に帰る道、すなわち本当の自分、自分の中にある神性に到る道をみつけることだということである。病んでいる人の奥のさらに奥にあるニーズはつねにこれだ。本当の自分に向かう道を拓くことで、患者は自らを癒す。

ヒーラーは奇跡を行なうのではない。ヒーリングで可能なことは、人間の体に可能なことだけだ。ヒーリングでできることはたくさんあるが、できないこともある。たとえば私の知る限り、失った手足を再生した人間は、今のところ、いない。しかし、現在「治療不可能」とレッテルをはられているどの病気も、これまでにすくなくともある一人の人物が癒したことがある、もしくは「自発的な病状の休止状態」となったことがあるという方に私は喜んで賭ける。「末期」とは人間の置かれている状況そのもののことである。我々は皆いずれ「死ぬ」からだ。肉体は死ぬ。しかしそれは「存在をやめる」ことではないし、長い間意識を失うことでもない。肉体の死の最もつらい部分は、未知の領域に入ってゆくことや愛する人々をおいてゆくことへの恐怖、場合によっては死に到るまでに味わう肉体の苦痛だろう。

私がこのようなことを語る根拠は、HSP（ハイアーセンスパーセプション、超感覚的知覚）によって得られた経験だ。HSPは「霊能力」「超能力」とも呼ばれるが、私はHSPと呼びたい。これは大部分の人間が持っている感覚を通常の範囲を越えて発達させたものである。五感はすべて、適切な教育と練習を経れば、通常の範囲を越えて発達させることができる。もっともほかの熟練技術と同様、ある人はほかの人より才能がある。視覚、聴覚、嗅覚、味覚、触覚を通常の範囲を越えて発達させた時、まったく新しい世界が開ける。それに慣れるには少し時間がかかるが、充分時間をかければこの新しい世界を自分の人生に統合できる。もちろん人生はかわるだろう。しかしいずれにしろ人生はかわるものだ。

HSPが開けると、人間の体を含むあらゆるものをとり囲みあらゆるものに浸透しているエネルギーフィールドが見えるようになる。このエネルギーフィールドはすべての生命機能と密接に結びついており、肉体、精神、スピリチュアル面の機能に応じてつねに変化する。HEFは、すでにみてきたように、七つのレベルから構成されている。各レベルは絶え間なく変化するエネルギーのパターンであり、それは生命の力で脈動している。レベルは上にゆくほど高い周波数の波動すなわちパルスから構成され、すべてのレベルは重なりあって存在している。そのパターンは健康、病気、死への過程に応じて変化する。

HEFについて学び、しばらくの間観察すると、新しい考えが生まれる。これは単なるエネルギーフィールドではない。その「人」そのものだ。事実、それは肉体よりもいっそう、その人なのである。HEFの各レベルはエネルギー体であり、いわば人間そのものである。人間はエネルギーなのだ。人間は肉体の中に存在するのではなく、肉体が人間の中に存在する。この視点からみれば、人間が「死ぬ」時、「死」とはまったく異なることが起こる。

私は、死んで肉体を去ったあとの人間を見ることができる。死んだばかりの人は上位の四から七のレベルのエネルギー体をまだ持っている。下位の三つのレベルは肉体を維持するためのもので、死の過程で崩壊する。私にとっては、死は「移行の過程」だ。大きな変化であり、別の現実世界への再誕である。長く患っていたのでない限り、死んだ直後の人々はとても元気に見える。彼らは「生と死」と呼ばれるものを隔てるカーテンの「向こう側」にいる。私にとっては、このカーテンは幻だ。これは肉体としての自己をより高いスピリチュアルな自己から隔てている。高いスピリチュアルな自己は死の後も生き続ける。この視点からみれば、死は我々が思い込んでいる自分自身と真の自分自身とを隔てるカーテンだともいえる。

こうしたことは信じがたいかもしれないが、私にとっては真実なのであり、語らないわけにはゆかない。これが読者にとって真実でなければ、無理に信じようとする必要はない。人は自分の経験に基づいて自己の真実を築き上げなければならないからだ。ただ、生とは自分が知っているよりも大きな神秘であり、自分の死の過程がどのような形をとるにしろ、それは本当にすばらしい驚きになるかもしれないという可能性を忘れないでほしい。

HSPは一方、スピリチュアルガイドやガーディアンエンジェル［訳注：スピリチュアルな導き手や守護天使、いずれも「守護霊」と同義］も知覚させてくれる。このレベルの現実は、HSPをHEFの第四レベル以上で開くと目に入り始める。はじめの頃、私は幻を見ているのか自分の頭でつくりだしているのだと思った。ヒーリングをしていると、天使が部屋に入ってきたりするのだ。それが天使だとわかったのは翼があったからである。翼のないものは、私はガイド［訳注：導き手＝守護霊］と呼んでいる。じきに、このような存在が患者の治療をする際に私の手を通して作業をするのを見たり感じたりするようになった。次に彼らは、どこに手を置くか、ヒーリングでなにをするべきかなどを教え始めた。

私はそれが単なる幻だと考え続けた。もちろん、教えられたとおりにした時には患者はよくなった。事態が大きく変化したのは、ある時ガイドたちに質問しようと決めてからだ。彼らは私が知らない、あるいは知ることができないはずの知識をもって答えた。こうして私と彼らのやりとりは協力関係へと変化し、やりとりは双方向で行なわれるようになった。私は彼らを見、感じ、聞き、匂いを嗅ぎ、触り、また彼らとやりとりをすることができた。それは肉体を持った人間とのやりとりとまったく同じだ。これは今でも慣れるのに時間がかかる。また誰にでもできることではない――少なくとも現時点では。

もしガーディアンエンジェルやスピリチュアルガイドを信じていないならば、彼らが存在する可能性だけでも考えてみよう。快い驚きを伴って、人生の困難がずっと耐えやすいものにかわるのに気づくだろう。単に助けを求め、助けがきた時にそれと認める方法を学びさえすればよいのだから。これは彼らを見たり、彼らの声を聞いたり、彼らと話したり、彼らを感じたりできなくても可能だ。それは、やがてこのような存在を感知できるようになるための扉を開ける。これが私が行なったやり方で、効果があった。

しばらくして、私は何年もいっしょにいたあるガイドと友達になった。「彼」の名はヘヨアンで、実際には性別はないのだが私は「彼」と呼んでいる。私は長年ヘヨアンとともにヒーリングを行ない、また患者とともに訪れてきた彼らのガイドとも協力してきた。今ではヘヨアンと私はヒーリングのクラスを教えている。私がしばらくレクチャーを行ない、次に変性意識状態（ＡＳＣ）に入ってヘヨアンをチャネリングする。こうしてヘヨアンが私を通してレクチャーを行なう。こうするとつねにクラス全体が、チャネリングなしに私が話した場合に比べはるかに高いレベルでスピリチュアルな経験を理解するようになる。クラスごとに、これまでの情報を土台としてさらに新しい情報が与えられる。ヘヨアンは、本書の随所に出ているヒーリングのためのメディテーションをいくつか与えてくれた。

一方、ガーディアンエンジェルやガイドという存在が受け入れがたいと感じる人は、この現象を「オルターエゴ（別の自我）から情報を受け取る」、「心を読む」あるいは単に「超能力によって情報を得る」と呼んでもよい。重要なのはこの現象をどのように呼ぶかではなく、そこから得られる情報がどれだけ役に立つかである。この現象がさらに理解されるにつれ、記述のためのより適切な比喩がみつかるだろう。

ホリズムの視点からみれば、人間はすべてエネルギーフィールドから構成され、その中に肉体が存在している。この視点からみたヒーリングとはなんだろうか。それは、人格としての自己と自己の内にある神聖なコアとの間にあるカーテンをとり払うことであり、また、自分で考えている自己と真の自己との間のカーテンをとり払うことだ。そして生と死の間にあるカーテンをとり払うことである。患者がやって来て「私は死ぬでしょうか？」、「ヒーリングとは肉体がよくなることでしょうか？」と訊ねる時、私は患者の神聖なコアの視点から、そして上に述べたスピリチュアルな真実の視点からみて答を与える。肉体として死ぬかどうかにかかわらず人は癒され、死は以上のような視点からみればまるで違ったものとなる。

もし患者が「私はまた前のようになれるでしょうか？」と訊ねたなら、答は「ノー」だ。人生は絶え間ない個人的変化の過程なのだから。

もし「私はよくなりますか？」と訊ねられれば、答はつねに「イエス」である。生はつねに神聖なる全体との統一に向けて動いているからだ。

「私はまた歩くことができるでしょうか?」という質問に対する答は通常、「わかりませんが、可能です。不可能なことはなにもありません」となる。


質問者「このひどい痛みをどうしたらいいでしょうか?」。

私「通常、ヒーリングで痛みは軽減されます。しかし鎮痛薬を飲むのを悪いことだと感じる必要はありません。それもまた神からの贈り物なのです。リラクセーションとビジュアライゼーション(視覚化)をすれば、痛みを減らすのに役立ちます。自分を拒んだり裁いたりすると、痛みが増します。自分自身に優しくしてあげなさい。あなたのせいではないのです。痛みは人生で経験するレッスンであって、罰ではありません。毎日、第4部にある呼吸と色のエクササイズ、自己を愛するエクササイズを行なってください」。


質問者「とても怖いのです。助けてください。どうしたらいいでしょうか」。

ヘヨアンはこう答える。

「恐れを自らの味方としなさい。恐れからは多くのことを学べます。恐れは真の自己から切り離されていると経験されるのです。それは愛の反対です。あなたが恐れの存在を認め、『私は怖い』と口にしさえすれば、恐れを味方とすることができます。これを続ければ、自分が恐れそのものなのではなく、恐れとは感情の一つにすぎないとわかるでしょう。『私は怖い』が『私は恐れを感じている』になるのです。それは、感情があまりに急にやってきすぎると考えて押さえつけたことに対する反応です。そうした感情は、これから起こるかもしれないことについての現実的ではない仮定に基づいています。たいていの恐れは現に今起こっていることよりも起こるかもしれないことについてのものです。もし、今この瞬間にとどまり続けることができれば、恐れを感じることはありません。恐れとは、過去に起きた出来事を巨大な拡大鏡を通して未来に投影したものです。恐れている時、あなたは現実の中にいないのです。しかし恐れを感じていることを否定するのではなく、その瞬間に感じていることを言葉にしなさい。それによって現実に引きもどされ、恐れから脱出することができるのです」。

質問者「私の人生はどのようにかわるでしょうか?」。

私「あなたは病気なので、自分で考えた人生の目的のとおりには動けません。自己の定義をかえることが必要なのです。外面的なゴールよりも、内面的な価値に焦点をあてること。外面的なゴールはあとからまたやってきます。今は自己の内面を癒す時なのです。人生がより深い個人的な意味を持ち始めるでしょう。人生自体の大切さに対する洞察が、これまでなかったような深さで得られるでしょう。愛を得るでしょう。以上が病気に伴うレッスンです。人生は今想像できる以上に大きくかわるでしょう。さあ、ヒーリングのプロセスに自己をまかせ始めましょう。あなたの持つさらに偉大な知恵に自らを委ねましょう。その知恵は神性につながっているのです」。

患者はしばしば、痛みや特定の症状、あるいは腫瘍など特定の病気を癒してもらおうと考えてヒーラーを訪れる。そして必ず、それ以上のものを受け取る。ヒーラーの注意は、足の痛みや腫瘍をとりさることだけではなく、患者とともに病気の根本的原因をみつけて癒すことに向けられるからだ。原因は患者の内面の一段と深いレベルにみつけられる。

プロのヒーラーとして、私はあらゆる種類のヒーリングを目撃してきた。はじめは驚かされることもあったが、あとから、それはヒーリングの自然な過程の一部であると理解できるようになった。それは、より深い自己へと続く内面へ向かう通路が開くにつれ、患者の人生の受けとめ方がかわるということだ。

誰でも病気を経験したあとで仕事をかえたという人を知っているにちがいない。それはたとえば、肉体的にトラックを運転することができなくなったというように、病気のせいでその必要に迫られたからではない。そうではなくて、異なる人生の目的をみつけ、そして変化を望んだのだ。病気に対する「単純な」ヒーリングが劇的な変化をもたらすことがある。人間関係がかわり、結婚が生まれることもあれば、たがいにとって有益でない結婚を終わらせることもある。あるいは病気が人生のある段階全部を完結させることもある。すると患者は、職業、家、住む土地、友人、配偶者、すべてをかえるだろう。あるヒーリングは家族間の昔からの溝を埋める。ヒーリングを経験すると、人は自己の内面の知識というものをずっと尊重し信頼し始める。多くの人はこれを「生まれかわる」と呼ぶ。

5章　ヒーラーの仕事が医師や治療士と異なる点

ヒーラーを訪れることを考えているなら、ヒーラーは医師とは大変異なるコンテクストで仕事をすることを知っておく必要がある。両者の間にコミュニケーションと信頼関係があれば、医師とヒーラーは補いあうことができる。私は将来は多くの医師とヒーラーが協力して働くと信じているので、この章ではそのビジョンに従って語ろう。

患者はしばしば、医師が与えてくれるのと同じことを求めてヒーラーを訪れる。大部分の人は、西洋式の医療体系の視点から病気をみる。医師を訪れて特定の症状を治してもらうことに慣れきっているので、ヒーリングも同様にして痛みを減らし特定の病気を治すものだと期待する。

このような患者が訪れた時、ヒーラーはまず、自分が行なうこととそうでないことを患者に教える。これを明確にするために、医師を訪れる際の基本的ステップから始め、それをヒーラーの場合と比べてみよう。

1 医師は診察室で患者を診察する。
2 必要に応じて悪い箇所を特定するために検査を行なうよう指示する。
3 検査のあと、患者と医師はふたたび会って、医師は自分の椅子に座ったまま問題と考えられる点を示す。医師は検査の結果がすべてそろうまでにできることを行なう。
4 患者は検査結果がすべてそろう頃にふたたび医師を訪れる。
5 医師はさらに検査を行ない、診断を行なう。診断に基づいた治療を指示するか、前の検査結果で結論が出ない場合は、さらに追加検査を指示する。
6 治療とは通常、問題をとり除く薬や手術といったものである。

ヒーラーを訪れる患者は、しばしば上記の六つのステップを期待する。「超能力」による検査をしてほしがる。ヒーラーに問題を（魔法かなにかを使って）とり除いてもらいたがる。ちょうど薬や手術で肉体の問題をとり除くように。そしてヒーリング後に再度会って「診断」を受け、「問題をとり除く」のにどれだけ時間がかかるか言ってほしいと望む。

ほとんどのヒーラーは患者の治療にあたって上記の六ステップを踏むことはない。通常、言葉はあまり交わされず、検査や診断もなければ、薬も処方されず、多くの場合、ヒーリングの前、最中、あとになにが起こるかの説明もない。

ヒーリングセッションのステップは非常にシンプルだ。

1 通常、ヒーラーは患者と、訪問の理由について短い話をする。あるヒーラーは、単に、靴を脱いで治療台の上に横になるか、椅子に座るように指示する。

2　ヒーラーは自己のヒーリングテクニックに応じて治療を行なう（患者に触る場合も触らない場合もある）。時には説明したり会話を交わしたりすることもある。

3　ヒーリングが終了するとヒーラーは部屋を出てゆくが、患者は起きる前にしばらく休むように言われる。

4　ヒーリングのあとに会話はほとんどない。ヒーラーは患者に適切な時にまた来るように言う。

多くの患者が初めてのヒーリングに失望を覚える。なにが起きたかわからないからだ。リラックスでき、よくなったと感じるのだが、それがなぜかを知りたがる。患者によっては、たくさんの質問を抱えてやって来る。そうした質問はすべて、この国で受け入れられている病気のシステム（とM―1形而上学）に基づいている。

質問とは次のようなものだ。

「これはどういう病気ですか?」。

「腫瘍がありますか?　どんな種類の腫瘍ですか?」。

「治せますか?」。

「何回のヒーリングが必要ですか?」。

「どれだけ費用がかかりますか?」。

「私が妊娠できないのは輸卵管が詰まっているからですか?　その詰まりを取ってください。お医者さんはできないと言うんです」。

ヒーリングのあと、患者はこんなふうに言う。

「別にたいしてかわりは感じないですね。これまでよりリラックスしているだけです」。

「なにをしたのですか?」。

「なにをしたのか詳しく説明してください」。

「どれぐらい時間がかかりますか?」。

「治りましたか? 再発しませんか?」。

「また来る必要がありますか? あと何回かかりますか?」。

すべて重要で意味のある質問であり、答を必要とする。しかしこうした質問は現在のこの国の医療およびヘルスケア体系に基づいている。患者にわかるように答えるためには、患者を健康と病気について異なる理解に導く必要がある。

本書の3章で説明したようなホログラフィー的視点とM―3形而上学に気づいているかどうかにかかわらず、ヒーラーが主に集中するのは、ホリズム的な形で患者が人生のあらゆる面で健康を創りだす手助けをすることだ。そのために、患者のエネルギーを浄化し、バランスを回復させ、患者の意識がヒーリングに向かうよう働きかけ、患者が自己存在のより深いコア、創造力、そしてコア意識とつながりを持つよう助ける。またヒーリングのエネルギーを患者のエネルギーシステムに送る。多くのヒーラーは直感だけに頼って作業を行ない、手が動くにまかせる。患者のどこに問題があるか説明もしなければ、なにが起こっているのかも説明しない。このような場合ヒーリングは「信仰ヒーリング」と呼ばれる。

ヒーラーによっては患者に全然意味のわからない説明を与えることもある。またあるヒーラーは完全な知識体系を持っている。その体系は、たとえば鍼灸のように複数のヒーラーによって知られているものかもしれないし、あるいはヒーラー自身によって個人的に考案されたものかもしれない。患者の状態について説明し、ヒーリングがどのように働くのかを説明するかもしれないが、その体系について訓練を受けていない患者には理解するのは難しいだろう。

患者を教育するために、私は共通の理解の土台をみつけ、そこから会話を始める。次にヒーリングによって開始される癒しの過程を可能な限り説明する。ヒーリングはあくまでも患者の内から展開すると説明し、それがどのように人生に影響するか説明する。

リズという新しい患者とのセッションでのことだった。彼女は胃潰瘍があり、手術を受けたくなかったのだが、入ってくるなりこう言ったものだ。「あなたがいったいなにをするのか詳しく説明してちょうだい」。この質問に私は思った。「彼女は外科医に対しても同じ質問をしただろうか、そしてどんな答をもらったのだろう」と。

もちろん、私が行なうことを正確に説明するには何年もかかる。リズのような患者には、現実をみるためのホログラフィー的視点、この視点からみた病気の原因、人間のエネルギーシステム、治療方法、ヒーリング技術といったことについて、完全な再教育が必要だ。

私は自分に尋ねた。「リズの質問の深い意味はなんだろう？　彼女は本当はなにを知りたいのか？」。リズの場合は明らかに、自己の健康とヒーリングに責任を持とうとしていた。ヒーリングになにを期待してよいのか、私からなにを得られるのかを理解したいと真剣に望んでいた。つまり彼女の質問は、「ヒーリングからはどのような結果が得られる可能性があるのか？」であった。彼女にはその効果がどれほど広範なものか、想像もついていなかった。またそれが、彼女自身が人生でどれだけの自己変化を受け入れられるかにかかっていることを知らなかった。ＨＥＦ（ヒューマンエネルギーフィールド）が存在することも、それが肉体に影響を与えることも理解していなかった。そしてなにより、自己を癒すという意図（ハラレベル）と内面からの創造力（コアスターレベル）によって自分自身を癒せることを知らなかった。私が取り組まねばならなかったのは、この膨大な知識を数分間でかいつまんで伝えることだった。まず簡単なたとえを探し、ラジオの仕組みを思いついた。もちろん、後続のヒーリングセッションの間にさらに詳しく説明する機会はあるのだが。

「人間のエネルギーフィールド、あるいはオーラについて聞いたことがありますか？」。

「いいえ」リズは言った。

「つまり、肉体をとり囲み、その中にも浸透しているＨＥＦ《ヒューマンエネルギーフィールド》というものがあるのです。それは健康と密接に結びついています。病気になるのは、このＨＥＦの正常な機能が阻害されるからです。私はこのＨＥＦを再調整し、チャージし、修復します。鍼灸にも似ていますが、鍼灸については聞いたことがありますか？」。

「聞いたことはあるけれど詳しいことは知らないわ」。

「鍼灸は東洋の伝統的なヒーリングの方法で、ＨＥＦのバランスを整えます。ＨＥＦは体の異なる器官に生物エネルギーを供給します。このエネルギーはとてもパワフルです。人間は実際には、食事よりはこのＨＥＦを通してより多くのエネルギーをとり入れるのです。天気のよい日には曇りの日よりも自分が元気なのに気づいたことがありますか？　それは太陽が空気中のエネルギーをチャージするからです。人間はそれをエネルギーシステムにとり入れます。これは西洋文化ではあまり考えられていませんが、それは西洋では主に肉体に注意を向けているからです。しかし中国、日本、インドなどでは、これは健康に最も重要であると知られています。こうした国の医療体系は、生命エネルギーフィールドの知識に基づいています」。

「そのエネルギーはどこからくるの?」。

「その源は自己の内と外、あらゆるところにあります。ラジオの電波のように、つねに空気中にあるのです。これを使用するのに必要なのは、どのようにとり入れるかを知ることだけ。エネルギーフィールドはラジオのようなもので、私はそれを修復し、よりよくチューニングする方法を教えるのです。チャクラを開き、バランスを整えます」。

「なんですって? チャクラ?」。

「チャクラはHEF中のエネルギーの受信機です。チャクラはエネルギーの渦のように見えて、回転によって渦巻きのようにエネルギーを吸い込みます。エネルギーは体に吸い込まれるとHEFのエネルギーの線を通して器官に流れていきます。

HEFに異常があれば必ず、器官は必要なエネルギーを得ることができずに弱くなり、やがて病気に感染したり肉体の問題を引き起こしたりするのです」。

「つまり私が胃潰瘍になったのは、エネルギーの線が弱いからということ?」。

「実際にはもっとこみいっているのですが、それが基本的な考えです。あなたがどのようにストレスに反応するか、HEFに見てとれます。習慣的にHEFを歪めて、健康なエネルギーを胃のあたりから閉め出し、不適切で不健康なエネルギーを送り込んでいます。ヒーリングでHEFのバランスを回復させると、適切で健康なエネルギーがどのようなものか感じることができます。あなたが今『普通』だと感じているものは、実際には健康ではないのです」。

「それはどういう意味?」。

「今、胃のあたりに注意を向けてごらんなさい」。

「いつもと同じように感じるわ」。

「ヒーリングのあとではそれとは違う感じがするでしょうから、私の言葉の意味がわかるはずです。まず実際に経験することが必要です。違いは微妙なのですが、それが健康に非常に大きく影響します。じきに自分自身のエネルギーのバランスを適切に保つことを学ぶでしょう。そして、より高いレベルの健康を維持することができるようになります。HEFのバランスを整えるとエネルギーが適切に体に流れるようになり、健康を回復することができるのです。また、まわりにあるすべてのエネルギーフィールドにアクセスできるようになります。

私はこのエネルギーフィールドをユニバーサル健康フィールド（UHF）と呼びます。これは誰もがアクセスできるものです。肉体の健康ばかりでなく、感情、知性、スピリチュアルな面の健康のためにも使えます。ですから、私があなたのHEFでヒーリングを行なうと、胃潰瘍を患うことに関連する感情や知性やスピリチュアルな面にもヒーリングが行なわれることになります。肉体だけのことではないんです。肉体が癒されるとは、それにつながる人生のあらゆる面が癒されることです」。

「つながる面とはどういう意味？」。

「ヒーラーの視点からみれば、すべてのものはあらゆるものにつながっています。これがホリズムの視点です。あなたの胃潰瘍はストレス反応から胃酸過多になった結果ですが、それは消化や栄養の摂取に影響するだけでなく、おそらくあなたには人生のあらゆる面で滋養の消化に問題があることを示しています。別の言葉で言えば、誰かがあなたになにかを与えても、あなたにはそれを快く受け取ることが難しいはずです」。

「それはあてはまるみたいだわ。でもそれがどう潰瘍に関係するの？」。

「まずヒーリングを始めてみましょう。そしてどんな経験をするかみてみましょう。潰瘍との関係については、それがあなたの意識にのぼるたびに扱うことにしましょう。その時点で詳しく説明します」。

「健康をとりもどすまでにはどれくらいかかるかしら?」。

「セッションが何回かかるかは、あなたのエネルギーシステムがヒーリングにどのように反応するか、どれだけの変化に耐えられるか、その変化をどれだけ維持できるかによります。変化に耐えるのはかならずしも容易なことではありません。というのは、人生のあらゆる面に影響するからです。変化を自分の中に統合するには時間がかかります。胃潰瘍だけでなく、その深い意味にまでたどり着く必要があるのです。人生であなたが与えられたものを受け取り、それを楽しめるようになるのが望ましいので、そのためにはどうして受け取れないのかをみつける必要があります」。

「受け取ることは構わないの。でも、与えてくれた人に対していつもなにか借りがあるように感じるのよ。人に借りをつくるのは好きじゃないの。あら、このことにこんな意味があるとは知らなかったわ。ヒーリングは本当にうまくいくのかしら?」。

「HEFでのヒーリングは、特定の病気については実際通常の医療より効果的です。私のところへ来るのはたいてい、普通の医療では治療できなかった人たちです。ガン、大腸・結腸炎、免疫異常、ウイルス感染症、偏頭痛などですね」。

「訪ねてきてよかったわ。面白そう。早く始めてください」。

リズはヒーリングのプロセスがどのようなものか真剣に知りたいと望み、私は明確に説明することができた。これは彼女が実際にヒーリングを続けてゆくにつれ役に立った。数週間セッションを続け、胃潰瘍はなくなって健康を回復した。それだけではなく、彼女は仕事をかえ、新しい人間関係をつくり始めた。

ヒーラーのできること

ホリズムの視点について簡単に説明することで、私はゆっくりとリズをそこに導いた。ヒーラーとして、私は一段と広い視野から病気をとり扱う。私は感染症が病原菌により引き起こされ、通常、投薬によって治療できるという点については医師と同意する。しかし、私の視点からみれば、病原菌自体は原因ではない。ヒーラーは、患者の肉体とエネルギーシステムの弱さが病原菌の侵入を許し病気を引き起こしたのだと知っている。原因はホリズムやホログラフィー的視点からみて扱うべきだ。ヒーラーは病気の奥にあるエネルギーのバランス、意図、意識に、より関心を持っている。こうしたものが健康を支えるのであり、バランスが崩れればやがて病気になる。

ヒーラーは患者のこうしたすべての面において働きかけることができる能力を持っていなければならない。肉体の治療と同時に、患者の感情面、知性面、スピリチュアルな面にも注意を払うのだ。

ヒーラーの道具と訓練は医師のそれとは大幅に異なる。高度に熟練したヒーラーの大部分はおそらく、病気についての情報にアクセスし、医師が下すであろう診断名と適切な治療薬も挙げることができるが、それはヒーラーの主な関心事ではない。こうした情報は部分的なものでしかない。ヒーラーはそのような情報を「プリブラム博士が空中に浮かべてみせたリンゴ」同様、基本的な現実ではなく、したがって最も重要なものではないとみる。そして、ヒーラーが「診断を下す」ことは（米国内では）違法である。診断を下す権利は、医学校を卒業し国家試験に合格した、勇気ある献身的な医師たちだけのものだ。

リズは私に診断を求めはしなかった。むしろ、訪れた際に医師からの診断を語った。また問診表に病歴を記載しており、私はその情報をチェックした。HSP（超感覚的知覚）を用いると、胃壁の組織の一部が薄くなり組織が赤く炎症を起こしているのが見えた。私もこれは胃潰瘍だと結論しただろう。しかし私はヒーラーなので、「診断」はしない。誰かが腕を切ったり折ったりしていれば誰でも見てそうだとわかるが、それが「診断」ではないのと同じことだ。

ヒーラーはどのようにHEFに働きかけるか

HEF（ヒューマンエネルギーフィールド）の各レベルごとに、特定のヒーリング技術がある。私は通常、第一レベルから治療を始めて、治療の初期には下位のレベルに集中する。これにはHEFの知覚、浄化、バランス調整、修復、チャージが含まれる。通常、各レベルは個別に扱う必要がある。これはすべてのレベルが確実に治療されるようにするためだ。完全なヒーリングには、肉体に加え、HEF（エネルギー体）の全レベルの治療が必要となる。したがって、私は患者のHEFの各レベル、すなわち肉体や感情や知性に対応するレベルも、スピリチュアルな面に対応するレベルも、真実についての基本的な思い込みや信条の体系に対応するレベルもとり扱う。どのレベルもバランスがとれた状態にしなくてはならない。そのためにヒーラーはホログラフィー的宇宙に存在するUHF（ユニバーサル健康フィールド）にアクセスする。

ヒーラーは通常、エネルギーフィールドを感知しそこに働きかける才能を持って生まれている。これは人によって音楽、数学、ビジネスなどの才能があるのと同じだ。大部分のヒーラーはほかの専門的職業同様、この才能をヒーリングの技術に開花させるための訓練を受けている。この訓練により、HSP（超感覚的知覚）を開発し、HEFの各レベル、そしてやがてはその奥にあるハラレベルとコアスターレベルを感知することができるようになる。またおそらくチャネリングの訓練も必要だろう。

感覚をいっそう鋭敏に磨く数々のエクササイズに励むことで、こうした感覚を通常の人間の範囲を越えて使うことを学ぶ。多くのヒーラーはＨＥＦを感じ、聞き、見ることができる。またＨＥＦについての直感的情報を得ることができる。ＨＥＦを知覚することのほか、ＨＥＦに働きかけて各レベルを治療する方法、また解剖学、生理学、病理学、ヒーラーとしての倫理などについても多くのことを学ばなければならない。

ＨＳＰによってヒーラーはＨＥＦのレベルを識別する。ＨＥＦの光は肉体の内部も貫いているので、ヒーラーはＨＥＦの肉体内部の部分も知覚できる。よく訓練されたヒーラーはまた、ＨＥＦを全身、単一の細胞、場合によってはそれ以下の構成要素レベルで知覚する能力を発達させている。ＨＳＰで膨大な量の情報にアクセスし、ヒーリングに活用できる。

しかし、ヒーラーの最大のツールは愛である。すべてのヒーリングは愛を背景にして行なわれる。私は愛は宇宙の結合組織であると思う。宇宙をつなぎあわせ、あらゆるものを癒す。ヒーラーは愛の立場から仕事をするだけでなく、患者に自分自身を愛することを教える。本書を読み進めば、愛することがどれほど大切かわかってもらえるだろう。自己を愛するのは片手間にはできない仕事だ。たいていの人にとってこの方面について学ぶことはたくさんある。

リズのヒーリングでは、ゆっくりと順に各レベルの治療が行なわれた。第三チャクラは胃のあたりにあるが、裂けていた。私はそれを修復し、胃潰瘍は治り始めた。感情レベルでは、このチャクラはほかの人々とつながりを持ち、健康な形で滋養を受け取ることに関連している。この部分のエネルギーを健康でバランスのとれた状態に保つことを学ぶにつれ、彼女の人間関係は親密でより満たされたものになっていった。精神の深いレベルでは、このチャクラは宇宙の中での自分の姿、地球とこの人生においてどこにいるかについての認識に関連している。ＨＥＦが健康な形で安定するにつれ、彼女は自分の姿のあり方についてより自信を持つようになっていった。

ヒーリングセッションの手順

ヒーリングセッションの手順は形としてはきわめて単純だ。もちろん、これはヒーラーによって異なる。私がここに説明するのは、私のヒーリングスクールを卒業したヒーラーが行なうセッションについてである。

私の学校の卒業生からヒーリングを受けることを決めた場合、患者はまず問診表に記入することを求められる。これには通常、これまでの健康状態と現在の問題などを記入する。ヒーラーは会話を通して患者をリラックスさせ、また会話のための共通の土台を探す。主な質問の例は、「訪問の理由はなんですか？　なにを求めておられるのですか？」といったものだ。

これに対する回答から、ヒーラーは患者が必要とするものだけでなく、ヒーリングについてどれだけの経験があるかについても知る。

ヒーラーは患者の話を聞き、共通の理解の基盤をみつけると同時に、ＨＳＰ（超感覚的知覚）を使ってＨＥＦ（ヒューマンエネルギーフィールド）をスキャンし、バランスの乱れ、裂け目、停滞、エネルギーの不足部分などをみつける。また話を進めるにつれ変化するエネルギーの流れを観察し、話の内容と精神状態を関連づける。肉体を視覚的に観察し、体の構造やボディランゲージから、子供時代の心理的環境をみつけだす。また肉体をＨＳＰでスキャンし、内部の具合や内臓の機能をチェックする。これには通常十〜十五分かけ、体とエネルギーシステムの主要な問題部分をすべてみつけだす。この情報を患者に伝えることもあるが、これはそれがヒーリングの進行の妨げにならないことが確かである場合だけだ。つまり、それが患者を怖がらせたり、エネルギーの流れを止めさせたり、エネルギーをとり入れる能力を低下させることがない場合だけである。こうした情報はすべてホログラフィーモデルに統合される。すべてのレベルの機能はたがいに関係しあうからだ。

このあと、患者は靴と靴下を脱いで治療台の上に横になる。それ以外に衣類を脱ぐ必要はない。宝石やクリスタル（水晶）がHEFの機能を妨げている場合にはそれを外してもらう。ヒーラーは手を患者の足に置き、体にエネルギーを送る。順に体の上の方に動いてゆき、手を主要な場所に当て、種々のヒーリング技術で治療を行なう。どのようなヒーリングを行なうかは、HSPで得られた患者の状態によって決定される。もちろんHSPを使ってヒーラーはつねに自分が患者のHEFに与えている影響を観察している（また自分自身のHEFを注意深く観察し、調節している。これはヒーリングの訓練でも非常に重要なことだ）。HSPスキャンを使い、患者がどれだけエネルギーを受け取っているかを観察し、その間に起こっている変化について詳しい情報を得る。HSPを使えばすべての必要な変化が達成され、欠けているところがないのを確認できる。

ヒーリングが進むにつれ、エネルギーは非常に強くなる。より多くのエネルギーが注ぎ込まれ、患者はおそらく大変深くリラックスした状態になり、これはヒーリングが起きるのを助ける。この時点で患者の脳はヒーラーの脳とシンクロナイズした状態にある。いずれも強いα波（八ヘルツ）が出ている状態（ヒーリングステート）だ。

HSPにより得られる情報にはこのほか、必要な食事、ビタミン、ミネラル、薬草などがある。場合によっては、後日医師から処方されるであろう薬剤名もわかる。またその病気の原因となっている心理的問題も明らかになる。子供時代の精神的トラウマ（外傷）やその人が現実について抱いているイメージ的結論、思い込みの体系も明らかになる。これが病気の根本的原因であり、ヒーラーはこうしたものを直接、エネルギーフィールドでとり扱う。

ヒーリングの間にヒーラーはまた、HSPを使ってスピリチュアルなレベルの教師やガイド（導き手）、ガーディアンエンジェルなどからガイダンスを得る。ガイドは次になにをするべきかを教えることもあり、肉体のどこを見るべきかを示したり、病気の名前を教えたりすることもある。ガイドは通常、問題の原因を肉体および心理面から指摘する。あるいは直接チャネリングを通して患者に話しかけるかもしれない。この場合、会話は通常とても優しく個人的なもので、患者に、自分自身になにが起こっているか、それがなぜ起こっているのか、そして関連する深いスピリチュアルなレッスンおよび人生のレッスンについて、さらに深く理解させる。この会話はつねに患者をあたたかく支える誠意あふれるもので、そのチャネルが明晰であれば偽りの約束を与えたりすることはない。ガイドはまた、ヒーラーの手を通して直接ヒーリングを行なうこともする。HSPで得られる情報は、場合によっては書きとめたりテープに録音して患者に渡されることもある。

通常、思い込みの体系に存在する原因に到達するまでには数回のセッションを必要とする。ヒーラーがすべてのHEFにヒーリングを終える頃には、患者はおそらく深くリラックスし、やすらかな状態にあるだろう。

多くのヒーラーは患者に、十〜三十分ほどそのまま休んでHEFが安定するのを待つように勧める。これによりヒーリングの効果を充分にとり入れ、成果をエネルギーシステムに統合することが可能になる。ヒーラーは通常この時点では最低限の質問にしか答えない。というのは理性的な質問をするためには、患者はα波のヒーリングステートから、「理性的な」β波かそれより速い脳波に移行する必要があり、これはヒーリングの進行を止めるからだ。私がセッションを行なっていた頃には、いつもヒーリングを始める前にセッション後に静かな時間を持つのがどれほど大切かを患者に教え、質問がある場合にはヒーリング開始後すぐ、脳波がα波に移行する前に訊くように勧めた。終了後、ヒーラーは患者に適切な時にまた来るように伝え、残りの質問には次回に答えると約束する。

患者から最もよく訊かれる質問とその答

「ヒーリングに抵抗できるのですか？　できるとすれば、なぜですか？」

多くの場合、人々は過度に活発な精神活動を通して状況をコントロールしようとすることでヒーリングに抵抗する。そうするのは難しくない。頭を無理にも活発に働かせさえすれば、リラックスしてヒーリングが訪れるのを拒める。患者が自分の脳に対して理性的状態であるように強いると、脳はヒーリングが起こる八ヘルツのα波状態に入らず、通常の目覚めた状態の脳波であるβ波にとどまる（もちろん、ヒーラーがいるいないにかかわらずできることだが）。このような状態にとどまり続けると、患者は通常のヒーリングが体の中で進行する過程を阻害する。理性がどいて脳波がα波に入れば、自然なヒーリング過程に身をまかせることができる。この状態はヒーラーによってさらに強められる。

「セッションとセッションの間隔はどのくらいですか？」

ヒーリングは通常、週に一回の頻度で、毎回一時間から一時間半のセッションを数週間にわたり続ける。私は、たとえば腰痛などは、患者が週に二回訪れることができる場合しか受け付けなかった。これは毎日の生活での無理があまりに大きく、一週間経つ前に患者は疲れ、血糖値が低下した状態でもう一息と無理をして、腰をまた傷めるからである。腰痛には食事が非常に重要であることも発見している。腰をまた必ず傷めるのは、働きすぎの状態で空腹になったため血糖値が下がった時だ。私は患者にナッツとドライフルーツをおやつに持ち歩き、食事の回数を増やし、バランスのとれた食事をとるように指示する。この豊かなはずの現代社会に、どれほどたくさんの人がストレス過剰で栄養不足の状態にあるかには驚かされる。

化学療法または放射線療法を受けているガン患者のセッションは、最低でも毎週、療法の頻度がそれ以上ならそのあとに必ず一回（治療が毎日なら、ヒーリングも毎日）行なう。こうした療法は肉体とHEF（ヒューマンエネルギーフィールド）に残滓を残す。化学療法からの残滓は、薬剤自体からもまたそれによって殺される生体組織からもつくりだされる。体はどちらも排出しなければならない。化学療法は周波数の低い、粘液状の黒く濃いバイオプラズマをHEFにもたらして生命力を低下させる。HEFの機能を低下させせまた阻害し、非常な不快感を与える。放射線も肉体に残滓を残す。放射線は細胞を殺すだけでなく、殺された細胞のまわりにある多くの細胞の正常な機能に悪影響を与える。つくりだされた大量の廃棄物は排出されなければならない。放射線はちょうどストッキングを炎にかざした時のようにHEFを焼き切る。これは修復しなければならない。放射線はまたHEFをガラスのようにひび割れさせ、ここからも大量の残滓が出るので、浄化する必要がある。こうした療法の後すみやかに残滓を浄化すれば、それだけ副作用も少なくなる。

「時間はどのくらいかかりますか？」

ヒーリングがどれくらいの期間にわたるかは、問題の深刻さ、患者がどれくらいその問題を抱えてきたか、ヒーリングの効果を患者がどれだけ維持できるかなどによる。通常、患者はヒーリングの効果を三日ほど強く感じる。その後、患者のエネルギーシステムはそれまでの習慣になっている歪んだパターンにある程度もどる。エネルギーシステムがどの程度、どれだけの期間、清浄でバランスのとれた状態を維持できるかは個人によって異なり、非常に多くの要素が関係するので、ここでそれを説明するのは不可能だ。もちろん問題の重大さ、患者の生活環境、セルフケアと必要な活動や食事を実行する能力、ヒーラーの腕などがすべて関わってくる。

セッションごとに、患者のエネルギーシステムは元の健康なパターンをとりもどし、それまでの習慣となっていた歪みは徐々に溶けさってゆく。恒久的な変化がどれだけ早く起こるかは、人によってまったく異なる。ある患者は一回でよくなり、別の患者は数箇月を必要とすると言えば充分だろう。セッションが進むほど、あとどれだけかかるかをヒーラーが知るのはやさしくなる。というのは、ヒーリングのたびに起こる変化の度合と、それがどれだけ持続したかを観察できるからだ。時には、熟練したヒーラーであれば初回のセッションのガイダンスでおよその期間を教えることもある。

ヒーリングの過程は数週間、数箇月、数年にわたることもある。それがどの程度続くかは、多くの場合、患者がどの程度の健康で満足するかによる。

スピリチュアルヒーラーのさらに大きな目的

多くの患者は、当初の問題が解決したあともヒーリングを継続したいと望む。ヒーリングを開始する前に「健康」と考えていたものではもう充分とは感じられなくなるからで、それというのもヒーリングは患者のエネルギーを再教育するだけでなく、患者を内面の憧憬にいっそう深く結びつけるからだ。この場合、ヒーリングの過程は個人的進化と創造性解放の過程に転じる。スピリチュアルな経験となるのだ。

ホログラフィー的視点からみれば、ヒーラーは患者とさらに大きなシステム、つまり「普遍的存在」

の中で仕事をする。このレベルでは、不満足な健康状態は宇宙全体または神との乖離ないし調和の乱れとして感じられる。

これに次のような質問が続く。「この患者と神、宇宙、普遍的存在との関係はどうか?」、「患者の思い込みはどのように普遍的存在との本質的つながりを妨げているか?」、「患者は自分の本当の姿をどのようにみうしなっているのか、またそのせいでどのように生き方のバランスが乱れて病気に感染したのか?」。

ヒーラーは患者のHEF(ヒューマンエネルギーフィールド)に直接ヒーリングを行ない、それを最も高いスピリチュアルな視点からみた真実と調和させる。患者はその真実へと自己を広げることができる。

ヒーラーの最大の目的は、可能な限り大きいスピリチュアルな真実とつながるように患者を助けることにある。これをプラクティカルな形で進める。順に階段を昇り、基本的な物質レベルでの人間性から、HEFの人格レベルを通り、意図のハラレベルを通って、人の内なる神性、すなわちコアエッセンスへと進むのである。

ヒーラーははじめに患者のさまざまなエネルギーパターンの本質を探す。エネルギーパターンは患者の種々の異なるアスペクト(面)を表現している。こうしたパターンはホログラフィーのように働き、たがいに影響しあい、また肉体にも影響を与えるので、ヒーラーの探索は肉体およびエネルギーのあらゆるパターンに及ぶ。そのパターンは感情、知性、スピリチュアル面の健康状態に対応する。ヒーラーは患者が健康をとりもどす意図を整えて人生の目的に取り組むのを助ける。ヒーラーの主要な仕事の一つは、患者が自己の病気の原因をみつけるのを助けることだ。患者はどのようにして病気を引き起こしたのだろうか。

こうしてすべての領域を探索しヒーリングを行なうのは、完全な健康を回復し、別の病気の発生を防ぐのに必要なことだ。ヒーラーと患者は協力してこうした領域を探索する。最終的には、ヒーラーと患者は最も奥にある病気の原因と対面する。

ヒーラーは問う。「この患者が神について、病気をもたらすような形で信じていることとはなにか?」、「神をどのような姿のネガティブな権威、『愛するよりも罰する存在』だと思い込んでいるか?」、「この患者は自分で自分の病気を神の罰だと信じているが、実際にはどのようにしてこの病気を抱え込んだのか?」、「この患者はどのように神が病気を自分に与えていると思い込んでいるのか?」。

ここで触れているのは、個人が自分に対する罰として創りだすものだけではない。一見個人が創りだしたとはみえない、より大きな出来事の環に直面する方法についても言及している。このより大きな環とは、過去に起点を持ち長期にわたり影響を及ぼすもの、すなわち「カルマの環」だ。また、人類の集団的創造の結果もたらされた出来事も含まれる。このような出来事は過去にしでかしたひどい行ないへの罰であると感じることもあり、その場合、より大きな自己によって魂の学習と成長のために選ばれたレッスンであるとは理解できない。

ヒーラーは患者が自己のコアのより深くにある創造エネルギーへの通路を開くのを助ける。患者はこのエネルギーを使って自分の現実を創りだすことができるようになる。

ヒーラーと倫理的制約

最後に残っているのは、倫理的制約という大変現実的な問題だ。この質問は広範な領域にわたり、その答はヒーラーによって異なる。以下にいくつかの例を挙げる。

適切な訓練なしに「ヒーラー」を自称する人もいる

第一に、ヒーラーは自己の能力のレベルを認識し、それについて正直であることが非常に重要である。私がみてきた中で最悪の出来事は、しかもこれはしばしば起こるのだが、非常に重い病気の患者がある種のヒーラーまたはヒーリンググループを訪れ「あなたは癒された」と告げられるケースだ。ヒーラーがこの結論に飛びつくのは、そのヒーリングの際に非常なエネルギーを感じ、スピリチュアルな恍惚感を得たために患者が癒されたと思い込むせいだ。時にはこのような人々は、そのようなガイダンスさえ得る。患者に医師から治療を受けるのをやめるよう勧めることもある。その治療についての知識はなにもないのにだ。彼らは完全に自分が正しく、自分の得たガイダンスが真実であると確信している。

こうしたヒーラーは真実から遊離している。患者にも症状にも現実的なつながりを持っていない。自分のエネルギー的陶酔感に酔っているうちに患者とのつながりを断ってしまったのだ。これは非常に深刻な事態である。現実に目をつぶった楽天主義者は「否認」へ逃避する。というのはこのようなヒーラーは、人生、苦痛、死といった真実を直視できないからだ。スピリチュアルなものとヒーリングを誤用して、自分の恐怖を否定するために使っているのである。

病気についての恐怖に捕われている人々に愛、希望、支援を与えるためのヒーリンググループは悪いものではない。しかし、このような人々が必要とする愛、希望、支援の量については現実的であることが重要だ。一回の集まりで成し遂げられるものではなく、長期的、継続的に行なう必要がある。バーニー・シーゲル医師やルイーズ・ヘイの主催する病気の人々のための支援グループとワークショップは、このようなグループのパワフルでポジティブな効果を物語っている。

ヒーラーとして治療費を受け取るかどうか

私は、世界中でヒーラーがお金を受け取るのをよくないと考える風潮があるのに気づいている。この偏見はイギリス、ロシア、ヨーロッパ、東南アジア、そしてアメリカでもみられる。私はこれについて二つの見方があると信じる。どちらをとるかはヒーラーの受けた訓練と能力による。

もしヒーラーがキリスト教のカリスマ運動のような宗教的伝統にのっとった方式で訓練された場合は、ヒーリングは教会の礼拝で行なわれ、しばしば献金も受け付けられている。私にはそれはそれで適切なことのように思われる。

一方、厳密な長期の訓練を受けている場合（私の意見では最低四年間）、ヒーラーは治療費を受け取る権利がある。この種の訓練には、解剖学、生理学、心理学、倫理、そしてプロとしての仕事の進め方、さらにHSP（超感覚的知覚）とヒーリング技術の開発が含まれる。このような訓練を通して、ヒーラーはヘルスケアシステムにおいて正当なプロとしての役割を確立するのだ。このようなヒーラーは、精神療法士、マッサージ療法士、在宅看護にあたる看護婦、物理療法士、医師といったプロの治療専門家と同様、通常の治療費を受け取る権利がある。治療費はこうした治療士と同様の範囲であるべきだ。このようなヒーラーが無料で治療を行なうべきだというのはまさに偏見だ。ヒーラーが治療費を受け取らないとなれば、一日中ほかの仕事をして生活費を稼ぎ、その上で残ったエネルギーをヒーリングに当てることになる。これでは人々は、非常に必要としているヒーリングをあまり受けられないことになる。

ヒーラーは病気を診断してはならない

ヒーラーは診断を行なうべきではなく、薬も処方してはならない。そのための訓練を受けていないからだ。一方、どのような薬が役立ちそうかについてのガイダンスを受けることはできる。患者はこの情報を持って医師を訪れ、確認してもらうのがよい（ヒーラーと医師の協力の詳細については6章参照）。

ヒーラーは知っていることをすべて話すべきなのだろうか

これは仕事を始めてしばらくの間私を悩ませた疑問だった。はじめのうち、私はチャネリングを通して受け取った情報をすべて患者に伝えていた。情報をより分けるのは自分の仕事ではないと考えたからだ。するとたちまち問題に直面し始めた。人々を怖がらせたのである。人々は、仮に知りたいといいはっていたとしても、本当は事実を知りたくはなかった。その答を知る準備ができていなかったのだ。

一九七八年、私はワシントンのヒーリング会議に出席していた。聴衆の一人は私にHSP（超感覚的知覚）があることを知っており、自分の頸椎を見てほしがった。その週末中私をつけまわし、自分の首がどんなふうに見えるか教えてくれと迫った。私は最後にはホテルの大きな階段に腰を下し、彼の首がどんなふうに歪んでいるかを絵に描いてみせた。その人は黙りこみ、その絵を持って立ち去った。二年後に別の会合で会った時、その男性はあの出来事から何日も非常に不安だったと打ち明けた。それまで首の骨がどう歪むかの絵を見たことがなく、自分の首の歪みの意味もわからなかったそうだ。私はその時、問題をどう処理するべきか、そしてそれがたいして深刻ではないことを説明しなかったのだ。

別の例を挙げると、かつて私の親友のシンディはワシントンに住んでいた。そして勉強のためにニューヨークに数週間出てきた際、ヒーリングを受けることに決めた。彼女は胸に軽い痛みがあった。ヒーリングの間、私は彼女の胸をHSPで観察し、銃身のように黒灰色の三次元の三角形のようなものを見た。同時にガイドのヘヨアンが右肩の上から身を乗り出し、「彼女はガンにかかっており、死ぬことになる」と言うのを聞いた。

私は密かにヘヨアンと口論をした。彼が私の親友が遠からず死ぬと知っていることに腹を立て、さらにそれを私に教えたことに腹を立てた。もちろん、私はそれをシンディに教えはしなかった。セッション後に知人の誕生パーティに出かけたが、私は興奮しており、途中で切り上げなければならなかった。どうしてよいかわからなかった。私のガイダンスは誤っているのだろうか。誰かの死について教えられることなどあってよいものだろうか。ヒーリングを与えている間にそのことを考えたために、彼女がそれを創りだすのを手伝ったのではあるまいか。彼女にはなんと言うべきだろう。後日、私は先輩のヒーラーたちにこのようなことがありうるかどうか確かめ、ありうるという返事を得た。

私は自分に唯一可能なことをした。シンディに学校を退学し、家に帰り、夫とともに時間を過ごし、同時に医師に胸を検査してもらうようにと言った。ニューヨークを去る前に彼女はもう二回、ヒーリングを受けた。そのたびに、私は同じ黒い三角形を彼女の肺に見、そしてヘヨアンは右肩から身を乗り出して「彼女はガンにかかっており、死ぬだろう」と言った。

私は彼女に家に帰るように頼み続けたが、私の受けたガイダンスの詳しい内容については語らなかった。彼女はついに私の頼みに従った。検査結果は、白だった。私はガイダンスが間違っていたのだと信じた。しかし彼女の容態は悪化し続け、四箇月後、三回目のCATスキャンで、ジョージ・ワシントン病院の医師が問題箇所をみつけた。私が見たのと同じ大きさ、形、場所だった。医師はそれが凝血であると言った。私はふたたび、自分の受けたガイダンスが間違っていたことを神に感謝した。しかし彼女は治療によってもよくならず、容態は悪化した。医師は胸を切開し、中皮腫を発見した。それは治療法のない肺ガンで、彼女は八箇月後に死んだ。

死の三日前、私はワシントンにいてシンディが友人たちに別れを告げるのを助けていた。彼女はトイレに行ったあと、私を部屋に呼び、言った。「本当のことを言ってくれないんで、とても腹が立ったわ。

いったいどうしたっていうの?」。

私はなぜ初回のヒーリングの時に自分の見たものを告げなかったか説明した。

彼女は言った。「もっと前に言わないでくれてありがとう。準備ができてなかったわ。でも、今は大丈夫よ」。

この経験から私が学んだのは、ヒーラーはほかの専門職同様、「特別の情報」にアクセスできるということだった。この情報は専門家として注意して扱わなければならない。倫理的規範のもとに、適切な人に適切なタイミングで伝えなければならないのだ。私は今では、ガイダンスを通して与えられるこの種の情報を、ガイダンスによってそう指示された場合のみ、伝えることにしている。

ヒーラーはあらゆる患者を引き受けるべきなのだろうか

すべてのヒーラーは、患者を引き受けてはならない状況に遭遇する。ヒーラーも患者もそのことを理解しておく必要がある。どのようなヒーラーにも、ある特定の患者を引き受けられない場合がある。よいヒーラーの目印の一つとして、患者を引き受ける前にそれが適切かどうかを確認するというものがある。特に問題がなければ、これをあからさまに話すことはないだろう。しかし一回目のセッションが終わるまでには、問題があればヒーラーにはそれがわかり、そのことを患者に伝える。引き受けられない理由には大きく分けて二つある。一つはヒーラーと患者またはその配偶者とのそれまでの関係に関わる。もう一つはそのケースを扱うのに自分が適していない場合だ。

前者についいだが、多くの人は自分の友人であるヒーラーのところに行っても構わないと考える。これは、双方ともヒーリングにより二人の関係が恒久的に変化すると知っている限り、構わない。この場合、自分たちの関係を友人のままにとどめるか、あるいはヒーラーと患者の関係にきりかえるかを選択しなければならない。ヒーリングとは非常に奥の深い過程をたどるものであり、ヒーラーと患者が友人としての関係を同時に保とうとすれば、比較的早期に、ヒーリングがだめになるかあるいは深いレベルでヒーリングが起こるのが阻害されることになる。また妻と夫が同じヒーラーからヒーリングを受けたい場合も、ヒーリングが一定期間続く場合には問題が生じる。これはヒーリングにより引き起こされる、深い個人的変化が理由である。このため私は、ヒーラーは精神療法士と同じ倫理的ガイドラインに従うことを提唱する。精神療法士は、夫婦双方の個人カウンセリングを引き受けることは許されていない。

ヒーラーはまた、特定の患者を引き受ける能力が自分にあるかどうかを判断できなければならない。これは患者からの期待の度合とも関係がある。患者が奇跡的な結果を期待していたら、ヒーラーはその可能性はとても低いことを伝えねばならない。一回のヒーリングで治療が完了するようなケースは全体の一パーセント程度だ。あるヒーラーは特定の病気または患者を引き受けることができないかもしれない。特定の病気に自分のエネルギーシステムが反応し、自分が病気になるか、痛みを感じるような場合である。また「手遅れ」と医師からいいわたされた患者を引き受けることができないかもしれない。一部のヒーラーは、自分の患者が経験する死の経過をすべていっしょに経験してしまうのである。またあるヒーラーは、患者の担当医と協力して働くことができないかもしれない。あるいは自分より適したヒーラーを知っているかもしれない。患者が受けている特定の治療に偏見を持っているなら、ヒーラーはそれについて正直になり、その偏見を手放す必要がある。それができなければ、その患者をほかのヒーラーにまわすべきだ。

私は何年か前に、腰から下が麻痺した青年を引き受けることができなかった。HEF（ヒューマンエネルギーフィールド）のどこに問題があるのかはわかったが、一時間半以上ヒーリングを行なっても、まったく影響を与えることができなかったのだ。私は治療費を受け取らずに彼を返した。助ける方法がみつかるか、それができる人間がみつかったら連絡すると伝え、数年後にようやくそれが可能な人間をみつけた。

ヒーラーは正直な質問に正直に答える

偽りのない正直な答を得る最高の方法は、正直な質問をすることだ。ヒーラーに知りたいことを訊ねよう。自分のヒーリングの枠組みに沿って答える方法をみつけるのは、ヒーラーの仕事である。求めていた答でなくとも、とにかく答を得ることが可能でなければならない。また、知りたければ、そのヒーラーの成功率を訊ねてもよい。ヒーラーは正直に答えなければならない。この病気について何人の患者を治療したことがあるのか。結果はどうだったのか。ヒーラーは自分になにができるかを明確にするべきだ。それによって患者はどのような結果を期待できるか、なにに対してお金を払っているかが明確になるからである。もちろん、ヒーリングにはこれ以外にもたくさんの要素が関係している。しかし患者はヒーラーの経験と治療結果について、さらにどれだけの間ヒーリングに従事しているか、しっかりと訓練を受けているかどうかを知る権利がある。

6章　ヒーラーが医師と協力して成し遂げられること

ヒーラーと医師の両方から治療を受けることを考えている場合、両者と話をして、たがいに協力して仕事を行なうのに同意するかどうかを確かめることが重要だ。ヒーラーにも医師にも、自分が誰から治療を受けているかを伝えよう。その医師とヒーラーがこれまで協力したことがなければ、協力する意志があるかどうか確かめよう。患者の健康を回復する手助けをするうえで両者がどれほど助けあえるかを教えよう。医師もヒーラーも時間をかけて治療について相談しあうには忙しすぎるかもしれないが、ほとんどの場合、相談する時間はたいして必要でない。一方が他方に対して好意的でなければ、かわりの人間を探すことを私は勧める。

両者は患者の治療についてまったく相反する視点を持っているかもしれない。その場合には両者で相談してもらう必要がおおいにある。このような時には双方に善意と理解があることが非常に大切だ。患者の健康の回復はそれにかかっている。

私の経験では、医師とヒーラーの意見が正反対だったり両者が衝突したりすることは、両者が現実的で態度がオープンであればほとんど起こらない。しかし、多くの人々がまだ、ヒーラーと医師はたがいに相いれないものだという否定的イメージを持っている。もし人々が二つの治療体系がどのように補いあえるかを学べば、この否定的イメージはとり除かれ、多くの人にとって福音となるだろう。

ヒーラーと医師がチームとして働く適切な形には主なものが五つある。それに従えば患者の容態と治療方法についてより広く、深く、有益な情報を得られる。五つの主要なものとは以下のとおりだ。

1 **患者の病気の状態について明確な理解を得る。**ヒーラーの言葉では、これは「病気の記述」と呼ばれる。医師の言葉では、これは「診断」である。それぞれ異なる視点から行なわれる。ヒーラーはHSP（超感覚的知覚）を使ってHEF（ヒューマンエネルギーフィールド）と体の機能や異常を記述する。医師は通常、医療技術を使って医学的診断を行なう。

2 **できるだけ多くのレベルに健康をもたらす。**ヒーラーはハンズオンヒーリングを通してエネルギー体と肉体のバランスを整え修復する。医師はもっぱら肉体の健康を回復させる。

3 **より広範囲で詳しい、有意義かつ徹底した病歴を得る。**ヒーラーと医師のチームは、ヒーラーがHSPを通して患者の人生について得る情報と、医師が通常の医学的手段で得る病歴とを組みあわせることができる。

4 **患者が病気のより深い意味と原因をみつけるのを手伝う。**多くの医師は、肉体的原因と同時に精神的、感情的原因に取り組むのを助けようと患者に耳を傾け、アドバイスを行なう。ヒーラーは、患者が存在の全レベルで病気に取り組むのを手伝う。HEFの一から三のレベルは肉体感覚、感情、知性にそれぞれ対応し、五から七はスピリチュアルなレベル、ハラレベルは意図の、コアスターレベルは創造の源のレベルだ。

5　**より効果的な治療方法を開発確立し、治療に要する時間を削減し、不快感をとり除き、また強い薬剤による副作用を軽減する。**ＨＳＰを使って、ヒーラーは食事、薬草、ホメオパシー薬、その他の薬または治療技術で患者が使えるものについて情報を得ることができる。特定の医療技術ないし薬剤がＨＳＰを通して示された場合には、それを医師に検討してもらうことができる。患者を治療していた頃、私は定期的にＨＳＰを使って具体的な薬の名前や、投与量の変更についての情報を得た。あとから医師がその情報を検討し、処方がそのとおりに変更された場合には回復が促進された。

ヒーラーと医師のチームを築く際、ヒーラーからの情報の多くは医師にとって意味がよくわからないかもしれない。というのはそれは医師の専門知識の範囲外にあるからだ。しかしやがて、いっしょに働くにつれて、コミュニケーションの橋が築かれ、肉体、エネルギー体、そしてヒーリングの過程について多くの理解がもたらされるだろう。この五つの領域はすべて、患者の癒《いや》しを大幅に助け、医師が患者の容態について知るためのより多くの情報を与える。では、こうした情報についてさらに詳しくみてみよう。

目標その一：病気の状態について明確な理解を得る

医師または複数の医療専門家と協力する時、ヒーラーは患者の肉体とエネルギー体に起こっている病気の状態を記述する。この記述を専門家と分かちあい、患者の病気の状態を明確にする。このためにはＨＳＰ（超感覚的知覚）を使って患者の状態を分析する。まず以下のように患者のＨＥＦ（ヒューマンエネルギーフィールド）をチェックすることから始める。

・患者の全体的エネルギーパターン、そのバランスの乱れ
・HEFの各レベルのパターンの詳細

ヒーラーは次に、肉体レベルに焦点を当て、患者の肉体で起こっている不健康なまたはバランスの乱れた生理機能について記述する。その原因はもちろん最初に記述されたエネルギーのバランスの乱れだ。そのためにHSPを使って器官や組織の機能を肉体レベルで感知し、以下のことをチェックする。

・HEFの全体的状態
・各臓器の全体的機能
・各器官の全体的機能
・各器官どうしの関係
・各臓器の機能の詳細
・臓器の組織の状態

この病気の記述は、多くの点で医師の診断と一致する。すべての感覚はHSPモードで使用できる。次に、ヒーラーが最も頻繁に使用する、視覚、聴覚、触覚モードについて説明する。表現は情報のアクセスに使用された感覚によって異なり、用語も技術的医学用語とはおそらく異なるだろう。

視覚的HSPを使って病気を記述する

視覚的HSP（超感覚的知覚）を使って見ると肉体の器官は特定の色を持っていて、ある色は健康な状態に対応しある色は病気や機能不全に対応する。ヒーラーは体の中の器官を見て、弱いか強いか、機能低下や昂進状態を見てとる。この全体的スキャンで特定の器官がさらに注意を要するとわかった場合には、その機能不全の器官についてさらに詳細に観察すればよい。

視覚がどう機能するか例を挙げよう。肝臓を見る時はまず肝臓全体に焦点を当て、その大きさをチェックし、肥大していないかどうかを調べる。また正常に機能しているにしては目が詰まりすぎていないかを調べる。その際、解像度をかえることもできる。新聞を読む際にコラム全体をざっと眺めたり、特定の文章に目をとめたりするのに似ている。そして特定部分の機能が低下または昂進していないかを調べる。これには単に肝臓の働きを見ているだけでよい。老廃物がたまっている部分があれば、その色によってそれが過度に酸性かアルカリ性かもみわけることができる。また老廃物の密度が濃すぎて肝臓から排出されずにいるかどうかもわかる。その液体の濃度を見、それが肝臓から排出される過程を観察するだけでよい。

たとえば私はしばしば、停滞した緑または黄色の液体が肝臓の一部にたまるのを観察している。これは毒素が肝臓にたまっていることを意味し、胆汁過剰だ。時には薬剤からの黄色い色が残っていることもある。これは患者が最近飲んだ薬を肝臓が処理しきれないでいる場合である。肝炎をHEF（ヒューマンエネルギーフィールド）レベルで見ると、いつもオレンジ色の帯または層として見える。肝炎の治療薬を使っている患者では、それが肝臓に濃い茶色の粘液として見えることがある。乳ガンやそのほかのガンの化学療法は、つねに緑茶色の廃物として肝臓にあらわれる。化学療法が腕から点滴で与えられた場合、腕のHEFも緑茶色にかわる。私はこのようなものが、ヒーリングを受けずにいた場合、十年から二十年間もHEFにとどまっていたのを見たことがある。

特定の食べ物や薬が肝臓に与える影響を観察することもできる。多くの場合、ワインを飲み同時にブリーのような濃くて粘つくチーズを食べると、肝臓に非常な停滞が起こる。まるで粘液が詰まっているようだ。これは肝臓の自然で健康な生命パルスを低下させ、機能も低下させる。

さらに情報を得るために、解像度を高めて細胞レベルに焦点を当て、細胞の状態を調べることもできる。しばしば細胞は肥大したりのびたりしている。あるいは細胞膜が化学的にバランスがとれておらず、細胞膜を通ってはならないはずの特定の液体が膜を通過したりする。たとえば長期の喫煙は細胞壁を傷めて弱らせ、そのために細胞は肥大して形が歪む。喫煙による汚染は細胞膜の外部に酸性の層を形成して浸透性に影響を与える。高度の顕微鏡的解像度にすれば、ヒーラーは肉体中の微生物を観察して外見を記述することもできる。視覚的HSPで得られるすべての情報は、視覚的な言葉を使って表現される。またこうした情報はヒーラーの言葉を使ってシンプルに記述されるが、患者や医師が慣れている技術的用語は用いられない。

聴覚的HSPを使って病気を記述する

ヒーラーはまた、聴覚タイプのHSP（超感覚的知覚）を使うこともできる。これには音と言葉の二種類がある。肉体、器官、組織はすべて音を発し、それはHSPで聞くことができるが、通常の聴覚では聞けない。こうした音から肉体と器官の健康についての情報が得られる。健康な体は、すべてがいっしょに流れる美しい音の「シンフォニー」を奏でる。器官が正常に機能していない場合は、不調和な音がする。音に関する語彙を増やすことで、肉体およびエネルギー体の健康や異常を聴覚に関わる言葉で記述できるようになる。

たとえば、聴覚的HSPを使うと、糖尿病の人の膵臓からは高ピッチのきしるような音が聞こえる。

また同時に視覚的HSPを使って、黒っぽいエネルギーの渦が膵臓の上にあり、この音を出しているのを見ることができる。こうした情報からただちに、その患者が糖尿病であることがわかる。(後述のように、音をヒーリングに使うこともできる)。

別の聴覚的HSPでは、言葉を聞く。聴覚的HSPをよく発達させていれば、病原菌の名前、病名、あるいは必要な薬剤名とその量、頻度まで聞くことができるかもしれない。ほとんどの医学用語はきわめて長く複雑なので、HSPを通して得ることは大変難しい。私がこれに成功したのはほんの数回しかない。私が得る聴覚的情報の大部分は、簡単な指示か、存在の深い意味あるいは世界の仕組みについての長い説明である。聴覚を通して語られた情報の例は、本書に随時出てくる。第4部のヒーリングメディテーションはチャネリングでもたらされた説明の好例で、ヒーリングに大変役立つ。

触感的HSPを使って病気を記述する

各器官には固有のパルス(脈動)があり、特定の器官はほかのものより速く脈動する。触感的HSP(超感覚的知覚)を使えば、各器官のパルスを感じとることができる。まず肉体全体を感じとって、器官どうしの全体的なバランスの乱れをみつける。次に器官系を調べ、臓器どうしの関係をチェックする。たとえば触感的HSPを使って肝臓のパルスをチェックし、それが正常より高いか低いかみる。次に体のほかの部分をチェックして、肝臓のパルスがほかの器官と同調しているかどうかを感じとる。肝臓に異常があれば、その異常が周辺の器官や体のほかの部分にどのような影響を与えているかを調べる。

ヒーラーが病気の記述をする際に受ける典型的な質問の一つに、肝臓の機能低下(低すぎるパルスは機能低下を意味する)はどのように膵臓に影響するか、というものがある。触感情報に基づく私の答はこうだ。肝臓の機能低下は膵臓に負荷を与えて余計に働かせ、脾臓のパルスを増加させて機能昂進を引き起こす。やがて膵臓は過度の労働のために弱って正常に機能できなくなり、パルスもまた正常以下に低下してこんどは膵臓の機能低下が引き起こされる。

不妊症の女性から触覚を通して集められた情報には興味深いものがある。健康な体では左右の卵巣はたがいに同調して脈動しており、また(心臓の近くにある)胸腺や(頭部の)下垂体とも同調している。不妊症の多くは、左右の卵巣のパルスがたがいに同調せず、またほかの内臓のパルスともそろっていない。この場合、左右の卵巣をたがいに、また胸腺、下垂体ともシンクロナイズさせる必要がある。それによって、成熟した卵子を適切な時に放出することができるようになる。こうしたものがシンクロナイズしていないと、卵子が周期の誤った時点(未成熟または過成熟)で放出されたり、あるいはまったく放出されないこともある。バランスを再度確立するには、ヒーラーはエネルギーを送り、以上三つの腺の間でパルスをそろえる。これは体に手を当てて行なう一連のテクニックを使って行なう。このやり方で私は多くの不妊症治療に成功している。かつての患者が今では母親となっている。(もちろんほかの器官が関連していることもあり、その場合ヒーラーはそれを感じとってバランスを回復させる)。

このよい例を数年前にみた。私がまだニューヨークシティでヒーリングを行なっていた頃のことで、四十二歳の患者、バーバラは子供を欲しがっていた。

彼女は十五年前に女の子を生んだ時、内出血のために一度臨死状態になった。体を出て死んだ父親を訪れ、地上に帰るようにと言われたことを覚えているという。父親は「ここで感じたすべての愛と平和を地上に持って帰ることができるよ」と言った。その後、体に引きもどされるのを感じた。医師が上から見下ろして「ご臨終です」と言った。次に彼女が覚えているのは、大柄な看護婦が彼女を見下ろして胸を押しながら「息をすんのよ、ほら、息をしなさい!」と叫ぶ声だった。

長い療養期を経た後、娘を独りで育て、それからついに再婚し、もう一人子供が欲しくなった。しかしそれには気遣われることがたくさんあった。かつての内出血の場所は特定されておらず、また起こるかもしれなかった。さらに結婚の四年前に子宮頸ガンにかかっていた。医師はこれを心配した。というのは、その手術のために彼女の子宮頸は胎児を九箇月保持できるほど強くないと考えたからだ。

彼女は私のところに来るまでに三年間、妊娠しようと努めて成功していなかった。HEF（ヒューマンエネルギーフィールド）の観察で、第二チャクラに大きな裂け目がみつかった。卵巣は正常に機能しておらず、胸腺とも下垂体ともシンクロナイズしていなかった。彼女の排卵はあまり頻繁でなく、あっても周期の遅すぎる時に起こっていた。また子宮頸が弱く、子宮に古い傷があって弱くなっているのが見えた。これが内出血の箇所だった。

私はまず傷をエネルギーレベルで浄化し、第一レベルのHEFを再構築して傷が癒えるようにした。それから子宮頸のHEFを再構築して、胎児を保持できるよう、特別に強くした。つぎに第二チャクラのすべての損傷を修復し、安定させた。それから卵巣と胸腺、下垂体をシンクロナイズさせた。それぞれの部分が正常に機能するようになり、彼女のエネルギーは増加した。これが一九八四年二月のことだった。

一九九〇年九月に電話をして、あの時のことを覚えているかと訊ねた。彼女はこう答えた。「黒いエネルギーの穴が内出血しているところにあるのをみつけてくれたでしょう。そして子宮頸のエネルギー的機能不全も。昔起きた問題の原因も、両方みつけてもらったわよね。それから三月に妊娠したの。まさに奇跡よ。

もう一つ面白いことは、九箇月してまたヒーリングに行ったでしょう。お腹の中の子供が逆子だったから。あなたは子供を正常位にもどしたわ。それから帝王切開の準備をしなさいと言ったでしょう。あの時、あなたが葛藤を感じていたのを覚えているわ。私は大丈夫よ、起こることについてなんでも教えて言ったわね。実際、帝王切開を受けたわ。二十四時間陣痛が続いたのに子宮頸が開かず、子供が危険な状態になったの」。

彼女が妊娠九箇月で二回目のヒーリングに来た時、私は彼女が帝王切開を必要とするというガイダンスを受けた。私は、それが必要であると印象づけるような形で告げたくなかった。自然出産が起こる可能性も残しておきたかった。しかしなんとか彼女に、それが必要だった場合には受け入れるよう伝え、子供を持つことの方が完璧に生むことより大切だと言った。今思いだすと、彼女にヒーリングをしている間、口の開きにくい強い子宮頸をつくって帝王切開をするか、子宮頸を強化せずに子供を失う危険を残すか、どちらかしかなかったのだ。

後日彼女は言った。「それは私にとっては問題ではなかったの。子供はどういうふうに生まなければいけないかという思い込みはなかったから。ニューエイジタイプの女性は大勢が医療手段についてたくさん偏見を持っていると思うわ。こういった人たちは、医療と精神的に自己の癒しに責任を持つことの二元性を受け入れることができないようね。私はでも、これについて問題を感じたことはないの。それは思い込んでいる人たちの二元性であって、実際の二元性ではないのだから。

多くの人がこの問題について、こう思い込んでいると思う。自分の精神的、肉体的健康に責任を持つことは、医療技術や知識、専門家の見方と相いれないって。でもこういう選択を行なう人は、そのたびに真実を制限しているのよ。というのは本当は選ぶ必要なんてないんだから。この二つはたがいに協力してこそ、完全になるのよ。私たちみんながやろうとしているのは、地球におけるこの二元性を癒すことだわ」。

視覚的HSP、触覚的HSP、聴覚的HSPをいっしょに使って病気を記述する

この三つのＨＳＰ（超感覚的知覚）をいっしょに使うことで、膵臓に「焦点を当て」（視覚）、「耳を傾け」（聴覚）、つながりを持ち（触覚）、どのような情報を受け取る（触覚）ことができるか見て（視覚）みよう。甘いものや砂糖を消化するのに問題がある人は、膵臓は弱く「見える」。明るくクリアで桃色がかかった茶色のかわりに、非常に淡い桃茶色に見える。機能不全のために肥大しているかもしれない。視覚的ＨＳＰを使って、ヒーラーはこれを「見る」ことができる。解像度を高めれば、あちこちに黄色がかった琥珀色の細胞のかたまりが見えるかもしれない。解剖学の本を参照すれば、これがランゲルハンス島であることがわかる。場合によっては、こうした細胞のかたまりがもっとたくさんあったり、各島が正常なものより多くの細胞を持っていて大きくなっていたり、肥大した黄色っぽい琥珀色の細胞からなっていたりするかもしれない。ランゲルハンス島の数の過剰は、体が分泌物をより多くつくろうとしているせいだ。聴覚的ＨＳＰまたは生理学の本によれば、この分泌物はインシュリンである。触覚を使うと膵臓のパルスが健康な状態より低いこともわかる。膵臓の機能が低下しているのだ。視覚、聴覚、触覚的ＨＳＰをいっしょに使って、この患者はヒーリングで正常な膵臓機能を確立する必要があるとわかる。

弱まった膵臓が正常な膵臓よりゆっくり脈動し始めると、普通、その後ろにある左の腎臓に影響を与えだす。この腎臓もすぐに膵臓同様パルスはゆっくりになり、糖を尿中に出し始める。腎臓は正常より暗く見える。ヒーラーが知覚すると、膵臓と腎臓の機能が低下している。双方のまわりを覆っている結合組織（筋膜と呼ばれる）も固くなって縮み、二つの器官をあわせてしめつけ始める。筋膜は物理的媒体であり、第一レベルのエネルギーのほとんどはこれを通して流れる。筋膜が固くなると、エネルギーを伝達する能力が非常に低下する。するとさらに、その筋膜に覆われた内臓のエネルギーの流れとまわりのエネルギーフィールドからとり入れるエネルギー量も低下する。

私はこの筋膜の伝導率の低下が、老化と密接に関係があると考える。固まった組織をやわらげるような治療を受けると、非常に多くのエネルギーがその筋膜に包まれている器官や筋肉に流れるようになる。器官や筋肉は目を覚まして生き生きとし、ふたたび健康になる。この種の治療がエネルギーレベルのヒーリングと組みあわされると、非常に古い傷にも効果がある。何年にもわたって使用されなかった組織を再活性化できる。古い傷を修復するには非常な時間と労力が必要だが、多くの場合、それにみあうだけのことはある。筋膜をやわらげるボディワーク［訳注：ロルフィングや筋肉深部マッサージなど］やヒーリングを受けると、より長く若さを保つことができる。そういう人はたいてい年齢より十歳は若く見える。

ヒーラーはここに挙げたHSPを使って、ハラレベルとコアスターレベルの問題も記述できる。この情報にはそのレベルでの歪みや機能不全が含まれる（ハラレベルとコアスターレベルおよびヒーリングの五つの主要目標については、本書下巻16章、17章参照）。

目標その二：ハンズオンヒーリングによって治療する

すでに述べたとおり、ヒーラーは、人間をとり囲んでいるUHF（ユニバーサル健康フィールド）またはUEF（ユニバーサルエネルギーフィールド）のエネルギーの通り道として働く。HEF（ヒューマンエネルギーフィールド）は肉体と同様現実であり、ヒーラーはその各レベルで治療を行なう。HEFの一、三、五、七レベルは我々の知っている肉体の器官およびチャクラを包み込むように構築されている。チャクラはUEFからエネルギーを代謝して、それが位置する体の部分に送る。HEFの奇数層は持続的な光のビームで構成されているように見える。偶数層ははっきりした形がない。流動的に動く雲のかたまりのように見え、奇数層の光の線に沿って流れる。

ヒーラーは、構造のあるレベルではエネルギー体の修復、再構築、再チャージを行なう。構造のないレベルでは、停滞した部分を強化し、弱い部分を浄化し、過度にチャージされている部分をほかの部分に合わせてバランスを整える。

これはすべて肉体の機能に大きく影響する。肉体レベルで器官が切除されていても、HEFの構造レベルでそれを再構築し、流動レベルでチャージすると、体には非常に強いヒーリング効果がある。切除された甲状腺をHEFレベルで再構築すれば必ず、患者が服用を必要とする薬の量を減らすことができる。ハンズオンヒーリングは通常、治療に必要な時間を通常の三分の一から半分程度短くし、必要な投薬量を減らし、強い治療や薬剤の副作用を大幅に軽減する。

薬に非常なアレルギーのある私の友人が両眼の白内障手術を受けた。彼女は手術の間だけ薬を服用し、手術後には鎮痛剤をとらず、毎日数回自己ヒーリングを行なって、通常片眼の水晶体を除去した場合に要する時間の半分で回復した。足首捻挫のような単純なものは、これは通常二週間ほど松葉づえを必要とするが、即座にヒーリングを行なえば三十分から四十五分程度で治せる。

即座にハンズオンヒーリングを行なうことができない場合は、ほかのオステオパシー〔訳注：整骨療法〕、ストラクチュラルインテグレーション〔訳注：ロルフィングなど筋肉をときほぐす物理療法〕、筋肉深部マッサージ、アンワインディング〔訳注：筋肉解放療法〕、マイオフェイシア〔訳注：筋膜治療〕などの治療を受ければ、治る時間を数日程度に減らすことができる。このような怪我をすると体は縮こまり、ねじ曲がる。筋膜と筋肉は時にこのねじ曲がった状態のままになっている。以上の療法は、怪我からくる構造の歪み、捻挫、緊張、あざ、骨折、背骨の怪我などに大変効果がある。体を特定の緊張位置に維持して、そこから自然に広がってゆこうとする体のパルスに従えば、こうした怪我から生じたねじれをほぐすこともできる。

最近、レッスン中に非常に重いテーブルが倒れて学生のすねから足の上に落ちた。皆すぐに彼女を起こし、四十五分ほどヒーリングを与えた。彼女は足の骨が折れたのではないかと心配していた。注意深く視覚的HSP（超感覚的知覚）によって検査したが、骨は折れていないことが確認された。しかし足はひどくこすられてあざができていた。皆でハンズオンを施してHEFの再構築を行ない、同時にアンワインディング療法も行なった。四十五分経った頃には腫れは引き、あざもほとんど消え、わずかにひっかき傷が少し残る程度だった。彼女はその部分に氷を当てて数時間休み、次の日には正常に歩くことができた。傷はまるで二週間前に受けたもののようにしか見えなかった。

私は数回のハンズオンヒーリングで「手術可能」の腫瘍が「手術不要」になったのを経験している。また心臓病患者の手術が不要になったり、ガン患者が化学療法の回数を減らすことができたり、初期の糖尿病が完全に治ったり、直腸切除を避けることができたケースもある。ガンが消失したケースもいくつかある。そして多くの患者の人生が、本人が「自分の人生がこんなふうであればいい」と考えたそのとおりになるのをみてきている。

ヒーラーはまた、ハラレベルとコアスターレベルでもハンズオンヒーリングを行なう。レベルの状態を確認したら、どちらのレベルにも直接治療を行なえる。これは上級テクニックであり、非常な訓練と練習を要する（本書下巻16、17章参照）。

目標その三：より詳細かつ広範な病歴を得る

ヒーラーと医師のチームが扱う三番目の領域は病歴だ。医師はこれを患者個人および家族の健康や医療記録から得る。ヒーラーはこの情報をHSP（超感覚的知覚）により過去の出来事を見ることで得る。過去の出来事は肉体および心理レベルでその病気に関係している。ヒーラーは時間を遡り、特定の器官や体の部位または全身に起こった出来事を時間の順に観察することが、肉体とエネルギー体のレベルでできる。これは触覚を使って体の部分とのつながりを確立し、つぎに記憶にアクセスすることで行なう。

これは実際には、自分の記憶にアクセスするのとほとんど同じ仕組みである。人は自分の記憶については自動的にこれを行ない、ただ時間を巻きもどすような感覚で過去の出来事を見る。それをほかの人について試してみよう。まずその人とつながりを築き、それから記憶を活性化する。きっと驚くにちがいないが、他人の過去にもアクセスできるのだ。ただ単に、我々は自分の過去しか思いだせないと信じるよう育てられたにすぎない。

肉体レベルでは、ヒーラーはHSPを使って、体の特定部分に起こったトラウマを時間を遡って見てゆく。私の経験では、ほとんどの重い病気は新しいものではない。むしろ、長期にわたって築かれ、複数の異なる症状が集められて現在の状態を構成しているのだ。現在の健康状態はこれまでの人生経験の総合計をあらわしている。

よくみられる例として、老人の腰骨に出る障害がある。老年になってから発生するこの問題は、若い頃の背骨または膝の構造の歪みからくる。また食事の偏りも骨の老朽化に関係し、老年期になって腰骨を骨折する原因となる。

体の同じ部分に繰り返し怪我をすることに気づいている人も多い。足首をテニスでねじって捻挫したら、その弱い方の足首をおそらくまた捻挫するだろう。足首の構造の歪みは全身に伝わり、影響する。子供の頃三輪車から落ちて膝を打ったことが後年の自転車での怪我につながり、さらにジョギングで膝を傷めることにつながるといった場合もある。それぞれの怪我は構造の歪みを強め、さらに次の怪我を招く。

通常、深刻な障害が肉体にあらわれるまでには、その部分は繰り返しトラウマを受けてきているものだ。内臓に問題があれば、その問題が肉体深くに沈み込んでいるという印だ。子供の頃の怪我の影響は、肉体、感情、知性、スピリチュアルの全レベルで強められ、持ち越され、悪い生活習慣によって繰り返される。同じ問題を人生で繰り返し抱え込むのは、その人のネガティブな思考体のせいだ。これは、通常、意識されていない。HSPを使うと、繰り返されてきたネガティブな経験を順にリーディングすることができる。

ターニャという名の患者は、胎内にいる時に首に臍の緒が巻きついており、出産時に鉗子で引っ張りだされたのだが、この首と頭のトラウマをずっと異なる形で繰り返していた。子供の頃、公園に飾られていた大砲から落ちて頭を打った。木から落ちたことも一度ならずあった。それから弟に誤ってバットで頭を打たれたこともある。ボールを打とうとバットを引いた、その後ろに立っていたのだ。頭に怪我をするたびに、首も悪くなった。彼女の父親は、母が「悪い子だった」といいつけるたびに彼女をぶった。彼女にはぶたれる理由がわからなかった。というのは、体罰は実際の出来事から何時間もたって、父が仕事から帰宅してから与えられたからだ。父親は時には片足をつかんで彼女を逆さにぶら下げ、棒で打った。暴力的な夫からも繰り返し頭を打たれた。これは十年近く続いた。この間、モーテルの部屋で男に水着をはぎ取られかけ、そのショックでむちうち症にもなった。二年後、交通事故で再度むちうちになり、髪の生え際のところの頭蓋を骨折した。継続的な首と頭の怪我のせいでさらに骨と筋肉の構造が歪み、直接その部分だけでなく、体全体の構造が弱められた。特に左側が全体的に弱っていた。彼女はそれは右利きの男と結婚したせいだと言った。右利きの夫は彼女の左側をぶったからだ。ハンズオンヒーリングとアンワインディングを通して、彼女は後にこの傷の大部分を癒すことができた。

内臓器官は全部いっしょに働くので、特定の器官の慢性的機能不全はまもなくすべての器官に影響を与える。まずほかの器官が弱い器官の機能の低下を補おうと過剰に働く。次に追加された仕事に耐えられず、機能が低下する。ヒーラーはホログラフィー的視点で体の機能を見ることができるので、体のどこかで起こることはつねに体全体に影響するとわかる。

私は、若い頃に栄養の偏っていた男性のすねの骨にひびが入ったという興味深い例をみたことがある。時間を遡ると、その原因は成長期の十代はじめにたくさんミルクを飲んだことだとわかった。彼の体にとってはミルクは最良のカルシウム源ではなかった。体が骨細胞を育てていた時、骨細胞を硬くしすぎて筋肉と骨は適切につながることができなかった。その結果、四十歳になって、ジョギングの最中にすねの骨にひびが入ったのだ。

目標その四：患者が病気の奥にある意味と原因をみつけるのを助ける

ＨＳＰ（超感覚的知覚）を通して、ヒーラーは患者が自分の心理的背景について情報を得るのを助ける。これには子供時代の精神的トラウマ、両親との関係や家庭環境、人生に対する本人の態度や思い込みの体系などが含まれる。

またＨＳＰを使って、現在の問題に関係する過去の心理的な歴史について特定の情報をリーディングできる。そのためには、病気の部分にエネルギーをつなげ、心理レベルに焦点を合わせながら時間を遡って、その肉体の問題に直接関係する過去の経験を見る。こうすると患者の性格、子供時代の心理的トラウマ、それに対する反応と、そこから創りだされた不健康な生活パターンなどもわかる。こうしたものが現在の肉体の問題を創りだす原因の一部となっているのだ。

この情報は、細心の注意を払って扱えば、患者のヒーリングを進めるうえで大きな助けとなる。患者が不健康な習慣を手放すのを助けるからだ。不健康な習慣はエネルギーシステムのバランスを乱し、やがて肉体の病気をもたらす。

事故が起きるのは自分自身の思い込みや過去のトラウマによるという考えは、当然、興味深いと同時に異論を呼びやすい。しかし事故のあるものは、明らかに本人の意図により引き起こされる。たとえば、子供がしてはいけないことをしたのを咎められた直後に怪我をするのをみたことがあるにちがいない(この場合、怪我の形で自分を罰したのである)。

ターニャの場合がよい例だ。ハンズオンヒーリングと筋肉深部マッサージを通して自分を癒すにつれ、彼女は自分がどのように怪我を創りだしたかをみることができるようになった。自分が運転していなかった車の事故も含めて。彼女は他人の「犠牲者であり続けたい」という意図を持っていた。彼女の無意識の中にある幼い論理では、犠牲者であることは彼女を「善い者」にすることだった。これは私がネガティブな思考体と呼ぶものだ。彼女の無意識のうちの子供の論理によれば、「善い者」でいるためには「犠牲者」でなくてはならなかった。彼女はまた、父親にぶたれた時、父親とのつながりを感じることができたのを思いだした。恐怖におののいていたが、同時に父の心の痛みを感じ、彼女をぶつことでその痛みが軽減されるのを感じたのだ。これは殉教パターン［訳注：自分が苦しむことで他者の苦しみを軽減しようとする］の基本である。自動車事故の場合、運転していたのは暴力的な夫の方だった。どうして彼女は自分に責任があると言えるのだろう。彼女はしかし、その前の晩に「自分を痛めつけたい」という意図を感じたのを思いだした。それで自分の人生の激しい痛みを止めることができるような気がしたのだ。事故の前の晩は非常に動転していた。夫が彼女を前の恋人のことで責めたて、どうしてよいかわからなかった。繰り返し自宅の大きなガラス窓を見ては、走っていってあそこに頭をぶつけたらどんなに気持ちいいだろうと考えていた。本人が言うには、まるで気がおかしくなったかのように。

最終的に彼女は離婚して新しい人生を創りだすことができた。自分自身へのヒーリングを完了し、離婚から一年あまり後、自分を支えてくれる男性ととても健全な恋愛を始めた。その男性と結婚して、今は七年になる。

過去の情報をリーディングし読みほどく間、ヒーラーはまた、直接、過去の出来事やトラウマと関連するHEF（ヒューマンエネルギーフィールド）の歪みを治療し、浄化できる。治療は両方のレベルで同時に行なわれる。情報の内容が意識の光を当てられ、HEFの歪みが浄化される。これは患者にとってヒーリング上おおいに効果がある。

ヒーラーは次にさらに上位のレベルに焦点を当て、思考パターンや習慣的な思考体系を明らかにする。これは時に患者の精神を乗っ取り、支配している。ヒーラーはまた患者を助けて、徐々に自分のネガティブで不健康な思い込みの体系をみつけさせる。これが病をもたらす習慣となった不健康な生活パターンの根本的原因である。

ターニャは「犠牲者であり続け、それによって善い者であろうとする」という自己の無意識の志向に気づくにつれ、自分の態度をかえ始めた。彼女は意図のレベルであるハラレベルに達した。そこに「犠牲者であり続け、それによって善い者であり続けると同時に、世間に出て自分のことに責任をとる必要がないままでいたい」という意図を持っていた。

彼女はそのレベルで「自分をかえる」というポジティブな意図に自己を沿わせた。これは自己のより深い部分につながるために必要なことだった。その部分では、すでに自分は善良なる存在でありコア（存在の中心）であることを人は知っている。最も広い視点からみれば、病気の原因とは真の自己を忘れる（コアから切り離される）ことだ。そしてヒーリングとは、真の自己を思いだす（コアに再度つながる）ことである。このようにして、ターニャは自分の本来の姿を思いだし始めた。コアスターとのコミュニケーション通路を開いて、自己の内の基本的善良さとつながりを持った。彼女はもう、犠牲者になることで自分が善い者であると証明しなくてもよくなったのだ。

目標その五：さらに効果的な治療方法を開発する

ヒーラーと医師のチームが取り組むべき五つめの主な目標は、新しい組合せの治療方法を開発することだ。これまでに挙げた四つの目標、すなわち病気の新しい記述、体の機能についての情報、病気の原因と深い意味をみてとれるように視点を変化させること、そしてハンズオンヒーリングの強くポジティブな効果が達成されると、結果として大きな変化が医療にもたらされ、健康を保つための新しいガイドラインが生まれる。

主な変化には次のようなものがある。

1　健康とヒーリングに関するアプローチ全体が新しいパラダイムに変化し、人間の人生経験の広範な視点が含まれるようになる。このようにホリズム的な見方をすれば、すべてのものがたがいに影響しあい、したがって患者の人生において健康の問題から切り離され、健康とは関係のないという部分は存在しない。患者もまた健康上の問題を創りだすのに多くの面で一役かっている。

2　生活習慣と精神環境がどのように健康に影響するかを理解することで健康管理についての態度が変化し、健康を維持するためにこうした面に注意を向けるようになる。精神の日々の営みを健康なものにすれば、肉体の異常をもたらす昔からの感情のブロック（障壁）や思い込みの体系を自然に処理することを学べる。

3 投薬や手術の必要が減少する。私の患者の中には必要とされた手術が必要でなくなった人が何人かいる。彼らが手術直前の検査に行った時、医師は手術をとりけしたのだ。腫瘍や肥大した甲状腺を小さくしたり、子宮から異常な細胞を洗い流して子宮搔爬《そうは》や子宮切除を不要にしたり、直腸の除去や心臓手術を不要にしたこともある。
　薬が処方された場合でも、患者がすみやかによくなるので医師が量を減らしたことも多くある。頭痛、腰痛、卵巣痛などの慢性の痛みのある患者では、鎮痛剤の投与量を大幅に減らすことに成功している。

4 ヒーラーと医師が協力することで、より具体的な本人についての情報を各患者に与えられる。たとえばどの療法または薬を使用するか、特定の薬を正確にいつ投与開始していつ終了するか、治療の過程で投薬をいつどの程度減らすべきか、など。ヒーラーの視点からみれば、特定の薬草、療法、薬剤は、それ自体では悪いものでも望ましくないものでもない。重要なのは、自分に最も役立つ適切な治療方法を選択する自由が患者に与えられることだ。私のガイド、ヘヨアンは言う。「特定の物質が正確な量、正確なタイミングで与えられると、ヒーリングにおける錬金術的変容の媒介として働く」。
　ヒーラーは特定の薬草や薬剤が患者の体に与える効果をリーディングすることができる。また患者がホメオパシー療法を受けるのを観察して、それがＨＥＦ（ヒューマンエネルギーフィールド）に与える効果を見ることができる。この治療法は、直接的かつ長期的な効果をＨＥＦに与える。誤ったホメオパシー薬であれば、なんの効果もない。薬が充分に強力でない場合、ＨＥＦに浸透せず、大きな効果が得られない。その場合は薬がもっと強ければ効く。強いホメオパシー薬はＨＥＦの上位のレベルに浸透し、下位のレベルには即座には効果が出ないかもしれない。こうした情報はホメオパシー治療家が正しい処方を行なうのに役立ち、また最も影響を与えたい患者のエネルギー体を特定する役にも立つ。

私は、ヒーリングによって必要な薬の量を減らすことができるのに気がついた。分泌腺を切除されて、その機能を補う薬を飲んでいる人の場合も含め、多くの人々やさまざまな薬に当てはまった。ハンズオンヒーリングによる癒しの自然な結果だ。

ヒーリングを受けている患者の投薬量を減らすには段階的ステップを踏む。通常、ヒーリング開始時には薬を継続するようにガイドは言う。何回かのセッション後、おそらくは数週間後、薬を四分の一ほど減らすように指示がある。さらに数週間ないし数箇月経つと、さらに量を減らすことが必要になる。

例を挙げよう。生まれた時からいくつも体の故障を抱えていた若い女性を治療したことがある。彼女は二十代半ばで、たくさんの病気や手術を経験していた。ヒーリングの進み具合は緩やかだったが、確実に健康とエネルギーをとりもどしていった。六箇月ほど経つと、彼女の状態は変化しなくなった。ヒーリングはそれ以上なんの効果ももたらさないようにみえた。私は聴覚的ＨＳＰ（超感覚的知覚）で、なぜ進歩が止まったのかについて具体的なガイダンスを求め、このような答を得た。「甲状腺の治療薬を三分の一、減らしなさい」。私はその時、彼女が薬を飲んでいるのをまったく知らなかった。いくぶんとまどいながら訊ねると、彼女は確かにそれを飲んでいると言った。次の数週間、医師の同意のもとに薬の量を減らし、健康はさらに回復を続けた。五箇月後、さらに薬を減らすことが必要になった。その後しばらくして、彼女は自分の健康の状態に満足してヒーリングをやめ、大学にゆくことにした。

5 ヒーラーは治療方法を選択するのを助けることができる。たとえば、ジェニファーという患者が初めてのセッションに訪れる前にすでに、私は次のような情報を得ていた。それによれば、彼女は三種類の薬剤を使って二箇月化学療法を受けるよりも、三箇月にわたり二種類の薬剤を使う方を選択するべきだという。私は彼女に会ったこともなく、どのような理由でヒーリングに来るのかも知らなかったのだが。顔を合わせた時彼女は、一週間前に医師からガンの治療のために二種類の化学療法のどちらか一方を選ぶよう告げられたと語った。これは私が予知していたのと同じ種類の療法で、そのどちらを選ぶべきかを知りたくて訪れてきたのだった。いうまでもなく、私には答はわかっていた。

6 ヒーラーの治療で、多くの強い治療の副作用を軽減できる。必要とされる治療の量が減るだけでなく、治療自体の副作用を軽減できる。また化学療法や放射線療法による長期的な体力の低下も防げる。化学療法は肝臓を汚染し、体の自然の免疫力を弱めるが、ハンズオンヒーリングは肝臓機能を強化する。放射線療法はＨＥＦの第一レベルをガラスのようにひび割れさせるが、ハンズオンヒーリングはそれを修復できる。

　多くの場合、放射線療法を受けた部分は、十〜二十年後になって機能を失い始める。ある患者は、神経の機能が低下して腕がほとんど使えなくなっていた。彼女は上腕神経叢（腕にのびる神経が脊椎から出てくる点）に非常に強い放射線療法を、ホジキンス病の治療のために十年前に受けていた。

　放射線療法の後できるだけ速やかにハンズオンヒーリングを与えることで、破れたＨＥＦの破片をとり除き、毎回新しく再構築できるのが別の患者の例でわかっていた。これを受けた患者には放射線療法の副作用がほとんどなかった。

　別の患者は十年前に脊椎の手術を受け、ヒーリングに来た時、まだ寝たきりだった。唯一できるのはトイレに歩いて行くことだった。私は赤い染料が背骨に残っているのを見た。明らかに、病院でなんらかの装置を使って脊椎を観察するために使われたのだ。この染料をとり除くようヒーリングを行なうことで、彼女はずっと体力がつき、ふたたび自分で歩くことができるようになった。

手術のあとにヒーリングを行なえば、痛みを減らし、長期的な副作用の原因となりかねない箇所を修復できる。エリザベスという名の患者は、帝王切開から一年経ってもまだ、右の卵巣と腹部に痛みを覚えていた。私には、第一レベルのエネルギーの線がこんがらかって正常なエネルギーの流れがその部分で遮られているのが見えた。一回のヒーリングで、もつれたエネルギーの線をほどき、整合させ、再構築することができた。痛みはすぐになくなり、二年経ってももどっていない。HEFの歪みがそのままにされていれば、おそらくじきにその部分に感染症を引き起こしただろう。というのは、エネルギーが流れないせいでその部分が弱まっていたからだ。

リチャードの場合（下巻巻末「リチャード氏のヒーリングセッション」参照）、心臓手術で胸を縦に切られた時の傷が、心臓と胸へのエネルギーの流れを邪魔していた。これを修復することで、その部分はより健康になった。

7

今日用いられている強い治療法が長期的にネガティブな影響をもたらすという情報は、そうした治療法の使用に対する医師の態度をかえるだろう。

このような治療法がHEFと肉体に与える影響が理解されれば、こうした治療法は今日のように頻用されることはなくなるだろう。赤い染料が治療後も背骨に十年以上残っていた例を先に挙げたが、肝炎の治療に使われた薬剤が何年も肝臓に残っているのも見ている。多くの薬剤は、敏感な人にとっては多すぎる量で投与されている。個人がどの程度の投与量に耐えられるか、より具体的な情報を得ることができれば、各自の体に合わせて投与量を決められるだろう。

場合によっては、必要な薬の量はヒーリングを併用することで大幅に削減できる。たとえば、私はもう一人のヒーラーとともに、肝臓移植を受けた若い女性の治療に当たった。我々は手術に先立ち彼女のHEFを準備した。手術後は、エネルギー体を新しい肝臓につなげた。これは、元の肝臓をとりだす際に切られたエネルギーの線を、再度つなげることで行なった。我々には新しい肝臓が元のものより大きいのがわかった。病院側に、肝臓の拒絶反応を防ぐ薬剤は通常より少なめでよいと警告した。残念ながら病院側は耳を貸さず、副作用が出始めてからようやく量を減らした。彼女は今では健康である。

8　HSPを通して、以前は存在しなかったようなまったく新しい治療法が確立されつつある。そうした治療法はもちろん、臨床研究と試験を行なう必要があるだろう。あるものは今日の技術の枠外にある。たとえば、私はある物質を白血病の子供の膵臓に直接滴注する治療方法について情報を与えられた。そのような技術はまだ存在していない。またエイズ患者の血液を濾過する機械についての情報も与えられた。残念ながら、このような機械は現時点ではまだ存在していない。いつの日か、特定の周波数を体に送り傷ついた組織を溶かす機械ができるだろう。また同じ機械から別な周波数を出して、ほかの細胞には影響を与えずにガン細胞を破裂させることも可能になるかもしれない。正常細胞とガン細胞の細胞壁が異なっていることを利用するのだ。

病気はつねに、肉体より先にHEFにあらわれるので、病気が肉体にあらわれる前にHEFレベルで治療する方法が開発されるだろう。それで多くの肉体の病気が未然に防がれる。

9　人間は、自分が住む環境と、それがHEFと健康にどのように影響するかについていっそう注意を払うようになる。HSPで肉体の機能をリーディングする際に出会う最も興味深い知識の中に、脳が必要とする非常に微妙な化学的バランスがある。我々は公害汚染にさらされているため、脳の微妙な化学的バランスはたいてい強い影響を受けている。多くの異なる種類の細胞の小さなかたまりが（これは脳生理学者にはよく知られているだろう）、脳内で各種の化学物質を生産し、それがたがいに影響しあい、また脳のほかの部分や体全体の機能を調節する。環境汚染や食品添加物、高圧電線から出る超低周波、空気汚染などは、この化学的バランスを崩す。長期的には、体にこうしたものが徐々に蓄積され、バランスの乱れが激しくなり、健康を大きく損なう。この種の情報はHSPを使って集めることができるし、いつの日か実験室で検証されることが期待される。

食品中の生命エネルギーもまた、汚染により低下する。土壌が化学汚染されているので、植物自体、人間の健康を維持するのに充分高いパルスを持つ食べ物を生産できない。食物のパルスの高さは生命体のパルスの範囲内でなければならず、これより低いものは生命体のパルスを低下させ、やがて健康を損ねる。アメリカ人がビタミンやミネラルをとるのは、アメリカの食物は生命力にあふれてないからだ。肉体は、健康で汚染のない食物をとることで、大地のパルスとシンクロナイズできる。これが有機栽培された野菜が非常に大切な理由の一つだ。

地球全体も独自の生命パルスを持っていることを思いだしてほしい。その一つが大地の磁場だ。これは一秒に八回（八ヘルツ）で脈動する。人間は物理的にこの磁場の中で進化したので、これは人間にとって非常に好ましい。汚染される前には、土壌はこの大地の健康なパルスを維持していた。天然の食物は、大地のパルスとシンクロナイズしていたので、健康的だった。しかし今では、毒性のある汚染された土壌で育ったニンジンを食べると、健康な大地とシンクロナイズした土壌で育ったのとは異なる周波数のエネルギーが体に入る。このようなニンジンはしばしば有害であり、食べない方がましだ。健康な食品を生産する産業を育成する必要がおおいにある。それは、体が必要とする生命力ある食物を生産し流通させて、人間と地球の生命力の間のバランスを再確立しようとする試みとなる。

ヒーラーと医師がさらに協力関係を深めるにつれ、コミュニケーションの橋が築かれるだろう。ヒーラー側からのHSP情報と、医師の側からの何年間もの現場経験や先進技術による物理的テストによって集められた情報とを組みあわせる方法についても学んでゆくだろう。ヒーラーと医師は必ずやすばらしいチームになると私は確信している。そしてやがて、医師もHSPを発達させるようになるだろう。またヒーラーは研究室で、HSPによる情報を確認し定数化する機械をつくる手伝いをするだろう。いつの日か、国民全員をスキャンしてエネルギーシステムをチェックし、HEFのバランスの乱れが肉体の病気になる前に治療できるような感度の高い装置が発明されるだろう。

第3部　それぞれのヒーリング体験

「草の葉の生と死は星々の間を巡るさらに大いなる周期の一部」。——ラビンドラナト・タゴール

第3部のはじめに　セルフケアを始めよう

私が定期的に患者をみていた頃、明らかになったのは、すべての患者はセルフケア（自分自身のケア）をもっとよくしなければならないということ、つまり各自が、よりいっそうの責任を持って、必要とするあらゆる方面のセルフケアを実行するということだった。患者たちは自分自身と自己の健康を優先するよう、生活を整理する必要があった。これを実行するには非常な努力を要する。というのは患者たちは通常、ほかの人間を優先することに慣れていたからだ。

たとえば、女性のガン患者は、夫や子供が必要とすることをまず優先する傾向がある。しばしば家族から、できる限り早く家にもどってみんなの世話を焼いてほしいという大きな圧力を受けるという経験をしていた。この圧力は通常間接的だったり隠されていたりするので、患者がそのことに気づいて直接立ち向かうのがいっそう難しい。家族はこう言うのだ、「私たちはただ、これまでどおりの生活にもどりたいだけなのです」。

心臓病や過労の人々は仕事をもっぱら優先している。このような人々は、時には他人を信用して仕事をまかせることを学ばなければならなかった。ヒーリングを進める中で、「どうしてそんなになにもかもコントロールしなければならないのか」と自分自身に問いかけることが必要になった。こういった人人は自分の「ハート」よりも「意志」によって生きている。

健康を維持するためには、自分自身をホログラフィー的にケアする、つまり、生活の全領域、全レベルにおいてセルフケアを行なう必要がある。ヒーリングを進めるうちに大きな変化が必要になる。人生を「これまでどおりにもどす」ためにヒーラーのところに行って治してもらうというわけにはゆかないのだ。むしろ、人生の新しい領域に踏み込み、新しいセルフケアの方法を学び、人生の優先順位を並べかえ、配偶者や恋人、子供、友人との新たな関係に踏みだす覚悟をするべきである。まわりの人々は、望むほど簡単にそれを受け入れてはくれないだろう。乗り越えなければならない障害が出てくるだろうし、意見の違いも生まれるだろう。しかし長期的には、みんなのためになる。患者自身の仕事は、自己の真実に忠実であり通すことだ。

患者はこう言うかもしれない、「ばかばかしい。私は病気だというのに、どうしてそんなことができるだろう? 病気の時は療養するべきなのに」。

私の答はこうだ。病気とは、これを実行するために自分が自分に与えた機会なのだ。実際、必要なものはすべて手にしている。セルフケアと処理する必要のある事柄のリストを検討してみれば、どれも自分でやれるか、あるいは手助けをしてくれる誰かをみつけられる。細かなセルフケアのプランはもちろん、病気の重さと進行の度合によってかわる。ただ、今こそが大きな変革のチャンスだと思いだしてほしい。新たな方向づけの時、人生とそのより深い意味を省みる時期なのだ。今、それを行なう個人的時間が与えられたのである。

この時間をどのように使うかは、まったく各自の選択にまかされている。たとえば数週間ゆっくりと睡眠をとって、自己とのつながりを深めることが必要かもしれない。睡眠は他の方法では得られない形で、自分のための時間を与えてくれる。あるいはその期間を、まわりからの助けを探して過ごすかもしれない。このような人は多分、他人から助けを得る機会をこれまで自分に与えたことがなかったはずだ。そしてこの時間の一部は間違いなく、自己の価値観について考えながら過ごすだろう。価値観の転換は人生をホログラフィーのように貫いて、それから後も変化は続いてゆく。

転換の時を迎えるにあたり、自分がどのような経験を通過するかを示す地図が手元にあれば便利だろう。その道程に気づくのを助けるために、以下ではヒーリングの経過を二つの異なる枠組みから説明する。まずその過程で通過する七つの段階について、次にヒーリングの七つのレベルについてみてゆく。各レベルは人間の経験するＨＥＦ（ヒューマンエネルギーフィールド）のそれぞれのレベルに対応している。

7章　ヒーリングの七つの段階

人々のヒーリングの過程をみつめるうちに、それは決して健康に向かってのまっすぐな道程ではなく、時には曲がりくねっているようにさえみえるのに気づいた。ほとんどの場合、ヒーリング後、患者は即座に内面的に楽になった感じを経験する。次に、病状は悪化するようにみえる。この時点で患者はしばしば治療について疑いを持つ。多くの場合、ヒーリングを始める前より悪くなったように感じる。しかしHEF（ヒューマンエネルギーフィールド）を見れば、明らかによくなっているのがわかる。HEFのバランスの乱れは小さくなり、器官はよりよく機能している。HEFが調和しつつあるにもかかわらず、患者はバランスの乱れをより強く感じ、時にはひどい痛みさえ感じる。これはつまり、それまで「普通のこと」として感じられていた小さなバランスの乱れにも耐えられなくなったということだ。すなわちより健康になっているのである。

また、人々が特定の段階を通り抜けることにも気づいた。この段階は人間としての通常のトランスフォーメーション（変容）過程の一部をなす。ヒーリングには肉体の変化とともに、理性、感情、スピリチュアル面の変化を必要とする。各人は自己の個人的ヒーリングの過程に関係する問題を再検討し、それを新しい視点からみる必要がある。

まず、問題が存在するのを認め、自分がその問題を経験するのを許すことが必要だ。自分の状況についての否認状態から脱しなければならない。事態が「悪くなる」のを経験するたびに、実際には否認状態から脱して、問題の別の面に意識的に気づいてゆく。多くの場合、患者は自分が腹を立てていると感じた時、病状が悪化するので怒っているのだと考える。しかし実際には、まだ立ち向かわなければならない問題があることに対して怒っているのだ。

ほとんどの患者は、もっと楽にやりすごす方法を探し求める。簡単に抜けだしたいのだ。多くはこんなことを言う。「もう充分やったはずだ」あるいは「ああ、もうごめんだ」。そうしてようやく、さらに深いレベルに向かう決心がつくと、次のラウンドに勇んで向かおうという態度が出てくる。それはこんな言葉に表現される。「よし、やろうじゃないか」。

ヒーリングは、セラピー(心理療法)と同じく、環を描くような過程をたどるのであり、人を「学びの螺旋」に導く。螺旋を一回まわるたびに、真の明晰な自己の中により深く入ってゆき、それにつれてよりいっそう自己を受け入れ、さらに変化することが必要になってくる。どれほど深いレベルまで行くかは、まったく各個人の選択にかかっている。どのようにこの螺旋状の旅路をたどり、どのような地図を使うかもまた、自由意志によって選択する。道程は当然、個々人によって異なる。

どんな病気でも、癒《いや》しのためには患者の中に変化が起こる必要がある。そしてあらゆる変化においては、なにかを手放したり、変化に身をまかせたり、あるいは自己の一部が「死ぬ」必要がある。「死ぬ」のは習慣かもしれないし、仕事、ライフスタイル、信条信仰、体の器官かもしれない。このため、自己のヒーラーでもある患者は、エリザベス・キューブラー゠ロス博士が著書『死ぬ瞬間』(読売新聞社)

で語っている、「死に到る五つの段階」を経験する。すなわち否認、怒り、取り引き、鬱状態、そして受容である。ヒーリングではこれにさらに、再誕と新しい人生の創造の二つの段階が加わる。これはヒーリングの進行に伴って自然に起きる。ヒーラーにとって最も重要なのは、患者がどの段階にあろうともありのまま受け入れることで、そこから引っ張りだそうとしてはならない。肉体の危険を伴う場合には、あえてそうしなければならないこともあるだろう。しかしごく控え目に導かなくてはならない。

ヒーリングの七つの段階を通過する途上で各人がどのような経験をするのか、ハンズオンヒーリング以外に手術が必要となった二つの例を選んで記してみた。どちらもヒーリングのあらゆる面について視野を広げてくれるだろう。もちろん、ハンズオンヒーリングとその他の自然療法だけを併用している人も、同じ段階を通過する。

ベティは身長約百六十三センチ、焦げ茶色のカールした髪に白髪が交じり、とても愛情深い性格だ。看護婦で、熱心なヒーリングの探求者である。年齢は六十七歳、既婚で、二人の子供がいる。ワシントンDC近郊に夫のジャックと住んでいる。夫は退職した安全工学のエンジニアだ。ベティは以前から左足の痛み、弱り、しびれを感じており、これは一九五四年に腰から下の麻痺を引き起こした。その結果、腰椎を二つ手術で切除している。水療法、物理療法、祈りというセルフヒーリングを八箇月行なった結果、ふたたび歩けるようになった。これは担当の外科医も期待していなかったことだった。一九七六年にも別の腰の手術を受け、別の腰椎をまた切除し、癒着組織と骨のかけらもとり除かれた。療養のためにリハビリとペインクリニックに通った。一九八六年、新たに左腕が痛んで弱りとしびれを覚え、首も痛んだ。翌年には首の手術を受けた。その数箇月後に、私はベティと会った。

カレンは長身の、美しいブルネットの髪をした女性で四十代半ば、既婚で、二人の子供（夫の連れ子）がいる。自分自身の子供は産んでいない。熟練したセラピスト（精神療法士）で、夫もセラピストである。この文章を書いている時点で、二人はコロラド州に住んでいる。

カレンの病気は二人がワシントンDCに住んでいた頃に始まった。健康上のトラブルは人生も初期の思春期の頃に始まり、下腹部に慢性の痛みを何年もの間感じていた。後にそれは子宮筋腫と右卵巣側の子宮内膜炎と診断された。患部は感染症を起こし、痛みがひどく、子宮を切除することになった。ヒーリングを経験して、彼女は自己の非常に深い内面で成長を遂げた。

ヒーリングの段階を一つずつたどり、この二人のケースについてそれぞれの基本要素をみてみよう。

第一段階：否認

真実を否認することは、誰にも時には必要だ。人は皆、自分だけは人生の困難な経験を免除されていると信じるか、そのふりをしようとする。否認は信じるふりを維持するための道具で、恐れからくる。問題を処理しきれない、あるいはしたくないと感じるのだ。

病気になると、おそらく完全なまたは部分的な否認を、病気の初期だけでなく、後々の段階でも時にするだろう。否認は一時的な防衛手段であり、次の段階で直面しなければならないものに対して準備する時間を与える。たとえば副作用の強い治療を受けるような場合、多分、自分の状況について長い時間話すのは難しいだろう。すぐに話題をもっと快いものか空想的なものに移す必要を感じる。それで構わない。完全に自然なことだ。まだ直面する準備ができていないのではないかと不安を感じさせるものがなにかあるということなのだ。時間が経てば準備ができるだろう。自分自身に必要な時間を与えよう。

家族、友人、医療専門家などの誰かには、自分の状態について安心してストレートに語れるようになるだろう。一方、そのほかの人々にはまったく話せないかもしれない。無理をする必要はない。これは、どれだけ相手を信頼しているかにかかっている。自分自身の気持ちを尊重することがとても大切だ。また、相手が病気一般や自己の肉体、こちらの病気などについて抱いている感情ともおおいに関係している。自分は単にそのような相手の内部で起こっていることに反応しているだけなのかもしれないのだ。(医療専門家は患者に接する時、いつも病気に対する自分の反応をチェックする必要がある。反応はつねに患者の行動に反映され、その容態の変化に大きく関係している)。

忘れないでほしい。事実の否認は、まったく正常な行動の一部なのだ。否認する気持ちに気づいても、いけないことだと思い込まないようにする。誰もがすることであり、また病気だけではなく、人生のほとんどの局面でもしていることだ。否認は、見たり感じたりする準備ができていないものに直面するのを防ぐ役割を果たす。いわば自分の頭がおかしくなるのを防ぐ防衛システムだ。自分が処理できると感じることなら、否認する必要はない。問題に直面する準備ができ次第、人は否認から抜けだすものだ。

長期的な否認は非常に高くつく。しかし優しく、同情を持って扱わなければならない。それをくぐり抜けるのには自分自身を愛することが必要であり、他人からの愛も必要とする。それゆえ大切なのは愛する人たちと信用する人たちに囲まれていることだ。そのような人たちからの愛に自分を開き、分かちあえるものは分かちあおう。

ベティの否認は、体とバランスシステムからくるメッセージを無視するという形をとった。

「肩と、腕から肘にかけて痛みがあったのを覚えてるわ。その時こう考えたのよ。『多分ちょっと年をとって、関節炎でも出てるんだわ。無視すれば、そのうちなくなるだろう』って。絵を描く時に左腕を使うのが難しくなっていたのに。

腕の痛みはなくなったりもどってきたりで、そんな状態が四年ほど続いて、最後の一年半は手術を受けようと医者に通ってたわ。腕と手はどんどん力を失っていて、生まれて初めて、夫にびんの蓋を開けてと頼まなくちゃいけなかった。でも悪いところがあるのを認めたくなくて、自分にこう言い続けてた。『手に単なる関節炎。それだけよ。心配いらない』。

腕の弱っていく感じを無視したのは、それが出たりおさまったりしていたから。本当にパニックになりかけたのは、スーパーマーケットから袋を抱えて帰ることもできなくなってからだったわ。でもパニックを感じることを自分に許さなかった。かわりに右腕を使うようにしたり、袋をずっと軽目に詰めるようにしてね。

でも、この否認というのは、病気が手術可能な状態になるまで必要だったんだと思う。少なくとも、今はそう思えるわ。その時はまだ手術は可能でなかったと思う。そこまでいっていなかった。手術が必要になるともっと早く知っていたら、怖くてたまらなかったと思うわ。否認する方が、医者に駆け込むよりやさしかった。だって看護婦だから、医者に行く前に自分で問題がなにかを知っているべきだといつも思っていたから。なにも知らずに出かけて、『先生、なにが悪いんですか?』なんて訊きたくなかったのよ。自分でまず答を知ってなけりゃと思ってた。

それに看護婦はたいていの症状は患者の妄想だと教えられてきてたし。思うに、看護婦にとって医者は『神』だから、その医者にすべて私の妄想で悪いところはなにもないと言われるんじゃないかと怖かったのね。これを克服するのは難しかったわ。

今話していて、あの時に医者から助けを得るよりも自分で克服する方がどれほど大切だったか気づいたわ。でも、この経験の大きな目的は、私が自分の無力さを感じて、ほかの人から助けてもらうことを学ぶことだったと思う」。

私はベティに、「無力さ」とはどういう意味かと訊ねた。彼女はそれは「自己の身を投げだしても安全だと感じることを学ぶ必要性」だと説明した。これは、ベティの経験をみてゆくにつれて明らかになるだろう。

カレンの否認も、また、苦痛という形での体のバランスシステムからのメッセージを無視するという形をとった。セラピストという職業柄、彼女は多くの時間を自己の心理的な問題と取り組むのに費やした。残念ながら、最終的に明らかになったのは、それも一種の否認であったことだ。カレンに必要だったのはその問題に肉体レベルで取り組むことだったのである。

彼女はこう言う。

「手術を受けると決めるまで、私はずっと否認状態にあったと思うわ。痛みは自分で認めていたよりもずっとひどいものだったのに、自分に対して言い聞かせ続けていた、『この次の精神的問題を解決できたら、私は大丈夫。自分で癒すことができる』って。私の否認は、肉体レベルで手術が必要な問題を心理療法を通して解決しようとするという形をとったのよ」。

あらゆる人の否認の裏にあるのは、恐れである。この恐れは病気のために直面し通り抜けなければならないさまざまなことにまつわるものだ。

カレンは自分を癒すことができないのではないかと恐れていた。入院を恐れており、手術の間や手術後に肉体的に無力になるのも怖かった。また手術中に死ぬのではないかという恐怖も持っていた。それは手術は成功するだろうという明らかな見通しには関係なかった。この恐れのために、彼女は治療を長い間先にのばし続けた。

ベティの恐れもこれに似ていた。

「手術が怖かったし、自分を自然に癒すことができずに手術を必要とし、そのために他人の世話にならなければならないのが怖かった。それに、自分の手が創造活動を行なう力を失って、二度と絵を描けなくなるのではないかという恐れもあったわ。絵を描いているととてもやすらぐし、絵を描くのはほんとにすばらしい、創造力を発揮できる経験で、絵を描けなくなる可能性は歩けなくなる可能性よりももっと怖かった」。

多くの場合、人々はまったく意味のない恐れを持っている。こうした恐れはしかしとても強く、まったく現実的なもののように感じられる。このような恐れを単に不合理なものとみなすにしろ、あるいは多くのヒーラーが言うように「過去生からの問題」だとするにしろ、必要なのはその恐れを認め、直面することだ。

ベティはふりかえってこう語る。

「私には、もしなにか首に問題が起こったら首をちょん切られるという恐怖があったの。とにかくとても恐ろしかった。どこからくるのかまったくわからないけど、えもいわれず怖くて。

私の否認・怒り・取り引き・受容の段階には、二つの周期があったと思う。一つは診断を受ける前で、もう一つは神経外科医のところへ行けと言われた時。実際、主治医から最初に神経外科医のところへ行けと言われた時、『それだけはごめんよ!』と言ったわ。

夫が『いったいどうしてそんなに手術を怖がるんだ?』って言って、私は『どうしてかわからない』

って答えた。それまで二度脊椎の手術を受けていたのに、こんどのはまるで命にかかわるみたいで。あの時手術があんなに恐ろしかったのは、本当にこれで自分の命は終りだと心の内で信じていたから。手術をひたすら先にのばし続けたわ、とにかく恐怖でいっぱいで。最初の診察を受けた日の朝にも、首を切り落とされるぞって信じてた。

神経外科医のところへ行く日の朝起きると、私は夫に向かって泣きじゃくった。『行きたくないわ。もうよしましょう。もう耐えられない。どうしてこんな目にあうの?』。私は恐怖でいっぱいで、医者に出かけるまでに二十五分も泣き続けてたわ」。

ベティはヒーリングが進むうちに、こうした恐怖を夫や友人に話せるようになった。彼女にとって重要だったのは、この恐れを別の人間の前で感じることだった。現実的であろうとなかろうと、感情を分かちあうことによって恐怖を昇華させることができる。これができた時、ベティの恐れは怒りに変化し、彼女はヒーリングの第二段階へと進んだ。

第二段階:怒り

ヒーリングが進むうちに、第一段階の否認状態を維持できなくなる時がくる。その時おそらく、怒り、羨望、腹立ちなどの感情が湧いてくるだろう。こう思うかもしれない。「なぜ私なんだ? なぜ酒飲みでろくでなしの××のやつではないんだ?」。この種の怒りはあらゆる方向に向けられ、おそらくまわりのすべての人に向けて手当り次第放たれるだろう。友人、家族、ヒーラー、医師。誰も役に立たず、間違ったことばかりをしていると感じる。怒りをぶつけると、家族らは悲しんだり、涙をみせたり、罪悪感を感じたり、恥じ入ったりするかもしれないし、あまり近寄らなくなるかもしれない。するとさらに不快さと怒りが増す。しかし我慢しよう。これは一つの段階なのだ。

怒りを感じるのはもっともだ。やりかけの仕事がある状態で、生活を中断しなければならないのだから。あるいはほかの人ができることが自分にはできなくなってしまったり、一生懸命稼いだお金を、期待していた休暇や旅行ではなく、治療に使わなければならなくなったりするのだから。

ヒーリングの過程の中では、誰でも程度の差こそあれ怒りの段階を通る。これにはさまざまな形があり、ある人ではベティのような大きな爆発として起こる。これは特に、それまで怒りを感じることを自分に許してこなかった人の場合に多い。この第二段階に達した時、ベティの怒りは爆発し、まさに怒髪天をついた。

「私はむちゃくちゃに腹を立てたわ。神に対して非常に怒っていた。こう考えたからよ。『神様が私を足の麻痺やらなにやらの面倒ごとに放り込み、おかげで私の足はまだ不自由だ。おまけに足だけじゃなく腕まで奪おうとするなんて、そんなこと許されるはずがない。私の腕は私の魂を表現するのに欠かせないものなんだから』って」。

一方、怒りはカレンにとっては、いろいろな感情の一つにすぎなかった。

「怒りも私を通り抜けたたくさんの感情の一つにすぎなくて、自分がつらく感じることに時々怒りが湧いたけれど、それはたいした問題とは思えなかった。その時どきで異なる感情があったし、怒りもその一つというだけ。私を治してくれるはずの人や医師にそれができないんで腹立ちを覚えたりはしたけど。

しばらくの間怒りを感じたり、それから神と取り引きしようとしたりと、両方の間をいったりきたりしてたわ」。

カレンはこのように、第二段階（怒り）と第三段階（取り引き）の間を往復していた。

人は、自分で思っているよりも取り引きをすることに魅かれるものだ。誰でもそうである。

第三段階：取り引き

怒ることでは自分が欲しいものを得ることができないと、人はたいてい、まったく無意識のうちに、「取り引き」を行なおうとする。これは、善良であることやよい行ないをすることで欲しいものを得ようとすることだ。ほとんどの取り引きは神に対して行なわれ、ほかの人間には秘密にされるか、少なくともあからさまにはされない。たとえば「特別な大義のために人生を神に捧げる」といった表現がなされる。その下には通常、密かな罪悪感がある。それは教会やお寺にもっと頻繁に出かけなかったことに対する罪悪感かもしれない。あるいは「正しい」食べ物を食べ「正しい」運動を行ない「正しく」生きるべきだったという思いかもしれない。ここで大切なのは、その罪悪感をみつけて手放すことである。というのは、そうしなければ次から次へと取り引きが続くばかりで、結局は鬱状態に到るしかないからだ。すべての「こうしておくべきだった」という後悔をみつけだし、それが白い光の中で溶けてゆくのを想像するか、それをスピリチュアルガイドや神に差しだそう。ヒーリングの七段階すべてを通り終えて旅路を完了した時には、おそらく自分の人生についてかえたいことが出てくるだろう。だがそれは、この場合のように恐れが動機となっているものではないのだ。

ベティは、医師以外に誰か自分の病気を治せる人間をみつけることで、この取り引きを行なおうとした。

「私は夫に治してもらおうとしたわ。私を慰め、『すべてよくなるよ』と言ってほしかった。自分では取り引きをしているとは気づかなかったけど、自分にこう言ったのは覚えてるわ。『もっと瞑想すれば、もっと水療法を励行すれば、もっとマッサージをすれば、白い光の癒しを続ければ、病気はよくなり、手術を受けずにすむはずなんだ』って。もっと瞑想に時間を使えばこの苦しみから解放されると夢みていた。

それから、手術を受けなければならない事実を受け入れる状態と、誰かが魔法のように背骨を金の光で包んで治してくれるのを望む状態の間をいったりきたりしたわ。アはヒーリングを頼んでおきながら、絶対にその時間をつくることができなかった。アンンはヒーリングスクールの同級生で、ヒーリングを申し出てくれて、家に来るとまで言ってくれたのに、私は次から次へと理由をこしらえてそれを断ったわ。私は彼女を信用しなかったし、誰も信用しなかった。というのは、自分を信用していなかったから」。

取り引きについては、カレンはまっすぐに神に向かった。

「私の取り引きは、自分のインナーチャイルド（内面の子供）がこんなふうに言うという形をとったわ。『神様、私をよくしてください。そうすればどんなことでもします。私が生きのびることができたら（その点については疑いはなかったのだが）、この地球を癒すのにわが身を捧げます。そのために求められるどんなことでもいたします』。でも、取り引きをすればするほど、そのあと落ち込んでしまった」。

第四段階：鬱状態

鬱状態とは、エネルギーが非常に低くなり、望んでいたものを望んでいた形で得ることに望みを失った時に経験する感情の状態である。このような時、人はどうでもよいというふりをするが、それは本当ではない。悲しいのだが、それを表現したくないのだ。このような場合人は鬱状態に入り、誰とも関わりたくない気分になる。鬱状態では感情が抑圧される。

HEF（ヒューマンエネルギーフィールド）の観点からは、鬱状態はHEFを流れるエネルギーが抑圧されていることを意味する。エネルギーの流れのあるものは感情に対応する。それゆえ、鬱状態では感情も抑圧される。

鬱状態には三つの原因がある。一つは上記のような取り引きに由来する否認である。これは、真の解決策を求めるのではなく、ありのままの現実に対する逃避と否認により自己を癒そうとする試みだ。

二つ目の原因は喪失の感情である。どの病気でも、生活のあり方、肉体、あるいは悪い習慣の一部を手放すことが必要になる。それによって生じる喪失の感情をブロックする（遮る）と、鬱状態が生じる。しかしその喪失を意識的に感じて嘆くことができれば、鬱状態は去る。そしてかわりに嘆きの状態に入るのだが、これは鬱状態とはまったく異なったものだ。嘆きはありのままに流れる喪失感情であって、感情の抑圧とは違う。なにか大切なものを失った時にはつねに、それを嘆く必要がある。ヒーリングにおいて、嘆きの感情はさまざまな時期に起こるだろう。その時には必ずその喪失感をじっと抱いていよう。そうすれば受容の段階に到ることができる。

鬱状態をもたらす三番目の原因は、激しく体を侵すような治療法、たとえば化学療法、麻酔、手術などだ。こうしたものは体の化学的バランスを乱し、鬱状態を招く。この場合には、体が通常のバランスにもどった時、鬱状態も去る。HEFの視点からみれば、このような治療法や薬剤は通常のエネルギーの流れを止め、低下させ、あるいは詰まらせて、抑圧状態をもたらす。薬剤の効果が薄れると、エネルギーの流れが再開され、抑圧状態は去る。この場合ヒーリングを受けると、通常の半分の時間でHEFを浄化でき、患者は手術後の鬱状態から早く抜けだせる。

ベティの鬱状態は、自己否定の形をとった。自己の殻に閉じこもり、泣いて過ごした。

「私には自分が悪い人間だと思えた。もっとヒーリングに努めていたら、ちゃんとヒーリングスクールの宿題をやっておけば、もっと神に近い人間だったら、自分を癒せただろうにと感じて。すべてを投げだして自分の無力さをまず癒さなくちゃ、ほかの誰かに癒してもらうことはできない。私のどこがいけないのだろう、私はヒーラーになることなどできない。そう思うととても恐ろしかったわ。内面では自分がヒーラーになるべき人間だと信じていたから。それは今でも信じているわ。それでもこうしたヒーリングの段階をくぐり抜けるのはとても恐ろしかった。自分がもうよい妻ではないという気もした。

まったく、ずいぶん始末が悪かったわ。自分の中のあらゆるネガティブなものが吹きだしてきて、ずっと昔に抱いていた古い神のイメージに引きもどされて、ちゃんとした善人でないからなにかの罰を受けているんだって感じるのは。

多くのものを手放さなくちゃならなかった。これまでみたいに家事をこなすこともできなけりゃ、ヒーリングのクラスの宿題にも集中できなかった。旅行に出る計画も立てていたのに、痛みがあまりひどくて出かけられなかった。それまでなにも考えずにやっていたことも全部、自分に強制しなくちゃできなくなっていたし。朝は自分の尻をたたいて起きあがらなきゃならなかった。横になっていても気分は悪かったけど、起きるのはもっとつらかった。本当にどうしたらいいのかわからなかったわ。自分を信用できない。誰も信用できない。しばらくの間物理療法を受けて効果があるかどうかをみたけれども、実際にはかえって悪くなっただけ。そんなことを嘆き続けてたわ、手術を受けられる状態になるまで。自分の一部は手術がうまくいくことを望んでいて、別の一部はうまくいくはずがないと信じてたわ。

それからもう一つ。この間中、絵を描くことができないのを嘆くしかなかったこと。これは本当につらいことだった。私にはそれが一種の自己ヒーリングだったから。絵を描いている間は自分の創造性と精神性を感じることができて、それでいろんなことにも耐えられた。描けなくなったのは視力が落ちたからで、それももう一つの大きな失ったものだった。手術のあとには本当に落ち込んで、自己ヒーリングもまったくできず、ただ何本かのテープを無理して聞いただけだった」。

カレンの鬱状態もまた、自分に対する決めつけと拒絶でいっぱいだった。

「とにかく自己否定の山の下に埋もれていたわ。自己ヒーリングに失敗したと感じたり、医者に行くことは自己ヒーリングを諦めることになるのだろうかと悩んだり。とにかくそういった考えに埋もれていた。

ついに、ある朝目が覚めたらお腹の右側がとても痛くて、『これ以上耐えられない』と感じたの。その痛みが心理的なものか肉体的なものかわからなかったし、何科の医師のところに行くべきかもわからなかった。いつもの婦人科の医師に予約がとれなかったので、あなたに電話したのよ、バーバラ。そしてあなたを通してヘヨアンが私の自分に対する決めつけに気づかせてくれた。私は自分が自分に対する決めつけをしていることさえ気づいていなかった。あれが転機だった。私は手術についての考えを大きくかえて、むしろ自分に対する決めつけを手放して自分のニーズを満たす機会だととらえ始めたわ。あなたとの電話のあと、なにかが軽くなって、すぐに医師に電話して予約をとったのよ。そして手術を受けることに決め、それからすべてがかわり始めたの」。

自分に対する拒絶を手放し、手術を受ける決心をするとすぐ、カレンは鬱状態から脱して受容の段階に入った。

第五段階：受容

一から四の段階を通過するのに充分な時間、エネルギー、集中力があれば、やがて自分の状態に対して鬱状態になるのでも怒りを覚えるのでもない段階に入る。そこに到るまでには、それまでのあらゆる感情、健康な人に対する嫉妬、病気に直面せずにすむ人に対する怒りなどを表現できるようになっているはずだ。病気によってなにかを失うことを嘆き悲しみもしたろう。この段階になると、独りになりたいと思ったり、静かな、言葉ではない形でコミュニケーションをとりたいと感じるようになるかもしれない。自分をかえるための準備が進行しているからだ。自分自身をもっとよく知り、自己の内面へと旅立って、新たに本当の自分自身に会う時なのだ。これまで生きてきた価値観に疑問を抱くだろう。それは病気を創りだすのに一役買ったものだ。自己の真のニーズを感じ始め、これまでできなかったような形で自己を満たしてくれるものを求め始めるだろう。新しい友人に引きつけられ、古い友人の一部とは別れるかもしれない。それは自分の人生の次の段階に属さない人たちだ。このことは自分の人生に必要な変化をもたらしてヒーリングの進行を助ける。ヒーリングは加速してゆく。ヒーリング完了までにはまだたくさんやるべきことがあるが、この段階では非常な安心を感じることができるだろう。
カレンが受容の段階に到ると、事態は完全に変化した。すべては自己の必要を満たすという視点からみて理解されるようになった。受容の段階に入り、「自分が必要としていること」（自己のニーズ）に注意を向けることで、人生をいっそうコントロールする方法がみつかった。彼女は自分が必要とするものを求めることを学んだ。

「実際のところ、『自分がなにか必要としているものがある』という事実は私を解放してくれたわ。まさに必要とすることが与えられ始めたのよ。正当性を考慮することなんかなしに、口に出して求め始めた瞬間から。これには驚いたわ」。

ベティにとっては、これは逆の形をとった。人生をいっそうコントロールするというよりも、彼女にとって受容は深く身を投げだす状態を意味した。それこそずっと彼女が恐れていたことだった。ヒーリングが進むにつれ、彼女がかつて弱さの象徴とみなしていた「無力さ」が、あらたに強さの象徴となった。身を投げだすことができるためには、非常な信頼と強さが必要なのだ。ベティは身を投げだすことで自分は無力な状態に落ち込み他人に頼り切りになると考えたのだが、実際にはそれは、自己の内と外にある愛と、より高い力に身をまかせることだったのだ。彼女にとって受容はいくつかの段階を経てやってきた。第一のものは手術の前にきた。

「本当に心の奥深くで感じとったの。手術を受けることが重要で、なによりもその経験をくぐり抜ける必要がある、ほかの医療関係者と協力することを学ぶために、と。というより、むしろすべての人との協力だわね。それまでの私はあまりに独立心が強くって、なにもかも独りでやるべきだという価値観を持っていた。それをかえる必要があったのよ。

受容の気持ちは一度きてそのままというふうじゃなくて、少しずつ、のみこみやすい形でやってきたわ。まるで『そうよ、ベティ、手術を受けなくちゃ。やり抜くのは自分にとって必要なことよ、やらなくっちゃ』と言っているように。それから実際に病院に行ってからも、ほとんどすべての段階をいったりきたりしていたわ。またある程度の否認状態に入ったし、怒りも覚えた。病院では、一人の看護婦以外、誰も好きになれなかった。みんな忙しすぎるようで。でも幸いなことに、支えになる友人がいてくれた」。

ベティが身を投げだすためになにより必要だったのは、友人に助けを求め、それを受け取るのを自分に許すことだった。

第六段階：再誕――新しい光が顕れる時

受容することを学んだ時、ヒーリングは再誕に到る。新たに自分自身に出会う時だ。そこでみつける自分自身にきっと喜びを覚えるだろう。この段階では、独りになる時間をたくさんつくることが必要だ。「新しい自己」をもっと知るためである。そのための時間を自分に与えよう。静かな休暇に出かけたり、何日か釣に出てもよい。数週間、あるいは数箇月、静かに過ごす時間が必要かもしれない。

病気から回復する過程で、自分の中で長い間埋もれていた部分を覆っていたなにかがはずれたことに気づく時がくる。あるいは、これまでまったく見たことのなかった新しい部分が見えてくるかもしれない。自己の内からたくさんの光が顕れるだろう。それをみつめよう。その美しさをながめ、かぐわしさを嗅ごう。新しい自己を味わい、楽しもう。過去には形をとらせることのできなかった新しい内面の源をみつけたのだ。この泉はこれまでもその存在を感じとっていたかもしれないが、今こそ表面へと湧きだし始める。まさに再生の時だ。

人生のすべてを、現在も過去も、新しいコンテクストの中で経験するだろう。自己の歴史を書き直す時なのだ。自分と過去の出来事との関係を実際にかえてそれを癒すことができると理解する時だ。これは自然に起こる。というのは、人生における自己の在り方がかわるからだ。人生を経験するコンテクストをかえること、これが真のヒーリングだ。

ベティにとって、再誕は謙虚さから始まった。

「初めて、助けを求めることができるほど謙虚になった時、私は強情さを捨てて夫や友人と協力する必要を受け入れ、頼ることを学んだわ。そして自分独りではなにもかもやることはできないと認めた。まわりの人が愛や気配りを与えてくれるのを快く感じたわ。あたたかくて心地よくて、気分を落ち着けてくれたのよ。

私がヒーリングを全うできたのは、医師の手術、私の自己ヒーリングの力、そして助けを与えてくれたスピリチュアルな友人たちのおかげ。

今では、自分が無力であることをそれほど怖いと思わないわ。以前の私は舵のない船のようで、だから強くなければならなかった。孤立する必要を感じていて、自己の内なる高い存在や力が必要なものを与えてくれるとは信じていなかった。なにもかも自分の意志でやらなければならない、というふうで。今ではほかの人を信頼できるし、孤立する必要はないと感じられるわ。これっていいものね。自分も他人も安心して信じられるっていうのは。
私が無力な状態と考えたのは、実際には、自己の内と外にある高い力に身を預ける状態だった。今、私は、普遍的な力というものがあってなんでも必要とするものを与えてくれるのを知ってるわ。私はその一部であり、それは私の一部なのよ」。

カレンもまた古い経験を新しい視点からみて位置づけることを学んだ。「取り引き」段階の初期、この地球を癒すために自分に「求められる」ことならなんであれすすんで「わが身を捧げ」ようとした。しかし再誕の段階に入ると、「求められること」に「わが身を捧げる」という申し出は、自己の内の恐れからきていたと気づいた。それはまるで「神様、私の命を救ってくだされば、私はそれを地球のために投げだします」と言うようなものだった。

再誕の段階で彼女がみいだした関わり方とは、まずはじめに自己を癒し、それから地球を癒すことだった。それが現実的な関わり方なのだ。ヒーリングは足元から始まり、そしてホログラフィー的に地球のほかの生命へと広がってゆく。自己を癒すことで、地球を癒すことができる。こうした関わり方は愛から生まれるものである。彼女は、ヒーリングの経験全体が、自分がなにを求め、人生で次になにを必要としているかについての展望を与えてくれたと感じた。

「手術の結果、私はいっそう深く自己ヒーリングを通して地球を癒すことに献身しようと感じるようになったわ。自分の一生を奉仕のために捧げたいと感じるようになったけれど、それはネガティブな『取り引き』とは違っていた。私が今いちばん興味を持っているのは、ヒーラーたちが自分独自のヒーリングのあり方を探す手助けをすること。今はとても重要な段階、『自分とはなにか』ということをみつめて自分に対してさらに深いレベルで責任を持つ段階にいるように感じられるわ」。

第七段階：新しい人生を創造する

健康を回復すれば、人生のあらゆる部分に影響が及ぶ。ずっと求めていながら、ブロックされたり一見不可能にみえたりしていた変化や機会が開かれ始める。自己により正直に生きるようになり、新しい自己受容の領域をみつけることができる。それはかつては不可能だったものだ。自己の内面にいっそうの謙虚さ、信頼、真実、自己愛をみつけることができる。内面の変化は自動的に外面の変化につながる。それは自己の創造パワーから生まれ、ホログラフィー的に人生のすべてに広がってゆく。新しい友人があらわれるだろう。仕事をかえるか、仕事に対するアプローチがかわるだろう。新しい場所に引っ越すかもしれない。こうした変化はヒーリングが完了した時にしばしば起こる。

ベティの人生は大きくかわった。この原稿を書いている時点で、彼女は手術から二年を経ている。手術直後の一年間は、自己を癒し、人生に取り組む新しい態度に自分を慣らすことに時間を費やした。多くの恐れは去った。ヒーリングを通して、首を切り落とされるという説明のつかない恐怖をフランスでの過去生にたどることができた。そこでギロチンにかけられたのだ。これはもちろん証明はできないが、それにまつわる感情を受け入れ、認めることで、この恐怖の大部分を流しさることができた。内面が調整されるにつれ、ベティの人生はまた満ちたりたものになり始めた。夫との関係はより親密なものになり、性的にもよりアクティブになった。六十七という年齢で、彼女の性生活は今までで最高によいと言う。夫もとても喜んでいる。

手術から二年後、ベティはプロのヒーラーとして開業した。はじめはあまり患者は来なかったが、すぐに増え始めた。私は手術後にベティに電話し、手術を受けることから始まった人生の変化や仕事の様子を訊ねた。

ベティはこう教えてくれた。

「私は自分が死ぬのだというひどい恐怖を通り抜けなければならなかったわ。それはギロチンで頭を落とされた過去生に関係していたんだけど、今はもう大丈夫。強さをとりもどして、前よりもっといろんなことに取り組めるようになってるわ。ほかの人を助ける準備が自分にできたら、人がヒーリングを求めてやって来始めたの。今では患者が波のように押し寄せてくるわ。一人を助けるとすぐに、その患者の友人が二人来るといったふうに。

絵は少しあとまわしになっている……時間がないのよ。でも描く絵の質が変化し始めていて、もっとスピリチュアルな要素が加わってきてるわ。なにもかもが新しい角度からみえる。まるで、首の問題がかたづいたことで、私のコアのまわりの、なんといったっけ、覆いが一枚はがれたみたい。まったく別の次元にいるの。人生はかわったし、なにもかもが、あるべき場所に落ち着きつつある。最も大きな変化は、自分がなぜここにいるのかがわかり始めたこと。それは自分を癒し、ほかの人を癒すのを助けるため。前は人生にたくさんの限界を感じたけれども、もうそんなものはないわ。境界というものもない。今では、ほかの人が『自分は境界のない存在だ』と気づくのを助けるのが私の仕事だと思うのよ」。

カレンの人生も、別の形でだが大きくかわった。彼女と夫はワシントンDC郊外のオフィスを閉じ、コロラド州の山地に移ることにした。名残を惜しみながら十五年来の友人たちに別れを告げ、家を売り、引っ越した。ひと冬コロラドで過ごし、メディテーション、読書、そして単に「存在すること」に費やした。それは、東部での非常にせわしない生活の中ではできなかったようなゆったりとしたペースで行なわれた。一年の間このように内省的に過ごした後、カレンはコロラドで仕事を再開している。

8章　ヒーリングがたどる七つのレベル

ベティとカレンの経験をヒーリングの七つの段階に沿って検討してみると、その過程で主要な鍵となった二つの基本要素がみつかる。どちらも、個々人がそのヒーリングの旅路から最大の恩恵を得るために必要なものだ。

第一の基本要素は、ヒーリングの過程を「自分の人生のレッスン」として理解し直すことである。多くの場合、人々は、子供の頃に抱いた「病気だということは、自分にどこか悪いところがある」という考えに捕われている。この病気についてのネガティブな考え方は成長の過程で植えつけられたものだが、このような外部から与えられた考え方と、病気になった時に実際に心が感じることとを区別することが大切だ。病気を学習の過程と考えることができれば、そこからは実にたくさんのことが学べる。病気になると人は過去のネガティブな考えにもどりがちになるので、自分が本当に望んでいる新しい人生のフレームワークを思いだし続けることが大切だ。

ヒーリングとは、自己を思いだす、あるいは存在の奥深くにある本来の自己とのつながりを再度確立する過程である。思いだす（re-membering）とは、メンバー（member）すなわちさまざまな自己の部分を、一つにまとめることだ。ちょうど、ホログラム写真板の小さな断片が集まるとさらに鮮明な像が得られるのに似ている。

ヒーリングの各段階ごとに、我々を旧来の生き方や旧来の決めつけ、狭い視点へと引きもどそうとする誘惑がある。ヒーリングの過程の大きな部分を占めるのは、自分の過去からの声が「危険だ」とどんなに叫ぼうが、新しいフレームワークへと歩み続けることだ。

第二の基本要素は、自己について、特に「自分という人間が必要としているもの」（自己のニーズ）について正直であることだ。自分がなにかを必要としていることを認め、そしてそれで構わないのだと知ること、さらに実際になにを必要としているのかに気づくことが大切で、そのためには自分の本当のニーズとはなにかを探し求める必要がある。おおかたの人は自分の持っている多くのニーズに気づいていない。これをあらゆるレベルでみつけ、満たすことがなにより大切だ。真のニーズをみつけだすには忍耐と内省を要する。

存在の各レベルで自己のニーズを満たすことは、ヒーリングを進める上で非常に重要となる。というのは、満たされないニーズは直接、病気の原因と結びついているからだ。1章で、病気の根本的原因は、真の自己を忘れていること、およびその忘却に基づいて行動していることだと語ったのを覚えているだろうか。人が自己の真のニーズを満たすことができないのは、真の自己のままに生きていないからである。ヒーリングの過程とは、自分の過去をふりかえっていまだ満たされていない真のニーズをみつけ、どんなにつらくてもそれを認め、そして今それを満たす方法をみつけてゆく過程だ。創造の力が内面から顕れてくる途中で遮られるたびに、満たされないニーズと痛みが生まれる。自己の内面に存在することうしたニーズと痛みをみつけだせば、自己の内面に生命エネルギーがもたらされる。存在のコアから流れ出るポジティブな創造の意図を満たすことこそが、ヒーリングの本来の姿なのである。これによって存在のコアを覆うベールが溶けさってゆき、人は真の自分を生きることができるようになる。瞬間瞬間の真のニーズを満たすと、ホログラフィー式に、過去のすべての満たされなかったニーズが癒《いや》される。すると最も根本的なニーズへと導かれる。すなわち、自己のコアを自分が創りあげる方法で表現することである。

このプロセスを、実際のヒーリングの現場からみてみよう。そのためにHEF（ヒューマンエネルギーフィールド）と、その各レベルに対応するニーズを検討する。私が患者を治療するうちに気づいたのは、それぞれの患者のニーズはHEFの特定レベルと関連しているということだった。2章で述べたように、HEFは人間の肉体、感情、知性、スピリチュアル面の各レベルを直接的な形であらわしている。つまり、HEFの各レベルは人生で経験することに対応している（図8—1参照）。

HEFの第一レベルは肉体の機能および感覚に関連している。このレベルでのニーズは、健康な肉体と、それに伴うすばらしい肉体感覚を楽しむことだ。第二レベルは自己に対する感情に関連している。このレベルのニーズは、自己をありのままに愛し、受け入れることだ。第三レベルは知的活動と精神の明晰さに関連する。このレベルのニーズは、なめらかに機能する明晰で敏捷な理性を持つことだ。第四レベルは対人感情、すなわち「我と汝」関係（ほかの人間との対等なつながり）と関連している。このレベルでのニーズは、種々の人間関係、たとえば友人、家族、同僚、恋人などとの関わりにおいて、愛し愛されることだ。

第四レベルは人間のハートと愛に関連し、第一から第三レベル（肉体の機能）に表現される物質的世界と、第五から第七レベル（スピリチュアルな機能）に表現されるスピリチュアルな世界の掛け橋と考えることができる。

図8-1　ＨＥＦの各レベルにおけるニーズ

第一レベルのニーズ	**単純な身体の心地よさや喜びや健康。** すばらしい身体感覚をいろいろ経験する必要がある。
第二レベルのニーズ	**自己を受け入れ、愛すること。** 自分自身と、愛に満ちたポジティブな関係を持つ必要がある。
第三レベルのニーズ	**物事を明晰かつ理性的に理解すること。** 直感と調和して働く明晰な知性が必要である。
第四レベルのニーズ	**友人や家族との愛に満ちた人間関係。** 配偶者、家族、子供、友人、同僚など、さまざまな人間関係を通して、愛を与えかつ受け取る必要がある。
第五レベルのニーズ	**内面の神聖な意志に自らを従わせ、真実を語りまたそれに従うと決意すること。** 自分個人として真実を貫く必要がある。
第六レベルのニーズ	**神聖な愛とスピリチュアルな陶酔感。** 生のスピリチュアルな側面および無条件の愛を個人的に経験する必要がある。
第七レベルのニーズ	**神聖な理性とつながりを持ち、より大きな普遍的パターンを理解すること。** やすらかさと、自己の不完全さの内に存在する完璧なるものを経験する必要がある。

第五レベルは創造プロセスにおける言葉の力と関連している。それはまた物質レベルにおけるすべての形のテンプレート（鋳型）として働く。このレベルにおいて言葉を発することは、物質世界で形を創造することにつながる。真実を語れば人生に真理と明晰さを創りだす。正直に語らなければ人生に歪みを創りだす。このようにこのレベルにおけるニーズは、真実を語り、真理とともにあることだ。

第六レベルはスピリチュアル面の感情と結びついている。宗教儀式に参加した時、スピリチュアルな音楽を聞いた時、日の出を見たり、山で腰を下ろしていたり、瞑想したり、愛する人の目をみつめる時などに感じる陶酔感だ。このレベルでのニーズは魂の滋養であり、それは種々のスピリチュアルな経験からもたらされる。

第七レベルは神聖な理性と関連している。このレベルが明晰で、強く健康であれば、ここに意識を向ける時、存在するものすべての内に神聖な完璧さがあるのがわかる。人生のあらゆる断片の意味を理解でき、深いやすらかさを経験する。

このレベルには、個人の思い込みや信条の体系が存在する。そのあるものは神聖な法則に沿っているが、ほかのものは歪んでいる。このレベルに存在するネガティブな思い込みこそが、すべての問題の原因だ。このネガティブな思い込み（すなわち「イメージ的結論」）から人は病気を創りだす。病気はその人の人生のどのレベルにもあらわれる。肉体にも感情にも精神にもスピリチュアルな面にも。

このレベルのニーズはやすらかさを知ることである。やすらかさは、生の完璧なパターンが地上に存在するのを理解することから生まれる。これは真実に基づいたポジティブな信条からくる。

カレンを例として説明すると、最初に挙げた二つの基本的要素、すなわち、自分のニーズを偽りなく満たす道をたどり、病気という経験は新たな人生のレッスンあるいは冒険であるとみる視点を保つことで、カレンのヒーリング経験はトランスフォーメーション（昇華、変容）となり、さらにトランセンダンス（超越）ともなった。トランスフォーメーションとは、内省を通して、無意識の部分で自分がどのように考え行動するかをみつけだしてゆく過程である。

自分自身に完全に正直であるというのは、時に難しいことだ。自己の足りないところをみること、その奥になにが隠されているのかをみきわめること、そしてそれをかえる道を選ぶことは、途方もなく大変な仕事だ。しかし大きなみかえりがある。自己の内にあるネガティブな部分を掘り起こすと、それに結びついたポジティブな創造のパワーをも掘り起こすことになる。というのは、ネガティブな部分とは、もともとポジティブな創造パワーであったものがトラウマ経験等を通して歪められたものにほかならないからだ。このようにトランスフォーメーション体験は、本来の偽りなく明晰で愛に満ちた自分という贈物をもたらしてくれる。

ある程度トランスフォーメーションを行なうと、それによって解放された創造エネルギーが自動的に、トランセンダンスの経験へと導いてくれる。するとトランスフォーメーションとトランセンダンスをヒーリングのために使うことができるようになる。自己の肉体を癒して人生にトランスフォーメーションをもたらすだけでなく、トランセンダンスの結果、より高い自分なりのスピリチュアルな経験へと導かれる。日常生活からのトランセンダンスを経験する時、魂の視点からみてさらに高い価値のあるものを生活の実用面に組み込むことを学ぶ。こうして物質世界自体がスピリチュアルなものとなる。スピリチュアルなものが人生の物質面に浸透するのだ。

では、ヒーリングにおけるトランスフォーメーションの過程はHEFとの関連で実際にはどのような形をとるのか。HEFの第一から第四レベルで自己を癒すと、その全領域で日常生活を変革することになる。要求されるのは、「個人レベルでのトランスフォーメーション」を行ない、その結果、第一レベルでは自分の肉体のケアの仕方を、第二レベルでは自己の愛し方をかえて、第三レベルでは人生に明晰さをもたらして人生をよりよく理解することを学び、第四レベルでは他者との関係の持ち方をかえることだ。

第五から第七レベルで自己を癒すために要求されるのは、個人的にトランセンダンスを体験することである。トランセンダンスを通してより高い価値観を目指して上昇し、接触し、入り込んで、その価値観を勇気と誠をもって人生に実現しなくてはならない。ベティとカレンの場合はいずれも、自ら真実に身をまかせて真実によって生きると決心することを意味し、そうすることが否認状態から抜けだす助けとなった。どちらも「自分のやり方でやるのだ、自分だけでやるのだ」という態度を手放した。それまで二人とも懸命に、自分が必要としていたなにか特定の人生経験を排除しようとするか無視しようとしていた。二人とも自分の中に直面しなければならないものがあったのに、直面するのを恐れて長いこと避けていたのだ。それが、自己の内にあるより高い力を呼びだすことで、自分で状況をコントロールしようとするのをやめる力を与えられ、誰もが通り抜けるひとまわり大きい生のサイクルを信頼する力を得た。真実に身をまかせるとたちまち、生の源そのものと結びついている内面の偉大な「自己存在」と自己との分離状態が終わった。そしてヒーリングが始まった。

ＨＥＦの第五から第七レベルに達すると、トランスフォーメーションは自動的にトランセンダンスに移行する。つまり、取り組むレベルが、日常の物質的レベルからスピリチュアルな本質的自己存在のレベルへと移行する。トランセンダンスの段階では、これまであまり注意を払ってこなかった、あるいはあまり重要視してこなかった自己の一部に気づくようになる。そしてその中にまったく新しい領域をみつけるだろう。「自己」が、これまで考えていたよりもはるかに大きな存在であることをみるのだ。そして宇宙を映すホログラムを体験する。この自動的な過程は、一人一人異なった形をとる。自分だけのユニークな体験を楽しもう。

ヒーリングの過程をあらわす第二の地図には、自己の癒しをHEFの各レベルに対応する種々のニーズに関連づけて理解する道が示されている。以下、各レベルに対応する経験をとりあげながら、すべての人に共通のニーズを説明する。

健康と人生にトランスフォーメーションをもたらす

トランスフォーメーションの鍵となるのは、明確で強い「ポジティブな意図」を設定することである。これが自己の癒しに責任を持つ第一歩だ。自分自身を明確に自己の「善なる意志」、「神聖な意志」に沿わせ、自己の真実をみつけてそれを言葉にし、それに従うことが必要だ。独りになる時間やメディテーションの時間をみつけよう。どこか特別な場所でメディテーションをして、自分の人生がかわり始めたことを知ろう。自己の内部にある神聖な意志を探し、それが自分のハートの内から語るのに耳を傾けよう。ヒーリングの旅路を歩む決意を固めよう。そうすることで、下位のHEF（ヒューマンエネルギーフィールド）、すなわち物質面に関連するレベルをスピリチュアル面に関連する上位のレベルに整合させ、自己の内にある「さらに高い力」が描く青写真に従うことができる。「天にあるがごとく、地にもあり」という古来の教えを実行するのだ。その後、第一から第三レベルに取り組んでゆこう。

自己のニーズをみつけだすに当たっては、ヒーリングを受けていることを理由に医師による通常の治療を中断してはいけない。むしろ、両者を組みあわせる方法をみつけるべきだ。どんなヒーリングの小道についても決めつけを手放そう。カレンとベティの経験は、このことの重要さを示している。二人とも外科手術が必要だった。決めつけはヒーリングに非常にネガティブな影響を与えて停滞させる。民族学者カルロス・カスタネダは、インディアンの祈禱師ドン・ファアンの言葉を引用して、「ハートを持って道を選べ」と言っている。ベティとカレンの例から明らかなように、自分自身に対するネガティブな決めつけはハートを奪いさる。どのような道にもハートは存在しうる。誰でも自分で選んだ道にハートを与えられるのだが、自分の選択は適切ではないという決めつけが入り込むやいなや、ハートは追いだされてしまう。自分を愛し、自己のニーズを認めてすべて満たせば、決めつけを手放して自分の道にハートを与えることができる。人間は複数のレベルにまたがるニーズを持っている。こうしたニーズを満たしてゆけば、(姑と会う、なにか手当てや手術を受けるといった)特定の経験についてネガティブな予測をして悩むことはあまりなくなる。また、ネガティブな予測をすることでかえって新たなトラウマを創りだすこともなくなるだろう。そうして、自己のネガティブなイメージ的結論とネガティブな思い込みを真に癒すことができる。こうしたものがトラブルの根本的原因なのだ。

カレンは自己のニーズを満たす決意をしてから、すばらしい発見をした。

「私が気づきだしたのは、あらゆるレベルに自分のニーズがあるということ。そして手術を受けると決めた時、そのすべてに取り組まなければならないことがはっきりしたの。自分が必要とすることに応えようと決めて、まず肉体レベルから始めたら、自分のニーズがとても明確になり始めました。手術を受ける前にしなければならない具体的なこと、手術の経験を最大限に実りのあるものにするのに必要だったことがいくつかあったわ。

手術を受けたりする場合にも自己のニーズを満たすことができるのだとみんなが気づいたなら、きっと手術にそれほど抵抗はなくなるはず。特にヒーリングについて知っているスピリチュアルな人たちね。『手術が必要だなんて、気の毒に』と考える風潮があるのよ。でも私にすればそんなことはない。自己のニーズを認めることができるようになればなるほど、どのニーズもいっそうよく満たすことができるようになるんだから。
ニーズを満たす過程は、考えていたよりはるかに多様で、それを満たしていくには創造力が必要だった。ニーズは満たすことができるのだと信じさえすれば、数百万のニーズがあっても楽しんで取り組んでいける。やっかいごとなどではないのよ」。

HEF第一レベルのニーズ

HEF（ヒューマンエネルギーフィールド）第一レベルのニーズは、単純な肉体的ニーズだ。まず環境を調節し、どの行動についてもふさわしい時間と場所を設定すること。そうすればいつも、自分がトランスフォーメーションの過程の最中にあることを忘れずにいられる。そして自分のヒーリングの経験の方が外から与えられた病気の旧来の定義より重要なものだということも。

医師のところに行ったり検査を受けたりする必要があれば、自分にとって最も心地よい形でそれを行なえるようにしよう。自分の内の生の源に合った形で、またそれを支え維持する形で行動し、穏やかに状況をコントロールしよう。早急に検査を受ける必要がないなら、検査の前には食事をして血糖値を安定させよう。自分自身をあらわす服を着てゆこう。可能なら、自分にいちばん都合のよい時間を選ぼう。検査の結果を聞く時には、そしてそれが深刻なものである可能性があるなら、支えになってくれる友達にいっしょに行ってもらおう。最高の医療専門家、クリニック、検査施設を選ぼう。選択肢はたくさんある。有効に利用しよう。これは重要事項だ。

HEF第一レベルの主要なニーズは、物質的な「心地よさ」だ。身のまわりを、どんな時でも、新しいホログラフィー的視点から現実をみるのを可能にしてくれるものでとり囲もう。それが、まわりにほかに人がいない時、つい忘れそうな時に、この視点を思いださせてくれるだろう。入院するなら、好きな本や、さらに大きな現実を思いださせてくれる本を持ってゆこう。不安になったら、不安についての本を開いて読む。パット・ロドガストの『エマヌエルの書』（ヴォイス刊）は、不安を癒すのにとてもよい。好きなクリスタルや音楽のテープがあれば、持ってゆこう。そうしたものが手近にあれば、自己の真実を忘れそうになった時、自分の本当の姿、本当はなにが起きているかを思いださせてくれる。そうすることで、より深い真実に焦点を当てていられるだろう。自分をＡＳＣ（変性意識状態）に導いてくれるテープがあれば、それを聴こう。ようやくゆっくり横になってテープを聴く時間ができたのだ。このテープはどこかすばらしいところに連れだしてくれるだろう。病院からトランキライザーや鎮静剤のような精神に作用する薬を処方されたなら、それを飲んで、深いリラックス状態を楽しもう。

カレンの場合、いろいろな選択が可能なことを友人が思いださせてくれた。カレンは個室が必要だと感じて病院に頼んだ。これはとても大切なことだった。また音楽のテープとクリスタルを病室に持ち込んだ。特別食をとる必要はなかったので、夫が食べ物をもちこんでくれて、どれもとても気に入った。

「病院の食べ物がひどいものだというのは誰でも知ってるでしょ。あれを食べていたら気分が悪くなっていたわ。それで夫が健康食の店やカフェから食べ物を買って届けてくれて。病院の食事を食べなければならなかったとしたら、どうしていいかわからなかったと思う。こうしてまた一つ、心地よい食事というとても大切な肉体のニーズが満たされたの。私がそのニーズを知って、求めたからよ」。

退院し治療が完了した後、続けてヒーリングを受けると、あるいは心理療法を受け続けると、病院で受けた肉体的に苛酷な治療過程の一部を再体験するかもしれない。これはＨＥＦから薬剤の残滓や肉体的トラウマを浄化するのによい方法だ。この残滓はヒーリングの進行を遅らせる。実際の治療後何年も経ってからトラウマを再体験する人も多くある。再体験するのはいつでもよい。重要なのは、自分が準備のできた時に体験できるようにすることだ。

カレンの場合はこれは即座に、予期せぬ形で起こった。

「病院から家に帰ったあと、鎮痛剤をやめたわ。飲む量を少しずつ減らして、最後にまったくとらないようにしたの。翌日はひどい気分だった。呼吸法を行なうのを夫が助けてくれたけど、私は一種のプライマル状態［訳注：幼児期の抑圧された感情が解放された状態］に退行して、手術を再体験したの。激しく呼吸しながら泣きだした。見たくないものをつきつけられているという恐ろしい気分になって、それから自分が手術を再体験しているのだと気づいた。肉体的にも感情的にもひどいものだったわ。体が手術を再体験しているの。驚いたわ。これが重要なことだと思えたのは、これでヒーリングがぐんと加速されたから。手術の苦痛がまだ自分の細胞の中に残っていたら、そうはいかなかったと思うわ」。

覚えておいてほしいのは、同様なことが自分に起こったら、誰か支えてくれる人にそばにいてもらうのがいちばんよいということだ。それで大丈夫。うまくゆくだろう。起こるにまかせ、通り抜けよう。好ましい効果が続いていろいろあがるはずだ。

自分自身に問うべきこと

自分のヒーリングを進めるにはどんな環境が必要だろう。
寝室の雰囲気は自分に合っているだろうか。

充分な日光が入り、植物があるだろうか。

好きな音楽をかけることができるだろうか。

思いだしたいことを思いださせてくれる絵や写真があるだろうか。

それ以外に、人生のポジティブな面を思いださせてくれるものがあるだろうか（宝石、クリスタル、気に入っている小物など）。

あらゆる感覚に働きかけて自分自身を思いださせてくれるようなものがあるだろうか。

見たり触ったりできるものはなにがあるだろうか。

どんなにおいが心地よいだろうか。

日頃食べているものの中でおいしいもの、今この時期に喜びをもたらしてくれるのはどれだろうか。

HEF第二レベルのニーズ

HEF（ヒューマンエネルギーフィールド）第二レベルのニーズは、自己を受け入れ、愛することだ。このレベルに悪影響を与えるのは自己を嫌い、拒み、あるいはしばしばみられるように憎みさえすることで、これは悪い習慣であり、顔を背けずに立ち向かう必要がある。自分を受け入れ愛することに関するニーズはなんだろう。毎日、自分がどのような形で自分を拒んでいるかのリストをつくり、それを一つずつとり除いてゆこう。自己に対する拒絶の感情を肯定的な感情といれかえるよう、意識して努めよう。自分についてのポジティブなアファメーション［訳注：短い肯定的な文章］を書き、一日に何回も繰り返し読もう。枕元、冷蔵庫、鏡など、目につくところに張っておくのもよい。

役に立つアファメーションの例

私は自分を愛する。

私は不完全なままの自分を愛する。

私は強く、創造力のある人間であり、豊かな愛を持っている。

私は夫(または妻)、子供、家族、ペットを愛する。

私は自分が創りだした人生を受け入れるが、気に入らない部分があればそれをかえることもできる。

私は自分とおおいに意見を異にする人間をも愛し続けられるが、同時に、彼らに同意するよう自分に強いることも、同意するふりをして自分を裏切ることもしない。

私は美しく輝く光である。

私は愛に満ちている。

私は自分の本来の姿を忘れずにいる。

真の自己を思いださせてくれるこうした簡単な言葉は、自己に対するポジティブな態度を育てるのに役立つ。

カレンは自分のネガティブな態度をとりさることに取り組み、それは非常に役立った。

「手術のおかげで、自分の体を愛せるようになったと思うの。そして手術までは可能でなかったような形でしっかりと肉体に転生することが。私は新たな形で自己を愛し、受け入れなければならなかった。手術の際に受ける最も深刻な痛みは、自分の肉体からの乖離じゃないかと思うわ。そして自己から切り離された肉体に手術が施される。だから人は手術の時に自分の体から逃げだそうとするし、手術後は体を無視してそれが回復するのを待とうとする。自分にできる方法で体とともにいてやるのではなしにね。肉体を愛し、受け入れ、なにが起こるかを話してやらなくては」。

自分自身に問うべきこと

自分の体のどの部分を嫌っているだろう。なぜ嫌いなのだろうか。

自分はその部分をどのように拒んでいるだろうか。

私は自分の体の（　　　）が嫌いだ。なぜなら（　　　）。

その部分は、どのように自己拒絶の感情を起こさせるのだろうか。

私は自分の（　　　）が嫌いだ。なぜならそれで私は（　　　）という気持ちになるから。

私はどのように自己を拒んでいるだろうか。

HEF第三レベルのニーズ

HEF（ヒューマンエネルギーフィールド）第三レベルでのニーズは理性に関連し、状況を明確かつ論理的、理性的に理解することだ。これは、自分の病気について可能な限りの情報を得、なおかつその視点に縛られずにいられることを意味する。

このためにまず必要なのは、自己や病気に対するネガティブな決めつけをみつけ、捨てさることだ。そうした決めつけはヒーリングを助ける解決法をみつける道をブロックする。

人は自分自身に対するネガティブな決めつけをたくさん持っている。自分に対するネガティブな決めつけは自分に対する拒絶とは違う。ネガティブな決めつけはメンタルな結論で、その基になっている自分についての感じ方がネガティブなのだ。ネガティブな決めつけはネガティブなフィードバックの環を果てしないものにする。つまり、自己に対するいっそうネガティブな感情を再生し、それがさらに自分に対するネガティブな決めつけは正しかったと証明する。たいていの人はこれを、自分で気づいているよりはるかに頻繁に行なっている。時にこの声に耳を傾けてみよう。自分の内にある「両親の声」がどれほど大きいかに驚くのではないだろうか。ネガティブな決めつけがみつかったら、次のいずれかの方法で対処する。

第一の方法は、それを声に出し、自分または友人に聞かせることだ。自分が頭の中でつぶやいている ことは、内容も回数もおおげさなのに気づくだろう。なんの問題でも、自分は永遠にほかの人より劣っていることになってしまう。たとえばこうだ。


自分は病気になってあたりまえだ。なぜなら（　　　　　）。

自分が病気なのは、自分がいつも（　　　　　）だからだ。

病気になったので、自分が（　　　　　）だということをみんなが知ってしまった。

いつもなにかしようとするたび失敗するんだ、このばかめ。

決して（　　　　　）することなどできないのだから、もう忘れてしまうべきだ。

うまくやれるわけがないのはわかってたんだ。さっさと諦めて、人の邪魔をするのはやめろ。

自分はみんなにとって（　　　　　）だから、もう黙るんだ。


いったん声に出してみると、特に友人の前で言ってみると、こういった決めつけがばかばかしいのがわかる。友人はなにが事実かを知っており、誤りを正すのを助けてくれるだろう。

第二の方法は、ネガティブな態度はそのままにしておき、できるだけすばやくポジティブな方にもどることだ。その際自分に対するネガティブな決めつけは持ち込まない。たとえば、「私はなんてばかなんだ」と言ってしまったら、すぐに肯定的な言葉、たとえば「私は頭がいいんだ」あるいは「私は（　　）を理解できる」と言いかえる。もし「よくなるわけがない」と言ってしまったら、それを「毎日よくなっているぞ」あるいは「私の体は自らを癒せる」と言いかえる。

自分に最も適した方法を選ぼう。それは、自分に対するネガティブな決めつけが生じた際の状況にもよるだろう。

自分に対するネガティブな決めつけを手放すことで、自分を癒す方法がさらにみつかるだろう。というのは、自分自身についてもっと質問できるようになるからだ。自分に対する決めつけが質問する邪魔になるのは、このような決めつけの中ですでに解答欄を誤った情報で埋めてしまっているせいだ。いったんこの誤った情報をとり除けば、正しい答を入れる余地が生まれる。そうすれば、適切な治療方法の探索という次の段階に到ることができる。

どのような治療方法が選べるか探してみよう。自分で調べることができなければ、誰かに頼もう。手術や特定の療法を受けることが必要なら、それについての資料を読もう。その過程でなにが行なわれるのか、副作用はどのようなものであるかを知ろう。

カレンは自分の手術でなにが行なわれるのかを正確に知り、それはとても役立った。

「私にはたくさん質問をするだけの予備知識もあり、友人もまた、どんなことを知るべきかアドバイスしてくれたわ。執刀医は女性で、すべての質問に答えてくれた。手術の間になにが起こるか、検査、毛剃、投薬、手術後に病室に運ばれるまでをすべて説明してくれて、麻酔のききはじめと覚める時はどんなふうかも教えてくれた。

私には非常に大切なことだった。というのは、ひどく悪いことを考えていたから。病院についても、自分が単なる肉のかたまりのように扱われることについても、自分がどうなるだろうかということについても。だから、自分は罰せられるのだというイメージ的結論にも簡単にはしったかもしれない。女性としての自己を拒んだために罰として子宮をとりあげられるのだ、と。でも、実際には、自分のニーズを満たし続けたおかげで、そのような状態を免れることができた。むしろ、手術がはっきり象徴していたのは、私は自分の子宮を失おうとしていたにもかかわらず、逆にその部分の自己、女性としての自己をとりもどすことだったの。

もちろん、子宮を失うことについては深く嘆いたわ。でもそれは大きなことではなかった。そのことによって落ち込んだり、過去に引きもどされたりはしなかったの」。

自分自身に問うべきこと

自分にどんなことが起こると心配しているだろうか。
次の段階でなにが起こるかをみつけるには、どうしたらよいだろう。
それについてなんであれかえられることがあるだろうか。
代替の治療法にはどんなものがあるのだろうか。
どんなもの、どんなことを失うのを余儀なくされて嘆くことになるのだろう。
この経験をくぐり抜けることに深い意味があるとすれば、それはなんなのだろう。

HEF第四レベルのニーズ

HEF（ヒューマンエネルギーフィールド）第四レベルでのニーズは、友人や家族との愛に満ちたやりとりだ。第四レベルはしばしばスピリチュアルな世界と物質世界の「掛け橋」と呼ばれる。このレベルのニーズを満たすためには友人からの支えが必要だ。電話をし、支えてほしいと伝えよう。自分を支えてくれる人たちを集めるか、あるいは友人にそれを頼もう。家から離れている場合、電話が使えるなら、親しい友達に定期的に電話をするか、電話してもらおう。

もちろん、体が弱っているなら、外からの電話に出るかどうか自分で境界を設ける必要があるかもしれない。友人が訪ねてくる時間を限る必要があるかもしれない。訪ねてもらうのは自分のヒーリングを支えてくれる友人だけにする。境界を設けることを恐れてはいけない。自分のヒーリングを妨げるような友人には「会いたくない」と言うことがとても大切だ。

これを実行すると、友人や家族が落ち込んだり、別のやり方を主張したりするかもしれない。そんな時には、自己を裏切ることなく自己を愛しかつ家族を愛す、というアファメーションをつくろう。家族が動転したり傷つくことに対して自分が責任を持つ必要はない。このような状況や病気に対する家族の恐れは、ほとんどの場合、現実的なものではない。通常、無意識のもので、会話の裏に間接的にあらわれる。誰かに会ったり話をしたあと、自分がどんなふうに感じるかに注意を払おう。前より気分がよくなるようなら、その人に会い続ける。しかし会ったあとで前より気分が悪くなった人に対しては境界を設けて、適切な時がくるまで会わないようにする（友人との「ネガティブな契約」を破棄する方法については下巻13章参照）。

友人に物を持ってきてもらうこともできる。病院の食べ物が合わないなら、もっと健康によい食べ物を持ってきてくれるように頼もう。また本、大切な小物、服など、自分の本来の姿を思いださせてくれるものを持ってくるようにも頼めるだろう。友達に手を握ったり体をさすってもらう必要があるなら、ためらわずに頼もう。

カレンは友人からたくさんの助けを得た。

「知人の中でも訪ねてきてくれたのは、皆なんらかの形でヒーラーである人間ばかりだったから、私は非常に恵まれていたと思う。皆、私がなにを必要としているかをわかっていた。友人たちは最初の日に来て、病室でいっしょにメディテーションをしてくれて。パムも来たしシーラも来ていっしょにメディテーションしたわ。夫はいつも、あらゆるレベルでそこにいてくれたし、パムはホメオパシー療法の薬を持ってきてくれた。その週にやってきたのは直感力のある人たちばかりで、私のことを気の毒に、という目でみる人は一人もいなかった。誰もが私の状態を適切に感じとって、お見舞いの時間を癒しの瞬間にかえてくれたのよ」。

自分自身に問うべきこと

いっしょにいて心地よいと感じる人は誰だろう。
誰に、そしてどんなふうに、助けてほしいだろう。
いっしょにいて心地よいと感じない人は誰だろう。
どうやったらその人たちに「ノー」と言えるだろうか。

HEF第五レベルのニーズ

HEF（ヒューマンエネルギーフィールド）第五レベルで最も重要なニーズは、内面の神聖な意志に自らを沿わせ、真実を語り、自己の真実に従うと決意することだ。HEFのこのレベルは肉体形成のテンプレート（鋳型）で、写真のネガのようなものだ。このレベルでは言葉の力は非常に強く、創造する力を持っている。このレベルは意志のレベルであり、自分の知るところに忠実に行動することに関わる。すなわち、自分自身を内面の神聖な意志に沿わせ、その意志に従うということだ。第五チャクラは自己の真実を語ることと、与え受け取ることに関わっている。ここでのニーズは、自己の真実を語り、それに従って生きることである。また、音と、音を通して創造することに関連する。

カレンはこのレベルでの経験についてこう語る。

「入院の前から私は声に出して言い続けたの。自己のあらゆるニーズについてね。それまでの人生でなかったほど、言葉にして出し始めた。これは避けがたいことだった。

まず思いだすのは、二番目のチャクラと子宮と卵巣のブロック（エネルギーの滞り）と声との間に、つながりがあると感じたこと。今、私のコアは歌うことで表現されるの。自分の声がまるで下腹から直接流れてくるように感じる。そんなこと前にはできなかった。このヒーリングを全部経験してはじめて、歌うことができるようになったんだわ」。

語り始めよう。自己のニーズと真実を声に出し続けよう。今こそ自己の内の最も深い真実にアクセスする時だ。それはまわりの人々が言うこととは一致しないかもしれない。自己の真実をポジティブに、愛に満ちた形で語り、親戚や古い友人たちが同意しなくても、自己の真実にのみ従って生き続けよう。

時に（特にもし入院していれば）、自分の真実についてまったく知らない病院のスタッフしかまわりにいないことがあるかもしれない。本来の自分を思いださせてくれる身のまわりのものを使って、自己の真実をポジティブな形で保ち続けよう。自己の真実についてネガティブな意見を言うチャンスを他人に与えてはいけない。ネガティブな意見を押しつけられそうになったら、「それは健康になってから聞きます。今は聞きたくありません」と言おう。心配や罪悪感を軽減する道具として、自分を他人に利用させてはいけない。ほかの人の心地悪さについてこちらが責任をとる必要はないのだ。こうすれば、自己の病気についてのネガティブな恐れにも捕われずにすむ。

もし恐怖や疑いが頭をもたげたら、以下のいずれかの方法でそれを処理しよう。

1　適切な人の前でそれを表現し、トランスフォーメーションさせる。
2　それをポジティブな表現ととりかえ、トランセンダンスする。
3　体の中で恐れを感じている部分をみつけ、そこに薔薇色をした無条件の愛の光を注ぐ。
4　助けが与えられるよう祈り、神にすべてをまかせる。助けは通常、十五〜三十分以内に訪れる。恐れは別の感情にかわるだろう。これによって、外面的な状況はかわらなくても、意識の状態がかわる。

これはすべて、自己の真実を語ることだ。恐れを感じたなら、その瞬間における自己の真実とは「自分は恐れている」ということであり、疑いを感じるなら、それがその瞬間の自己の真実である。真実を語るのはそれほど難しいことではない。感情は単に感情にすぎず、それは過ぎさるものだ。そして今この瞬間における自己の真実を理解のある人々に語ることで、第四レベルのニーズをも満たすことができる。なによりも重要なのは、自己の感情を表現する際には、それを理解できる人の前で行なうことだ。適切でない状況では疑いを表現してはいけない。すなわち、同じ疑いを持ち、それを維持することに利益をみいだす人の前では。おそらくこうした人は「その疑いは本物だ。こちらのやり方の方がよいから、こちらにしたがった方がいい」と言って、その疑いをいっそう強めるだろう。聞く耳を持った人、見る目のある人をみつければ、必要な支えを得られる。

自分自身に問うべきこと

自分が言う必要があると感じているのはどんなことだろう。

親しい友人に、たとえ同意してもらえないとしても、言う必要のあることはなんだろう。

言う必要を感じながら何年も黙ってきたことはなんだろう。

なぜこれまで自分の信じることを表現してこなかったのだろうか。

HEF第六レベルのニーズ

HEF（ヒューマンエネルギーフィールド）第六レベルは神聖な愛とスピリチュアルな陶酔感のレベルだ。このレベルへは、自己のニーズについての真実をそれがみつかるたびに言葉にして満たせば、自動的に移行することができる。このレベルは、理解よりも感情に関連している。このレベルにある時、人は陶酔の感覚を味わうことができる。それは訪れたり去ったりし、またその感じは毎日かわる。というのは人はつねに変化しているからだ。音楽はこのすばらしい状態に自己を引き上げるのに役立つ。自己の内にある生命の神聖さを思いださせてくれるような絵画もまた。このスピリチュアルな陶酔の感覚を言葉であらわすことはできない。それについては誰にも自分なりのあらわし方があるが、そんな表現は通常、経験自体にはとても及ばないものだ。「光の中に生きている」、「女神の腕の中に抱かれている」、「自分が愛そのものになった感じ」といった言葉がよく使われる。自分の言葉を探してみよう。

無条件の愛を経験するのは、このレベルからだ。カレンはこのレベルにおける深い感情について、こう語る。

「私にとってそれは、可能な限り深い場所へと降りていくこと、自己の神聖な本質をみつけ、そしてそれに導かれること。それまでにも、人生における自分の使命のようなものは長い間なんとなく感じてきたけれど、この経験を通してはっきりわかった。それって、さらに深いレベルで愛し、受け入れ、女性として生きること、そして内面の男性的要素をそれに調和させることだったのよ。それまでの私は男性的要素がとっても強くて、バランスが乱れていたんだわ。

コロラドに移るために、ここ二週間の間に八十人以上のとても大切な人たちに別れを告げたわ。私も夫も、愛を込めて。とても心の重くなるような反応をした人たちもあったけれど、私はハートを開いて受けとめることができたわ。そう、より高い感情のレベルで受けとめた、というか」。

自分のスピリチュアルなニーズとはどのようなものだろう。

自分はスピリチュアルな感情を表現する時間をとっているだろうか。

自分のスピリチュアルな感情はどのような性質のものだろう。

どのような時に無条件の愛を感じるだろう。それはどんなふうに感じられるだろうか。

人生のどの領域で、自分は無条件の愛を必要としているだろう。

その領域が無条件の愛で満たされるようにメディテーションまたはビジュアライゼーションを行なうのに、毎日どれだけの時間をすすんで割くだろうか。

どのような音楽が自分をスピリチュアルな状態に導いてくれるだろう。

HEF第七レベルのニーズ

HEF（ヒューマンエネルギーフィールド）第七レベルは神聖な理性のレベルであり、ここからは偉大な宇宙のパターンが理解できる。神聖な理性によって自己の存在理由へと、すなわち人生における魂の目的、自己の内外で形をとりつつある偉大なパターンへと導かれる。このレベルには、魂の目的を深く感じる感覚、自分がここにいる理由、個々の経験を通り抜ける理由、そして信頼を感じる感覚がある。なにが起きているかについて、恐れではなくつきない好奇心がある。このレベルのスピリチュアルな面が覚醒した状態に入ると、経験全体が、より高い、トランセンダンス的な真実へと高められる。神の目からは、世界はすべて良好なのだと知ることができる。世界はやすらぎの内にあり、誰も責める必要はない。すべては必要に応じて、最も適切な形で展開しているのだ。

人は、あらゆるものに神聖なパターンがあることを知り、理解する必要がある。存在するすべてのものの内に完《まった》きパターンが金色の光として保たれているのを見、すべてが不完全なままで完璧であると知らねばならない。人が真のやすらかさを経験するのは、このレベルにおいてである。

ヒーリングを進めるうちにこのレベルに達する手段をみいだすことができる。そして解放される。カレンはこう説明する。

「内面には、たくさんのものを持っていたのよ。自分が忘れていた時でさえ。今は自分の魂の目的について深い確信があるし、自分が理由があってここにいるのだと感じることができる。なにが起こっても、そこから学ぶことがあったわ。私にとって最も本質的で基本的なのは、希望があると知ること。希望は、これから起こることについて、恐れではなく絶えざる探求心をもたらしてくれる。

患者や知人を残して引っ越していくことにまつわるあれこれを落ち着いて受けとめているわ。そうしたことをはるかに高い視点からみるレベルにとどまっていられるの。それは、これまでみてきた患者と別れるにあたって、残された時間でいっしょにやるべきことがあるということ。なんであれ、また患者であれほかの誰かであれ、その時まさにすばらしいシンフォニーが奏でられているということ。眼の前に現れるステップを一つ一つ踏んでいきさえすれば、ハーモニーが乱されることはないの。昔の私なら恐れたりパニックになったかもしれないことでも、今の私はあわてないのよ」

自分自身に問うべきこと

自分の人生を貫く大きなパターンとはなんだろう。
自分を導いてくれる、いっそう意味深い希望とはどのようなものだろう。
自分の人生のシンフォニーとはどのようなものだろうか。

第4部では、実用的なヒーリングプランを、自己のニーズを含めて、HEFの各レベルにわたってたてる方法を説明する。

第4部　ヒーリングプランを創る

「なにかに本格的に関わるまでは、ためらいもすれば身を引く可能性もあり、まず効率は悪いものだ。行動を開始する（あるいはなにかを創造する）時に必ずあてはまる基本的真実が一つある。これを知らないでいると、無数のアイディアやすばらしい計画が挫折することになる。その真実とは、はっきりと関わってゆく決心をした瞬間、神の摂理も働き始めるということだ。助けとなる、起こるはずのなかったあらゆることが起こり始める。決心した瞬間からあらゆる出来事が大きな流れをなして動きだす。予測もしなかった出来事や出会いや物質的援助がこちらにとって都合のよいように出てくるが、それはそのような形で与えられるとは夢にも思わなかったものだ。おかげで私はゲーテの次のような二行連句《カプレット》に対し深い敬意を払うようになった。『自分にできること、あるいはできると夢みることがあるなら、始めよ。大胆さは天与の才と力と魔力を伴う』」。――W・H・マレー『スコット探検隊のヒマラヤ登頂』

第4部のはじめに　自分のヒーリングプランを創る

私がヒーラーおよび教師として働き、患者や学生と交わる経験を積み重ねるにつれて明らかになったことがある。それは、すべての人がそれぞれ、自分だけのためのヒーリングプランを持つべきだということだ。そのヒーリングプランは人生の質を向上させるというニーズに基づくもので、単にある病気を治そうとする一般的な治療計画に基づくのではない。もちろん、肉体または精神の病気を癒《いや》すことは非常に大切であるが、この新しい、より広い視点も欠かすことはできない。ヒーリングプランの焦点が当てられるのはその人そのものを癒すことで、病気を治すことではない。プランの焦点がこの方向に絞られるほど、ヒーリングはより深く大きなものになる。健康には上限はない。いったん包括的なヒーリングプランを開始すると、ヒーリングは一生涯続く成長と学習の途となる。それは偉大な冒険の旅となり、人はより深く、より満ち足りた人生を経験する。

ヒーリングプランを創るにあたって忘れてならないのはスピリチュアルな真実は人生の背景と目的を形づくるということで、これは物理的な肉体レベル同様、ほかのすべてのエネルギーレベルにおいてもあてはまる。ＨＥＦ（ヒューマンエネルギーフィールド）のある特定レベルに問題があれば、間違いなくそのレベルのスピリチュアルな目的を満足させていない。人生を創造するのに必要なものを得ていないのだ。

したがって、ＨＥＦのどのレベルでヒーリングを始めるにせよ、そのレベルが本来の目的どおりに働いているかどうかをみなければならない。自分にこう質問しよう。自分の肉体は、行動を通して自分の神聖な個人性をみわけるのを助けるという本来の目的に役立っているだろうか。自分の第二レベルは、個人的感情や自己に対する愛という経験を与えてくれているだろうか。第三レベルは、意識を集中する能力や知覚を区別したり統合したりする能力を与えて、個人としての明確さと適切さの感覚をもたらしているだろうか。第四レベルを通して、愛に満ちた対等な人間関係を築いて自己のニーズを満たすことができているだろうか。すべての生命とのつながりを経験しているだろうか。

毎日の生活におけるヒーリングプランを創る際には、最も基本的なニーズから始めなければならない。自分という存在の物質的な面とスピリチュアルな面を統合するというニーズである。

この第4部では、第一から第四の各レベルにおいて、どのようにヒーリングプランを創るかを説明する。各レベルは自分の人生とニーズの異なる面に対応している。第一レベル用のヒーリングプランが焦点を当てるのは、自分の肉体とそのテンプレート（鋳型）、すなわちＨＥＦの第一レベルだ。

ヒーリングの過程で経験する最も大きな変化は、自分をとり囲み、また自分の中を流れている生命エネルギーフィールドに対する感受性が鋭敏になってゆくことだろう。以下、人間をとりまく環境をエネルギーという視点からみてゆく。9章ではまず環境の広大さに目を向け、次にそれより規模の小さい、人間が絶えず浸されている数多くの生命エネルギーフィールドへと焦点を絞ってゆく。

9章　地球のエネルギーは生命の土台である

地球上の異なる場所には異なる組合せのエネルギーがある。ある特定の土地のエネルギーフィールド全体を見ると、とても複雑にできている。土地のエネルギーフィールドはその地域の地理学的形態がもたらすエネルギーで構成されているが、そこには土壌を形成するすべての有機、無機の物質、たとえば埋蔵されている鉱物の組合せからなるエネルギーも含まれる。また現在その地域に存在しあるいはかつて存在したことのあるすべての植物、動物相のもたらすエネルギーも、はるか昔から現在に到るさまざまな人間社会とその活動のもたらすエネルギーも含まれる。

さらに、すべての土地はまた、太陽および惑星からのエネルギー、恒星間や銀河間のエネルギーにも影響される。こうしたエネルギーは場所によって異なる形で浸透し、通過し、蓄積される。地球の磁場もその中で役割を果たし、特定域の宇宙エネルギーを地球上の特定の場所に送る。

ヘヨアンは「将来、人々はこうしたエネルギー構造を記した地図を持ち、それによって自分の住居を選ぶだろう」と言う。それはちょうど中国の風水のようだ。風水師は非常に複雑なシステムによって建物の場所や家の向きなどを決める。紫禁城のような重要な場所もこうして選択された。また家の外も内も設計し、家具を使ってエネルギーの流れを調節することもする。その知識はもっぱら伝統に根ざすもので、またエネルギーの流れ方の知識にも基づいている。したがって、風水を深く学んだことのない西洋人にはあまり理解できない。ヘヨアンは「未来にはまた、新しい国家の首都の場所やそれを建設する時期さえも、地球と惑星のエネルギー地図に基づいて選ばれる」と言う。またある個人にとって住むのに健康上ずっと適した場所があるという。こうしたことについては一般的なガイドラインがあり、それをこの章でとりあげるが、それがどれほど当てはまるかは個人によって差がある。

たとえば、ある人は海や湖に近い場所にいる方がごく自然に気持ちよく感じるが、山や砂漠を心地よいと感じる人もある。このような傾向はその人のＨＥＦ（ヒューマンエネルギーフィールド）を構成するエネルギーに直接関係している。それは、人によってＨＥＦを構成するエネルギーが異なり、さらにコアスターのエッセンスに異なる形で浸されているからだ。通常、人は自分がどのような地形に結びつけられているか感じることができ、「僕は山が好きだ」、「私はとにかく水のそばに住みたいの」などと表現する。

ある人々は季候によって住む地域を選ぶ。

季候

特定の季候に対する好みは、直接その人のＨＥＦ（ヒューマンエネルギーフィールド）のタイプに関係している。好みは、なにがその人のＨＥＦのエネルギーに合うか、どのようにエネルギーを流すのを好むかによる。四季の変化を好む人もいる。いつも暑くて晴れている、雨の降らない砂漠が好きな人もいる。雨が好きな人もいる。

磁気嵐、雨の前のオゾン、そして雨は、すべてＨＥＦをチャージし浄化する。マイナスイオンが空気中に増加すると、ＨＥＦをチャージして活発にし、エネルギーがより速く流れるようになる。これが好きな人もあれば、怖がる人もある。

太陽は大気を「プラナ」や「オルゴン」と呼ばれるエネルギーでチャージする。このエネルギーを見るには、目の焦点を緩めて空を見上げよう。小さな光の点がいくつもカーブを描いて動くのが見えるだろう。全天の点を観察していると、全部の点がいっしょに脈動するのが見える。点の輝きは明るかったり鈍かったりする。天気のよい日には明るくて、元気よく動きまわる。この高エネルギーのオルゴンは気分を快活にする。ＨＥＦをチャージし、たくさんのエネルギーを与えてくれる。曇りの日には点は暗くて、あまり速く動かない。時に長く曇りの日が続くと、この点の一部が非常に暗くなったり、あるいは真黒に見えることがある。曇りの日が長く続いたあとほど、オルゴンは暗くて動きは緩慢になり、ＨＥＦをチャージする力が弱くなって、人間を怒りっぽくする。

快晴の続く山地では、オルゴンは非常に軽くて明るく、高度にチャージされている。私がこれまで最も強くチャージされたオルゴンを見たのは、冬のスイスアルプスだ。たくさんの雪、日光、新鮮な空気のある所だが、ここのオルゴンは最も強くチャージされているだけでなく、また最も濃密だった。一立方メートルあたりの点の数が、ほかのどこよりも多いのだ。人々が「若返り」にこの地域に休暇に出かけるのもうなずける。

高緯度地方で冬に光不足のせいで鬱状態になる人が出るのは、大気中のオルゴンのチャージが低下することにある程度関係している。これが、米国北部の人々がよく冬の休暇に日当たりのよい山にスキーに出かけ、あるいは南部の海に行く理由だ。エネルギーをチャージするのだ。時には再チャージに一週間もかかることがある。

もちろん、日光を浴びすぎてはいけない。外出時にはつねに日焼け止めを使おう。SPF（日焼け止め効果）の非常に高いものから始めて、体が陽射しに慣れるにつれてSPFの低いものにかえてゆく。チャージが終われば、そのあとは一日に二十分程度日光を浴びれば、適度のチャージ状態を維持できる。過度に日光を浴びると、疲労、日射病、日焼け、皮膚病といった副作用が出ることがある。どのくらいの時間なら副作用なしに太陽に当たれるかは、個人の敏感さによる。肉体に日焼けを起こすほど強い陽射しを過度に浴びると、HEFの第一レベルも火傷を起こす。太陽光線はこのレベルに浸透し、エネルギーフィールドは割れたガラスのように壊れ、ひび割れる。日光に過度にさらされると皮膚ガンになるのも無理はない。日焼け止めは有害な光線だけを防ぎ、HEFをチャージする妨げにはならない。

海もまた空気にエネルギーを与える。湿った潮風はHEFをチャージして、生命を維持するには低すぎる周波数のエネルギーを浄化する。海岸を歩くとHEFが広がる。時にはそれが二倍の大きさにまで広がって海面上にのびることもある。

海水浴や日光浴をする人は、南部の海岸では一年中、また北部の海岸では夏の間、三種類のチャージを受ける。太陽が直接HEFをチャージし、潮風が浄化するほか、海水浴を二十分すれば、日光の乏しい冬の間に蓄積した停滞した古いエネルギーの粘液が浄化される。数日間続けると、HEFの健康にとてもよい。

自然：海、森、川、湖、砂漠、山、野生動物

ヨーロッパ人がやってきて自然のバランスを崩す前のアメリカがどんなふうだったかを想像するのは、今では不可能に近い。かつて人間は自然の一部として生きていたのに、その特権を放棄してしまった。人がますます大地から切り離されてしまったことを、地球のあらゆる場所に発生している病気や自然災

害が示している。

自然は人間に邪魔されなければ、地球全体のエネルギーと調和している。自然のエネルギーは人間のエネルギーフィールドをチャージし、環境とバランスのとれた状態に保ってくれる。人間の手の入っていない自然環境では、人は地球のエネルギーと自然に同調することができる。環境と調和する時、人は地球全体と調和してあらゆる自然の一部となることができる。この状態で人がまわりからとり入れるものは、体を育んでくれる。その人のＨＥＦ（ヒューマンエネルギーフィールド）も調和され、とり入れたものを同化しやすくなるからだ。毎週数時間を自然環境の中で過ごすことは、自己のＨＥＦを地球のエネルギーと調和させるのに役立つ。これは健康のために必要なことでもある。

静かな湖にはおおいに気を鎮める効果がある。近代生活がＨＥＦにもたらす緊張や極度に乱れたパルス（脈動）を鎮め、リラックスさせる。流れの速い川からのパルスもＨＥＦによい。ＨＥＦのパルスを整った健康な形で速めてくれる。また滝壺のエネルギーはすごいものだ。折れた木の枝がこのエネルギーに捕われると、通常よりはるかに長く生きている。

松の森の木はＨＥＦと非常に近い速度で脈動している。このような森の中に座ったり、あるいは庭の松の木にもたれるだけでも、必要に応じてＨＥＦがチャージされる。これを好きなだけ行なおう。その樹木の意識とコンタクトをとることさえできるかもしれない。

山は鉱物の世界の力を感じさせ、その力にグラウンディングするのを助けてくれる。そうすると意識の非常な高みへと手をのばすことができる。明るい砂漠のきれいな空気はＨＥＦを、人によってはそれまでとてもできなかったほど大きく広げてくれる。

自然の中で動物と時間を過ごすと、そのエネルギーを受け取ることができる。自分自身がまわりの自然と同調する能力についての本能的な理解（知的理解ではない）を与えてくれる。自然と同調し、それによって地球と同調する能力は偉大な知恵にアクセスすることを可能にし、自己の人間としての本質に対する信頼感を与える。

自然のエネルギーはあらゆる生命をいっそう大きなスケールで理解するよう導く。それぞれの種はすばらしい知恵を持っている。それぞれの種に固有の知恵だ。人は多くのことを動物から学べる。その生態を通しても、彼らの真摯な生き方を通しても。ヒーラーによっては、森の中でみつけた、あるいは車などにはねられた動物の死体の一部からつくられたツールをヒーリングに使う。こうしたツールは（アメリカインディアンの伝統に従い）「偉大なる精霊」からの贈り物であると考えられ、それぞれが敬意をこめて大切に扱われる。このツールは適切な儀式をとり行なってつくれば、その動物の種が持つ知恵を維持している。このような道具をヒーリングで使用するのは、その知恵と直接、ホログラフィー的なつながりを得るためである。

花壇や庭の手入れをすることは、大地とのつながりを促してくれる。現代人から失われた野生の遺産を補うものといってもよいかもしれない。庭では人間と自然の接点をみいだすことができる。すると自然の意志と人間の意志のバランスがとれた状態となる。裏庭、温室、あるいは居間にあるあらゆる植物の美しさは、人間の感覚を自然の美で満たしてくれる。植物は異なる種類と周波数のエネルギーをエネルギーフィールドにもたらし、滋養を与えてくれる。家の中の植物は特に、家のエネルギーをチャージし、浄化し、健康なものに保つ。植物と接触すればするほど、エネルギーの交換量も大きくなり、植物と人間の両方にエネルギーの滋養を与える。

有機農法は人が大地につながるのを助け、バランスのとれたエネルギーを持った食べ物を生産する。大地に近づいて働くほど、人間はそのエネルギーに強くつながり、エネルギーレベルの滋養を受け取ることができる。そしてもちろん、自分が栽培した有機野菜という産物もついてくる。

人口密度

一九七〇年代終りから八〇年代はじめにかけて六年ほど、私は毎年オランダに出かけて集中トランスフォーメーションセミナーを手伝う機会を得た。この時に行なった個人セッションで非常に興味深いことをみつけた。患者（たいていオランダ人か他のヨーロッパから来た人）は、セッションのはじめに私と向かいあって座るとすぐ、椅子を引きずって近づいてくるのだ。あまり考えずに、私は椅子を少し後ろにずらした。セッション中、患者はまた近づいてきて、私はまた後ろに下がる。セッションの終り頃には通常、私の椅子の背は壁に押しつけられているのだった。これは非常に具合が悪かった。アメリカではこんなことはなかった。

戸惑いながら、私は時間より早めに部屋に行って、自分の側にもっとスペースをとるようにした。しかし、セッションの終り頃には必ず壁まで追い詰められているのだ。このような状態では、考えたり、自分を患者から切り離したりするのはとても難しかった。私は自分の側に問題があると考えた。多分、自分はこの人たちほど人なつこくないのだ。そしてこの新しい状況に自分を合わせようと努めたが、だめだった。私はスペースを得るために立ち上がって部屋を歩きだした。すると一、二分後には患者も立って、私のあとをついてまわるのだ。

最後に私は、自分のＨＥＦ（ヒューマンエネルギーフィールド）がここの患者より三十～六十センチも広いことに気づいた。つまり患者たちは、ほかのヨーロッパの人たちに対するのと同様な「普通」の間隔をとろうとしていたのだ。このＨＥＦの相互関係を観察し始めてわかってきたのは、ヨーロッパの人々（特に海沿いの狭い国土に詰めこまれているオランダ人）は、自己のＨＥＦのサイズを狭い空間での生活に合わせて調整しているということだった。

数年後、私はアメリカ人でも、東海岸と西海岸でHEFに大きな違いがあるのに気づいた。一般に、ニューヨークの人々は南カリフォルニアの人々に比べ狭い。広い空間に少ない人数で生活する人たちは、狭い空間に大勢で暮らす人たちより広いHEFを持っていると考えられる。混雑した都市の人々のHEFは田舎の人々より狭い。人口密度の高い国の人々のHEFは人口がまばらな国の人より狭い。

さらに、たがいの間に設けるエネルギーの境界線にも違いがみられる。ニューヨークから来て私のクラスに出席する人々は、他人と自己を分ける境界線がしっかりしている。まるでゴムボールがたがいにぶつかって跳ねあうように、第七レベルの外側でたがいにぶつかりあうのだ。南カリフォルニアの人々はたがいのHEFに干渉しあうことはなく、輪郭もふんわりとしている。第四から第七レベルを、たがいにぶつけることなく重ねあわせて同じ空間を共有することができる。したがって、カリフォルニアの人はHEFが広いが、コミュニケーションを交わす際にはニューヨークの人よりたがいに近くに立つのを好む。このようなコミュニケーションはしかし、ニューヨークの人間には軽すぎる、あるいはまったくなかったかのように感じられる。一方カリフォルニアの人は、ニューヨークの人間をがさつで硬直していると受け取るかもしれない。

もちろん、この違いにはほかにも重要な要素がある。それは、たがいに接触する際には、人は自分のHEFのうち居心地よく感じられるレベルを他人と重ねあわせるのを好むということだ。人はそれぞれ、特定のレベルをほかのレベルより発達させている。どのレベルが発達しているかは家庭や社会環境によって違う。異なる社会にはそれぞれその社会の価値観があり、それは人間が経験するものの中から特定の面を発達させるよう促す。たとえば、真実に最も高い価値を置く社会では、第五レベルに多くの注意が払われるだろう。人間どうしの愛が最も高いものだとされていれば、第四レベルがその社会では発達するだろう。

もちろん、それがどのように発達するかは、それぞれの社会がその価値観をどのように表現するかにもかかっている。もし、一部の宗教的社会のように、神聖な愛あるいは意志といったスピリチュアルなものが最も高く認められていれば、人々はその価値観を反映するような形で自己のHEFを発達させる。この場合、第六または第七レベルが最も発達するだろう。この社会の人々は、コミュニケーションの際にはこうしたレベルをたがいに交わらせるのを好む。

ヨーロッパの人は高度に洗練され、非常に発達した第一と第三レベルを持ち、特に第三レベルで関係を持つのが好きだ。ニューヨークの人間は第二、第三、第四レベルが好きだが、エネルギーフィールドを交わらせるのは好まず、むしろ緊張を創りだすような形で触れさせるのが好きだ。この緊張感により、たがいに「自分」を区別しあう。カリフォルニアの人間は第二と第四レベルを好み、ふんわりとエネルギーを交わらせるのが好きで、これをどちらも干渉したりぶつけたりせずに行なう。おそらく緊張のない「同一感」を求めているのかもしれない。なお以上の観察はすべて私のクラスに参加した人を対象にしているので、その地域のすべての人には当てはまらないかもしれない。

都市

大都市は高いエネルギーの集まる場所で、さまざまなエネルギーが存在する。ヘヨアンは「大都市や文明は、地球上でも、外宇宙からの膨大なエネルギーが集積する場所にできる」と言う。こうしたエネルギーは知識の源であり、人間は無意識にこうした場所に引きつけられるのだという。そういう場所では人は創造性を刺激され、文明を生みだし、その土地のエネルギーに蓄積された知識を具体的な形で実現させる。数学や言語が誕生した地は、このようなエネルギーの渦の中心にあるところだった。そこに集まった人々はそうした知識をこの世界に伝えるチャネルの役割を果たした。

ヘヨアンはこう言う。

「すなわち、あなたがたも想像していたかもしれませんが、現在地球上に存在する大きな学びの中心地は、このような知識のエネルギーの渦上に位置するのです。文明の中心が地球上を移動する理由の一つは、それぞれの土地が、歴史の中の特定の期間に顕著にあらわれる［訳注：エネルギーフィールド中の］ある特定の知識を供給しているからです。これは文明の進歩に関わる、あまり知られていない、しかし重要な要因です。そして世界の人々は現在顕著な発展を遂げている文明のみに目を向け、その結果、次に興る文明の源となる場所に干渉しないようになっているのです」。

都市は創造性、発明、知識をもたらし、同時に大量の廃棄物を物質およびエネルギーのレベルで生みだす。都市では、人間はたがいに高いエネルギーの中でどのように生きるかを学ぶ。この高いエネルギーは浄化される必要のあるネガティブなエネルギーブロックを刺激して解き放つ傾向がある。このため、あいにくなことに、大都市は大量の高い知的エネルギーだけでなく多量のネガティブなエネルギー（DOR）をも集積する、という結果ももたらす。

DORはウィルヘルム・ライヒが発明した語で、「死んだオルゴンエネルギー」を意味する。これは生命が必要とするよりもかなり低い周波数で振動し、健康に害を及ぼす。大量に蓄積されると危険なこともあり、時には生命をおびやかす。肉体とHEF（ヒューマンエネルギーフィールド）の最も弱い部分に病気を引き起こすのだ。多くの大都市では、このDORはすべてのものに浸透し、大地深くにまで及んでいる。その場所に住むすべての人に影響し、多くの場合、人々は健康を維持するために定期的にその場所から出る必要がある。たとえば、私はニューヨークシティで十五年ほどヒーラーとして働き、また教室を開いていたが、ヒーリングのために健康な大地のエネルギーにグラウンディングしてアクセスするには、四十メートル近く蓄積したネガティブなエネルギーを通過する必要があった。このエネルギーは暗い灰黒色でどろどろしている。これはニューヨークの地面および岩盤全域に存在する。もちろん、ネガティブなエネルギーがそれほど暗くない、あるいは厚くない地域もあるが、この大都市のほとんど全域を覆っている。もちろん、その下には正常できれいな大地のエネルギーがあり、これはエネルギー汚染に影響されていない。DORの量と深さは、年々増加しているようだ。映画『ゴーストバスターズ2』で描かれていたことも、それほど現実離れしてはいない。

私はまたニューヨークシティの空気汚染が毎年急速に悪化していることにも気づいていた。毎年、ここに住む患者は前年よりさらにひどくこの影響を受け、免疫力がこのすさまじい環境汚染のせいで弱められていった。私の観察した主な影響は脳に及んでいた。多くのさまざまな脳細胞は各種の物質をごくわずか生産するが、それは脳と肉体が健全に機能するために必要とするものだ。この物質は肉体器官の機能調整の引き金として働く。私がニューヨークシティにいる時に気づいたのは、人々の中でこの物質の分泌のバランスがますます乱れてゆくことだった。生産される量やタイミングのほんのわずかな変化が、身体の正常な機能に非常に大きな混乱をもたらす。私は乱れた脳のエネルギーのバランスを回復させることはできたものの、患者は汚染された環境にもどってゆくので、またもや健康な脳の機能を乱されることになるのだった。誰もなにが起きているかまったく気づいていないようだった。

私はニューヨークシティに住む老人たちの健康状態にも気づいていた。長年環境汚染にさらされた結果が明らかになり始めていて、老人たちのエネルギーが非常に低下し、郊外に住む同年代の人々に比べ、HEFのバランスははるかに乱れていた。DORにさらされる期間が長いほど、人間はネガティブなエネルギーに対する感度が鈍くなる。蛙を水をはった鍋に入れてゆっくり熱するようなものだ。蛙は水が熱くなるのを感知できず、鍋から飛びだそうともしないでそのままゆだって死んでしまう。

住む場所を選ぶ

誰にも「あそこに住むことができればなあ」と感じられる場所がある。多くの人は自分が育った土地にもどって住みたいと望む。それは若い頃の景色を楽しく思いだすからだ。その土地の動物や植物相の感じ、風景、音、手触り、匂いなどを懐かしむ。子供の頃にはそうした自然の環境に対してより繊細だった。そうやって昔の経験を思いだすといつも、心と体のつながりがまたもどってくる。子供の頃にはあったのに成長の過程で失ってしまったつながりだ。このつながりがＨＥＦ（ヒューマンエネルギーフィールド）を健康でバランスのとれたリラクセーション状態にふたたび導き、ヒーリングをもたらしてくれる。

一方では、苦労の多い子供時代を過ごした人なら、まったく異なる季候や風景の場所に移るのを好むだろう。このような人は見知らぬ新しい土地の方が、かつての故郷よりもヒーリングに向いていると感じる。

住む場所の好みは、直接、ＨＥＦの「ノーマル」な構成に関係している。人は環境中のエネルギーのある特定の組合せを心地よいと感じる。環境とはたとえば海、森、山などだ。そしてそれに応じて住む場所を決める。また、自分の体を流れるエネルギーの種類と強さについても、普段慣れている一定の範囲というものがある。ある人にとっては普通の強さが、ほかの人には弱すぎたり強すぎたりするかもしれない。また人間関係の「オープン度」、つまり自己の境界をどのように保つかについても同じことがいえる。

また、人間は自分にとって「ノーマル」と感じる場所を選ぶ傾向がある。「ノーマル」と称されるのは実はある特定の、習慣的にバランスが偏っている状態で、人はその状態を自分のHEFに保持している。現状を維持するような環境を好み、たいてい人生にあまり変化が起きるのは好まないものだ。自分の「ノーマル」なエネルギーレベルを乱す人間や物事は好まない。そして多くの場合、それに応じた生活環境を選ぶ。この点について意識的に選択を行なうようにすれば、ホリズムにのっとった生活を確立するのに役立つ。人生を望ましいものにかえるためには、新しい環境に移る必要がありながらそれを先のばしにしてきたのなら、まったく新しい土地に移るのはよい考えかもしれない。これは前の章で例に挙げたカレンの場合、とてもうまくいった。彼女は手術のあと、アメリカの北東部から南西部に移った。

古来の風水術

風水は調和された環境を創りだす古代中国の術で、エネルギーパターンは人間が行なうこと、建設するもの、あるいは創りだすものによって影響されるという考えに基づいている。風水は、人間の運命や人生はユニバーサルエネルギーフィールド（UEF）とヒューマンエネルギーフィールド（HEF）の間で織りなされるものだと教える。建物や物体の位置は、環境と人間のエネルギーを調和させ管理する手段として使われる。たとえば、門の位置と方向はとても重要だ。門が壁に面していると、家に入る大地のエネルギーの自然な流れが遮られる。家に入るのにいつも壁をまわらなければならないのは、エネルギーを使い、住む人の動きの自然な流れも妨げる。自分の家に近づくのにいつも壁に向かうことになると、住む人と家の間に結ばれるエネルギーの流れも遮られる。これは住む人と家の関係を乱し、その人の人生は弱々しいもの、敗北感を覚えるもの、障害だらけのものと感じられる。というのは、「心地よい場所にたどり着くためには回り道しなければならない」というパターンが築かれるからだ。そして人生にさらに不要な苦労が創りだされる。

風水によれば、地形、家に対する水の位置と流れ、星の巡り、色、天候、動物、形、デザイン等のエネルギー的影響を知ることが大切である。風水ではさまざまな物を使って、住居のエネルギーの流れをコントロールする。たとえば、鏡を使ってエネルギーを反射させる方法があり、正面扉の向かいの壁に鏡を置いて入ってくるネガティブなエネルギーを反射させたりする。また健康と幸運をもたらすために、音を使ってエネルギーを変化させたり、ポジティブなエネルギーを家に入るように仕向けたりする。

風水は家や事務所を建てる場所を選ぶのにも使われる。地形、道路、近隣の様子などに合わせて、どこに建物を建てるか、どこに車庫用の道を設けるべきかなども教えてくれる。

アメリカで手に入る風水の参考書もあるが、西洋人にはそこに書かれている特定のルールや原理の大部分はあまり理解できないだろう。これは東洋と西洋の世界観の違いのためでもあり、また風水が非常に古い伝統に基づくものだからでもある。過去から伝えられてきたものの中には、実際に役に立つ知識に混じって、迷信も入り込んでいるかもしれない。しかし、住居やオフィスの環境によって自分がどのように影響を受けるかを具体的に知りたい人は、風水についての本を読んでみることをお勧めする。

読者には、この章のあらゆる情報を使って、自分の住んでいる場所を検討し直すことを勧めたい。アメリカでは住む場所を選ぼうとすると非常に広い選択範囲があり、望みさえすれば、自分の住みたい場所を選んでそこで仕事を探すことができる。都市に住んでその高いエネルギーを経験することを選ぶなら、定期的に田舎に出かけるようにするべきだ。さらに、10章に述べるテクニックを使って、自分のエネルギーフィールドを定期的に浄化しよう。

どんな土地に住みたいか自分に問うべきこと

どんな地形や景観が好きだろう？

自分の好きな土地に住めない場合、時々その土地で過ごすにはどうすればよいだろう？

どの地域に行けば、自分の好むタイプの人間関係の境界、それをもたらす人口密度を享受できるだろう？

どのようなタイプの人々と交際したいだろう？

いつも移り住みたいと感じていながらまだ実行に移していない、という場所がないだろうか？

そこへ引っ越せば、自分の中でこれまで満たされないできたどのようなニーズが満たされるのか？

そのニーズは、今住んでいる場所では満たすことができないのだろうか？

今いる場所に住み続けているのは、もしかしたら本当はなにか別のものなのではないだろうか？

今いる場所に住み続けているのは、自分が恐れているなにかに直面するのを避けるためではないだろうか？

もしそうならそれがなにかをみつけ、今いる場所にい続けるか引っ越すか、意識して決められるようにしよう。


HEFを囲み滋養を与える宇宙と物体のエネルギー

居住空間

居住空間のエネルギーはHEF（ヒューマンエネルギーフィールド）に大きな影響を与える。あらゆる空間にはエネルギーがあり、空間の形、色、材質、それを創作した人間のエネルギーなどが関わっている。空間にはそれを使う人のエネルギーも蓄積される。また、そこでどのような活動を、どのように行なうかも影響する。こうしたエネルギーはすべて、健康なものも不健康なものも、部屋にたまる。同一のエネルギーの、同一の人による、同一の目的のための使用が続けばそれだけ、その部屋はその目的に沿ったエネルギーでチャージされる。

誰でもきっと、バスや列車の駅のエネルギーと教会や寺院のエネルギーの違いに気づいたことがあるだろう。たとえば、ニューヨークシティに行ったことがある人は、港湾局バスターミナルやグランドセントラル駅のエネルギーを、聖パトリック教会や聖ジョン教会、エマニュエル寺院と比べてみよう。駅のエネルギーはがさつで、混乱に満ち、尖って、通常は暗い汚染された雲でいっぱいだ。長時間いるのは心地よいものではない。危険を感じさえするが、それは犯罪のせいばかりでなく、膨大な量のネガティブなエネルギーがたまっていて、それを自分のHEFにとり入れてしまう可能性があるからだ。教会や寺院のエネルギーはこれに比べ、きれいでもっと周波数が高い。このような空間はより高いスピリチュアルなエネルギーで満たされ、入ってくるすべての人にポジティブな影響を与える。

礼拝の間に蓄積されるエネルギーは、そこで礼拝を行なう人々の信仰のエネルギーをも含んでいる。よく似た信仰を持つ人がこのような空間に入ると、自分が支えられているように感じる。というのは自分の信仰と似たエネルギーの空間に入るからだ。しかし異なる信仰を持つ人には、その同じエネルギーが威嚇的な、あるいは息苦しいものと感じられることもある。

沈黙の瞑想や神との交わりに用いられる空間、たとえばクエーカー教徒の集会所などは、すばらしくクリアで清らかな、非常に周波数の高いエネルギーに満ちている。これまで私が見た中で最もクリアなエネルギーの瞑想空間は、スコットランドのフィンドホーンと呼ばれるスピリチュアルコミュニティのサンクチュアリ（聖域）である。フィンドホーンは人間と自然の接点となる地として知られている。ここではコミュニティの全員が一日数回サンクチュアリに集まり、沈黙のうちに瞑想を行なう。こうして長年の間にすばらしくクリアで清らかな、そして自然のエネルギーと同調したエネルギーが蓄積されている。

空間の温度と湿度の調節も、そこにいる人のエネルギーに影響を与える。セントラルヒーティングは空気の湿度を砂漠のそれにかえる。この場合、健康によい形で湿度を加えるのは難しい。この乾燥した空気はHEFを脆くし、外部からの侵入に対して弱くする。床下温水暖房が最もよい。空気をそれほど乾燥させないからだ。ガス式ヒーターは時にガス漏れがあり、検知されるまでに多くの被害をもたらすことがある。ガス式ヒーターを使っているなら、定期的に点検を受けるか、ガス検知器をとりつける。

アルミのエネルギーの周波数は生命を維持するのに必要なものよりもはるかに低い。私は自分の家や台所にはアルミ製品は置きたくない。アルミ外装の家やトレイラーは、その中の人間のエネルギーを吸い取り、生命エネルギーの周波数を低下させる。木造の家は生命エネルギーと大変相性がよく、健康的だ。コンクリートはエネルギーフィールドにはよくも悪くも影響しない。大きなアパート式の建物などは鋼鉄の柱を使用しており、これはHEFが正常に広がるのを妨げる。しかしアパートの部屋が大きく天井が高ければ、おそらくたいして問題にはならないだろう。部屋に大きな窓があるのは、そこから光が入り空気をチャージするので健康によい。

身のまわりの品

品物にもエネルギーがある。これは素材のエネルギー、それを創作した人間により（意識的にあるいは無意識のうちに）込められたエネルギー、そしてその持ち主が与えたエネルギーからなる。骨董品であれば、これまで置かれていたすべての場所のエネルギーがこもっている。部屋に品物を置くということは、そのエネルギーを部屋全体のエネルギーのシンフォニーに加えるということになる。

家の中の特定の場所にクリスタル（水晶）を置いて家のエネルギーを保たせるのは、大変効果的だ。私の友人はいくつかの大きなクリスタルを、適切な儀式を行なってから各部屋に置いている。訪ねるたびにその家のすばらしいエネルギーを感じる。

ヒーラーによっては天然のクリスタルをヒーリング室において、ヒーリングのエネルギーを強めたり、部屋のネガティブなエネルギーを浄化したり、大地へのグラウンディングを強めたりするのに使う。もちろん部屋を美しくもする。この場合、クリスタルは毎日浄化する必要がある。直射日光に当てるか、一リットルの水に大匙四杯の海塩を入れたものに二十分ほどつけるのがよい。

クリスタルは種類によって異なったエネルギー周波数を持ち、さらに個々のクリスタルは、同じ組成のものであっても異なる周波数を持つ。いろいろなクリスタルを試して、それが自分の目的に合ったものであることを確かめることが重要となる。そのための簡単なテストとして、そのクリスタルを置く予定の場所に置いて、何日かそのままにしておく。そのあともまだそのエネルギーが好ましいものなら、そのまま置いておく。もし気に入らなければ、別の場所に移して数日間置いておく。それでもだめならまた別の場所に移す。場合によっては家の外に出す必要があるかもしれない。大切なのは、好ましいと感じられることだ。そのクリスタルと「いっしょに住む」ことになるのだから。

絵画はＨＥＦ（ヒューマンエネルギーフィールド）にすばらしい影響を与える。この影響は人によってずいぶん異なるのだが、ある程度一般的にみられる効果をあげることはできる。ヴァン・ゴッホの「星月夜」のような絵に導かれて、人は人生の旅路について、あるいはそこで出会う苦悩や陶酔について、深く思索する。美しい印象派の絵、たとえばモネの「睡蓮」シリーズは、ＨＥＦの第六レベルをチャージし、やすらかさを生みだす。レンブラントは光に対する憧れをかきたて、内面のコアスターの光を強める。優れた絵画はどのようなものでも、ＨＥＦにいっそうのコヒーレンシー（整合性）をもたらして自己のベストを尽くすように啓発する効果がある。また適切な額縁とは、絵画と同じ周波数のエネルギーを持つものである。絵画はそれ自体独自の視覚的統合性を持っており、不適切な額縁は画家が意図した視覚的効果を損なってしまう。適切な額縁は絵画と同じ強さを持ち、理想的には絵画のエッセンスを強める効果があるとよい。十九世紀アメリカの有名な画家トーマス・コールは、「額縁は絵画の魂である」と語っている。気に入っている絵を壁にかけて、その空間に適したムードを創りだそう。

環境を満たす音

音は、何世紀にもわたり、ヒーラーやあらゆる伝統と文化のメディスンマン（治療師、祈禱師）らによってヒーリングに使われてきた。伝統的なチャント（詠唱）はアメリカでも六〇年代頃からふたたび人気が出ているが、ＨＥＦ（ヒューマンエネルギーフィールド）を変化させ、意識をＡＳＣ（変性意識状態）に導くことができる。近代のヒーラーはよく、トーニング（声によるヒーリングのテクニック）を使って患者のＨＥＦを変化させ、健康を増進させる。

音にはＨＥＦに対する非常に強力で直接的な効果がある。ニューヨークシティで十五年間ヒーラーとして仕事をした間、私は多くの異なる用途に音を使用した。たとえば声を使って、患者の肉体とＨＥＦに直接トーニングを行なった。またそのトーニング音を録音し、体やＨＥＦの特定部分に特効のあるそのヒーリング音のテープを患者が毎日一回か二回かけられるようにした。患者はテープをかけながらベッドに横になって楽にするか、メディテーションするだけでよい。症状がよくなるのに合わせて、私は新しい音を入れたテープをこしらえた。このように患者が自宅で自己ヒーリングを行なうことで、より短時間で回復することが可能になった。私は種々のトーニング音を、さまざまな目的に合わせて使う。たとえばエネルギーのブロックを弱める、肉体の一部をチャージする、HEFの特定のエネルギーの線を浄化する、組織の成長を促進する、出血を止める、停滞している体液を流れさせる、寄生虫を体から追いだす、共鳴周波数で寄生虫の卵や微生物を破裂させる、チャクラを回転させたりチャージしたりする、などである。

　適切な音を歪んだチャクラにトーニングすると、そのチャクラは正常な形にもどる。HSP（ハイアーセンスパーセプション、超感覚的知覚）を使いながら、私はよくこれを患者に行なった。その効果は非常にパワフルだ。私の視覚的HSPは大変正確なので、自分が出すさまざまな音に対してチャクラがどのように反応するかを見ればよかった。適切な音を出せた時には、形の歪んでいたチャクラも第一レベルでまっすぐに立ち上がって正しく回転し始める。さらにその後、数秒ほどで、第二レベルの色も正常になる。その効果の出る早さは驚くほどだ。数分間トーニングを続けると、チャクラはその状態で安定する。

　私がトーニングに使う音は、オーバートーンのかかった多数の周波数を組みあわせたものだ。どの周波数がどのチャクラに対応しているのかを確かめる周波数分析は、まだ行なっていない。そのためには、現在まだ存在していないような精密な測定機械を必要とするからだ。私はトーニングを多数の人々のために録音してきたが、通常特定のチャクラには同じ音が対応している。このようにしてみつけた各チャクラに対応する音階を図9―1に示す。

図9-1　チャクラと音階

チャクラ	色（第二レベル）	音階
第七	白	ト
第六	藍	ニ
第五	青	イ
第四	緑	ト
第三	黄	ヘ
第二	オレンジ	ニ
第一	赤	ト（中央ハより低いト）

この種のトーニングで興味深いもう一つの点は、患者が特定の色を頭に浮かべる能力に与える効果だ。たいていの人は簡単にいろいろな色を思い浮かべることができるが、もし適切に機能していないチャクラがあると、それに対応する色をHEFにとり入れることができず、頭に思い描くことができない。たとえば第三チャクラだけ機能が正常でないと、ほかのチャクラに対応する色はすべて思い浮かべられるが、第三チャクラに対応する黄色だけは思い描くことができない。第三チャクラにトーニングを行なうとチャクラは立ち上がって正常に回転を始める。チャクラが「立ち上がり正しく回転し始める」と、チャクラは正しい色にもどり、患者はその色を思い浮かべることができるようになる。

音はHEFの第一レベルだけでなく、第二レベルにも影響する。そこではチャクラは下から順に赤、オレンジ、黄、緑、青、藍、白色をしている。すべてのレベルにトーニングで影響を与えることができる。一度に影響を与えられるレベルの数は、そのヒーラーが一時に出すことのできるオーバートーンの数による。私自身についていえば、特定のチャクラについて上位レベルに影響を与えるオーバートーンを出し始めると、下位レベルに対応するオーバートーンが出なくなる。この問題を解決するため、私はトーニングを二回に分けて行なうことにした。それぞれのチャクラについて下位レベル用にトーニングを行なったあと、こんどは上位レベル用にもう一度行なうのである。

私のヒーリングスクールでは、人間の声によるものと、機械で出されたものの二種類のトーニングテープを発売している。

最近、音は自然界において形態の創造に直接関連することが、ますます多くの研究によって示されている。この研究分野はサイマティックスと呼ばれている。スイスの故ハンス・イェニング博士は、著書『サイマティックス』で、音が直接形態と結びついていることを実験によって示した。粒子の細かい砂または石松子《せきしょうし》の粉を金属の板にのせ、安定した連続音を流すと、その砂または粉は特定のパターンを描き始める。音をかえると、異なるパターンが得られる。はじめの音を繰り返すと、同じパターンにもどる。同じ音についてはつねに同じパターンが描かれる。音が止まると、パターンが描かれるのも止まり、砂は重力に沿ってゆっくり分散してゆく。

イギリスのウースターシャーの整骨療法医ガイ・マナーズ博士は、イェニング博士とともに行なったこれに関連する研究を続け、音によって三次元の形を創りだそうと試みた。そのためには、一度に複数の周波数を使う必要があった。四種類以下の組合せではだめだったが、五つの音を同時に組みあわせるとすぐに、金属板上の粒子は三次元の形をとった。

マナーズ博士は二十年かけてこの現象を研究し、各内臓器官に有効な音の組合せをみつけた。そしてサイマティックス装置によってその音を発生させて、臨床治療に使用し始めた。現在この治療法は世界中で実施されている。私はブレントフォートンホールクリニックに同博士を訪ね、この装置による治療を見せてもらった。この治療には明らかにHEFを正しく健康な形に修復する強力な効果があった。これは、病気や怪我の治療にかかる時間を短縮するだろう。

以上で、環境内に存在する音はどんなものであれ、直接HEFに影響することがわかってもらえたと思う。音楽も、交通騒音や工場の騒音も、そして自然の音も。音が健康に及ぼす広範な影響はようやく理解され始めたばかりである。その理解はまだ完全なものではないが、音の持つきわめてパワフルな効果を認め、音の環境を管理することが大切だ。

大都市に住むなら、騒音公害に対抗する自衛手段をとろう。騒音の中でも眠ることはできるかもしれないが、しかしそれはHEFに影響を与える。できれば窓を三重窓にし、厚くて消音効果のあるカーテンをかける。オフィス騒音からもできる限り身を守ろう。自分個人のオフィスルームがあるなら、それを防音にして、ほかのオフィスルームや外部からの音が聞こえないようにする。いろいろな音のする大きなオフィスルームで仕事をするなら、自分のまわりだけでも防音にして、まわりの音を消す工夫をする。できることなら耳栓をしよう。

音楽は健康とヒーリングにとても重要な役割を果たす。多くのヒーラーは音楽を使ってHEFを鎮めたり、高い周波数に上げて患者がヒーリング状態に入るのを助けたりする。さまざまな音楽はさまざまな効果をもたらす。ある音楽はとても落ち着かせる効果があり、あるものはHEFをチャージする。直接ASC（変性意識状態）に導くものもあれば、知的活動を活発にさせるものもある。ニューエイジ音楽では、各チャクラを順に開く効果のあるものがいろいろ出ている。あるものはメディテーションにすばらしい効果がある。私のヒーリングスクールの授業ではいつも、音楽を使って学生をヒーリングのためにいろいろな意識状態に導く。たとえばドラム音楽はグラウンディングして大地のエネルギーにアクセスし、第一と第二チャクラを開くのによい。ロックは官能を刺激し、肉体とHEFが生き生きとしたペースで動くようにさせ、HEFに流れるエネルギー量を増加させる。ラブソングは第四チャクラを開き、人々がたがいにつながりを築くのを助ける。シンセサイザーを用いた各種のメディテーション用音楽は、魂を高揚させるのに大変効果がある。どんな楽器であっても、演奏者がその道に熟練していれば、HEFのあらゆるレベルを経験するように人を導くことができるものだ。私のスクールではよくハープ音楽を使って、学生たちにコアエッセンスを経験させる。

音楽を定期的に聞くことは健康の維持に役立つ。選択する音楽のタイプは、自分のHEFを構成しているエネルギーのタイプと直接関連している。またその時点でどのような人生のレッスンを個人的に通り抜けつつあるかに応じて異なる。好きな音楽を選ぶ範囲を限定せず、どんな音楽も好きなように使おう。これは自分で得ることのできるエネルギーの滋養の宝庫だ。もし自分が特定の音楽に対して昔からある決めつけをしているのに気づいたら、いつかはその音楽を聞いて、それが自分のHEFにどんな影響を与えるかを経験してみるべきだろう。なにかを避けているのかもしれない。あるいはその特定の音楽が代表する成長段階を終了してしまったというだけのことかもしれない。

自分の好きな音楽を配偶者が嫌いなら、その音楽はある部屋だけで聞くようにし、それを聞くか聞かないかの選択を相手に与えよう。それぞれが好きな音楽をべつべつに聞けるよう、二部屋にステレオを置く必要があるかもしれない。夫婦の一方は静けさを好むかもしれない。自分が一日の内でいつ音楽を聞きたいか、あるいは静けさが必要かを決め、家族の誰もが自分のニーズを満たせるようにしよう。必要なら、部屋の間にさらに仕切りを設ける。あるいは音楽を聞くならヘッドフォンを使うよう相手に頼む。

十代の子供が大きな音で音楽をかけるのが好きなら、その子の部屋を防音にするか、ヘッドフォンを使うように言う。子供の行動をかえようとするよりは、この音（または騒音）から自分を守るように努めるのがよい。

思春期に入ると、大人への移りかわりの時期にある子供たちは、その音楽を必要とするのかもしれない。これまで（少なくとも今の人生では）経験したことのないエネルギーがＨＥＦの中に形をとり始める。新しく、より周波数の高い知的エネルギーまたはスピリチュアルなエネルギーがＨＥＦ全体に流れ始める。また胸の第四チャクラと、官能を司る第二チャクラに新しいエネルギーがあらわれる。この新しいエネルギーを自己のＨＥＦに組み入れるのは実に大変なことだ。自己を両親から切り離してゆくだけでなく、これまでなかったような形で他者と結びつく方法を学んでゆく。この間の若者は傷つきやすい。両親になにもかも面倒をみてほしかった子供時代が終わり、両親から離れ、知り始めたばかりの異性と幼い恋を芽生えさせる時期なのだ。我々も若かった頃は、ロック音楽を聞くことでこの移行を容易にした。それは自分と親の間に音の壁をつくり、親から独立するのを助けてくれた。ロック音楽は、思春期に解放され発達するエネルギーを刺激する。生きる意志（第一チャクラ）と官能

（第二チャクラ）をチャージする。また両親への依存から独立し、友達とのつながりを築くのを助ける（第三チャクラ）。そしてもちろん、ロマンチックな音楽はハート（第四）チャクラを開く。また、自分と同じ経験を通り抜けつつある相手と愛のつながりを築くのを助けてくれる。両親の支配から自由になり、同時に友人たちに対してより依存してゆくようになる。大人として持つであろう多くのニーズを満たすことができるようになるためには、友人とのつながりと協力という、欠くことのできない力を育てなければならない。思春期の前にそれが身についていないと、大人になる前に身につけようと最後の一押しがくる。親としてはこの騒音のような音楽は耐えがたいものかもしれないが、これはかつて自分たちが外の世界へ移ってゆく時期の象徴でもあったことを思いだそう。

空間を色で活性化する

音について語ったことは、すべて色にも当てはまる。音も色も振動する波からできており、したがって波型構造と周波数を持っている。音と、色のある光とはまるで異なっている。音は縦波（疎密波）で、空気や家の壁といった媒体を通過する。「縦」とは、その波型の動きと同じ道を進むという意味だ。我が聞く音は外宇宙や真空中には存在しない。媒体となる物質を必要とするからだ。一方、色は電磁波であり、進む道に対して垂直に振動する。外宇宙や真空中も通過できる。いずれも究極的には、物質世界を越えて存在するより高い周波数が物質世界にあらわれたもので、どちらも神聖なるものの顕現なのだ。

色は健康に欠かせない。人間にはＨＥＦ（ヒューマンエネルギーフィールド）にあるすべての色が必要だ。自己が明晰であれば、必要とする色に引きつけられる。図９―２は、色とその一般的な効果を示している。たとえば赤は感情を刺激し、青は鎮め、落ち着かせる。この図は、家、オフィス、ヒーリング

図9-2 （左ページより続く）

藍	スピリチュアルなものを知覚させ、陶酔感をもたらす。スピリチュアルな生の持つ深い神秘にアクセスするのを助ける。第六チャクラの近くにあるすべての器官によい効果がある。
紫	スピリチュアルなものを統合しスピリチュアルな生き方に移行するのを助ける。高貴さを感じさせる。リーダーシップの気風と尊重の念をもたらす。
ラベンダー（薄紫）	人生に対する心軽やかな態度をもたらす。侵入した微生物を排除して、浄化する。
白	自己の純粋さにアクセスするのを助け、ＨＥＦを広げる。スピリチュアルな面を広げ、スピリチュアルなレベルで他者と関係を結ばせて、エネルギーを外に向かって広げさせる。痛みを軽減する。脳によい効果がある。
金	「高い知性」を増強し宇宙の完璧なパターンの理解を助けて、気力を非常に充実させる。神と自己の内にあるスピリチュアルな力にアクセスするのを助ける。体のあらゆる部分を強くする。
銀	微生物を非常に強力に排除する。残留物を浄化するにはラベンダーにすぐ続けて使う。より敏速に反応させて、コミュニケーションをいっそううまくとれるようにする。スピリチュアル外科療法では傷を固め閉じるのに用いる。
プラチナ	襲ってくる微生物を浄化排除する力は、銀の光よりもなお強い。
茶	大地とのつながりを豊かなものにし、グラウンディングの力を強くする。
黒	内面へと向かわせ自己の中心にとどまるのを助ける。完璧なやすらぎをもたらす。適切に使えば、内面の深い創造のパワーへと導いてくれる。「無」へと導く。「無」は形をとって生まれてくるのを待っているいまだ形を成さない生命の源である。至福へと導く。死と取り組むのに役立つ。骨を癒す効果がある。

図9-2　色の一般的な効果

赤	大地とのつながりを増大させ、基本的な生命を与える。たとえば、物質世界に生きようとする意志など。チャージ効果、保護効果、シールド（遮蔽）効果がある。第一チャクラ関連の器官すべてによい効果がある。
マルーン（えび茶）	情熱と意志を一つにする。
薔薇色	他者への強い積極的な愛をもたらし、愛するのを助ける。心臓や肺のトラブルに強いヒーリング効果がある。
ピンク	他者への柔らかく優しい愛をもたらす。
ピーチ（薔薇色がかったオレンジ）	柔らかくて優しい明るい心を広げる。
オレンジ	性エネルギーをチャージし、免疫系を強化する。第二チャクラ関連の器官すべてによい効果がある。大志を抱かせる。
黄	思考の明晰さ、バランス感覚をもたらす。第三チャクラ関連の器官すべてによい効果がある。心を澄ませる。
緑	調和をもたらし、満たされた思いを与えて、「自分は大丈夫。あなたも、世界も大丈夫」と感じさせる。第四チャクラに関連するすべての器官、たとえば心臓や肺によい効果がある。
青	やすらぎ、真実、静かな秩序をもたらす。真実を語るのを助け、感覚をとぎすまし、インナーティーチャー（内面の教師）の存在を強める。第五チャクラがカバーするすべての器官、たとえば甲状腺などによい効果がある。第五レベルの外科療法では傷を固め閉じるのに用いる。
ダークブルー	強い目的意識をもたらす。

（右ページへ続く）

室の装飾などの色を選ぶ際に使用できる。居住する空間それぞれの目的を明確に決めたら、それに合った色を選ぶことができる。

あらゆる病気は特定のチャクラの機能不全と関連しており、またそのチャクラに対応する色がHEFで不足する。したがって、色は種々の病気の治療に使用できる。たとえば、甲状腺機能が弱まっている人には青が必要だ。逆に機能が昂進しているならその人のHEFに青がありすぎるので、おそらく緑が必要だろう。緑は一般にHEFのバランスを整える。多発性硬化症の患者は赤とオレンジを必要とする。第一と第二チャクラが最も影響を受けているからだ。すべてのガン患者は必ず第七レベルに裂け目があるので、第七レベルの色である金色が必要だ。ガン患者はまた、ガンがある臓器に関連するチャクラの色も必要とする。たとえば肝臓や膵臓のガンには黄色とピーチ色（薔薇色がかったオレンジ色）が必要だ。これは第二と第四レベルにおける第三チャクラの色である。

集中力と落ち着きがない子供の部屋を青に塗ると鎮静効果があるという話も聞いている。ある精神病院では、壁を青に塗って患者を落ち着かせている。私はいつの日か病院の壁が、患者をヒーリング状態に導く効果のある色に塗られると想像する。鮮やかな緑と薔薇色は、すべての患者のハート（第四）チャクラを第二と第四レベルでチャージしバランスのとれた状態にする。ハートチャクラはすべてのヒーリングの中心である。というのはすべてのヒーリングエネルギーは、ハートチャクラの中心を通らなければ、肉体が受け取ることができないからだ。大きな色ガラスの後ろにハロゲンランプ（全可視波長の光源）をつけて、それを病室から病室へ動かすこともできるだろう。ガラスの色はそれぞれのチャクラの色に合わせて、HEFがその色を吸収できるようにする。またチャクラのトーニング音も聞かせて、機能不全のチャクラが正常な円錐形にもどってしっかりと立ち、右まわりに回転して、必要な色を吸収できるようにする。

もちろん、図9―2の色には例外がある。人によっては、特定の色が個人的な苦しみの経験に結びつけられていることがある。この場合、その色は自動的にその経験と結びつけられてしまい、図に挙げたのとは異なる効果を与えることになる。人は一般にある色を好み、またある色を嫌う。色に対する好き嫌いは、自己のHEFでなにが起こっているのかをあらわしてもいる。第一と第二チャクラ（赤とオレンジ）がチャージ不足であれば、肉体レベルの生きる意志のエネルギーと官能性が低下していることを意味するが、本人は自分をそのような状態に保つことを好んでいるかもしれない。この場合、赤がその人のHEFにあることが感情と肉体の健康のために必要なのかもしれないし、過去の個人的経験から赤やオレンジ色が増えるのを避けているのかもしれない。このような人は、赤やオレンジの服はその色に対応するエネルギーを増やすので着たがらない。そのエネルギーがその人のHEFに増えると、人生でそれに対応する感情の問題が表面に押しだされることもありうる。

健康によい香りを選ぶ

人が物事を中立状態で感じとるということはほとんどない。種々の光景や音は、幸せ、悲しみ、怒りなどを呼び起こす。人によってはある種の匂いに陶酔感を覚える。匂いが感情に与える効果と、思考および記憶に与える効果との間には双方向的な関係がある。ある匂いは昔味わった食事やワインを思いださせ、さまざまなお香の香りは、昔それが使われたスピリチュアルな儀式で味わった魂の高揚を呼びもどす。ある香水は、それを使っていた昔の恋人と過ごした心地よい記憶を呼び覚ますかもしれない。体の自然な匂いは愛の交歓のエロチックな記憶をもたらす。このようなポジティブな感情に導かれる時、HEF（ヒューマンエネルギーフィールド）はそれに対応した状態に入り、ヒーリングがもたらされる。これが香りのヒーリングパワーである。

嗅覚は進化の過程で最初に発達した感覚だ。匂いは嗅覚器官によって感知され、大脳辺縁系側の中脳に送られる。その結果、嗅覚器官はつねに大脳辺縁系に結びついてきた。辺縁系は直接、動物的本能とも呼べる感情と直結した反応に結びついている。こうした動機と直結した行動、すなわち食事、防衛、性行動などは、個体、人類、そして動物界全体の種の保存の中枢をなす。

たとえば、犬は「恐怖」の匂いを生きのびるために利用する。「恐怖」の匂いを感じたことがあるだろうか。人によってはそれができる。犬は恐怖を嗅ぎつけると、それが誰から発せられているのかに応じて反応する。自分の群れの誰かであれば、犬は警戒し、注意深く危険の源を探す。それが自分が注意を向けている敵であれば、おそらくその敵の恐れを利用し攻撃をかける。自分も他人の恐怖の匂いに反応したことがなかったかどうか、思いだしてみよう。

環境をとりまく匂いは、生活に大きな影響を与える。誰でも、愛する人の使う香水やコロンの匂いは知っているだろう。それはただちに自分のムードに影響する。香水の使用は人類の起源と同じくらい古い。神聖な場所では香が焚かれ、集まった人々を神聖な精神状態に導いた。男も女も香水やコロンを使って、望む相手を魅きつけ興奮させようとする。花はよい香りで鳥や蜂を魅きつける。特定の雰囲気を家にかもしだそうとしたら、照明などの効果のほかに匂いも使おう。自分はどんな香りが好きだろう。香りがかわればどのようなムードが引き起こされるだろうか。目的によって香りを使い分けたことがあるだろうか。もしなければ、試してみるべきだ。香りのパワーにきっと驚くだろう。

匂いは直接的に、また即座に生理的反応に影響を与えるので、適切に使えば、非常に迅速なヒーリング効果をもたらしうる。アロマセラピーは何世紀にもわたりヒーリングに使用されてきた。古代エジプトで始まり、インドや中国でも頻用された。アメリカインディアンの祈禱師も昔から使っている。アロマセラピーは最近アメリカでもよく知られるようになってきており、芳香性のエッセンシャルオイルや植物のエッセンスを、あらゆる目的に合わせて買うことができる。たとえば神経を鎮める、元気にさせる、筋肉を弛緩させる、または活力を与える、興奮させる、または興奮を鎮める、など。異なる精神状態に導いたり、チャクラを活性化したりバランスを整えたりするものもある。適切に調合された製品なら、すべて効果的だ。

昔から、オイルを皮膚に塗るとヒーリングエネルギーが入ってくるのを助けるとわかっていた。しかし私のHSP（超感覚的知覚）によれば、実際にはそれ以上のことが起きている。ここに挙げた大脳辺縁系の反応だけではないのだ。ヒーリングに使用されるオイルのあるものは間違いなく「オーラエッセンス」と呼べるもので、HEF（オーラ）に直接届いて必要なエネルギーを与えることができる。ちょうどホメオパシー薬のようだ。たとえば筋肉は、鎮静効果のあるオイルがほんの少量皮膚に触れただけで、弛緩する。オイルが皮膚や筋肉に吸収される時間などまったくない。私には、オイルから色のついたエネルギーが発せられ、HEFに入るのが見える。実際、そのエッセンスの入ったボトルに手をのばした瞬間にもう、エネルギーの通り道が開く。

この分野については、読者が自分で探索してみてほしい。香りはヒーリングだけでなく、家やオフィス、ヒーリング室の雰囲気を調整するのにも有効だ。ただし芳香成分は天然の植物から抽出されたものでなければならない。合成の芳香成分には効き目がない。

エネルギーを活用した空間を創る

住居のエネルギーをきれいに保つためにはいくつかの方法がある。まず、たっぷりの日光。日光は部屋の生命エネルギーをチャージし、死んだオルゴンエネルギーが蓄積しないようにする。周波数の低いエネルギーが蓄積し始めたら、スイートグラスやセージ［訳注：いずれもアメリカインディアンの祈禱師が使う薬草〕を燃やして行なうスマッジング〔訳注：部屋や物を煙でいぶすこと〕で浄化できる。あるいはキャップ一杯の穀物アルコールをコップ四分の一のイプソム塩にかけて火をつける。部屋にはたくさん植物を置いて、植物と人間の間にコンスタントにエネルギーの交換が起きるようにする。可能な時にはできるだけ窓を開け、新鮮な空気を入れよう。

空間を清潔にし秩序を保つことで、エネルギーもきれいに保つことができる。秩序は、健康でポジティブなエネルギーを保つのに重要なことだ。あらゆるものに適切な場所をみつけ、整頓するようにしよう。無秩序な環境は精神活動を低下させ、エネルギーを吸い取る。散らかった部屋は持ち主の内面の混沌をあらわしている。内面にまだかたづいていない仕事があると持ち主に語っているのだ。使わない、あるいはたいして好きでもないものを集める癖のある人は、その理由を考えてみるべきだ。人生のほかの面にも同じような傾向があらわれているにちがいないからだ。秩序は神聖な原則であり、人生で取り組むべき仕事をする空間を保持する役割がある。秩序は安心感をもたらす空間を創りだして、自己の内面の創造力が表に出てこられるようにする。

ある患者はヒップの痛みのためにヒーリングを受けにきたのだが、アパートから古い持ち物を捨てることができずにいた。大部分は亡くなった母親の持ち物だった。私はできるだけのヒーリングを行なったが、ヒップを癒すためには彼女はアパートをかたづけなければならないというガイダンスを受け続けた。彼女の痛みは、母親との間の古い未解決の問題を手放せずにいることに関係していたのだ。そのことに対して彼女は非現実的な罪悪感を抱いていた。ようやく持ち物を手放し、部屋をかたづけ始めた時、ヒップはよくなり始めた。驚いたことには、物を一箱捨てるたびにヒップは前よりよくなっていった。

多くの建築材は有毒だ。蛍光灯の光はＨＥＦ（ヒューマンエネルギーフィールド）を傷め、コヒーレンシー（整合性）を失わせる。死んだオルゴンエネルギーを製造し、人を病気にする。ただちに蛍光灯を消して、二度と使わないようスイッチにテープを貼ろう。天井やテーブルには白熱灯を入れる。暖炉やガス機器はつねに汚染物質を空気中に吐きだしている。部屋の害虫駆除を行なうたびに、残留している毒を吸い込むことになる。バスのトイレといった公共の場所を消毒するのに使用される薬品さえ、吸い込むのは健康に悪い。それでいて人は、空気中の毒をはっきり感じた時ですら、吸い込んでも体は反応しないだろうと希望的観測をする。そんなことは頭から追いだしてしまう。まるで誰かほかの人間の問題であるかのように。

都市にはひどい空気汚染があるだけでなく、大量の電磁気エネルギーがあらゆる空間に浸透している。これは検知が非常に難しい。ロバート・ベッカー医師の著書『生体電流』では、電磁気放射が肉体に与える影響についての研究が示されている。同医師によれば、高圧電線の近くに住む人には白血病やガンなど、自己免疫異常の病気が多いという。

日常生活における資源のむだ使いと環境汚染をストップさせるために多くの努力を払わなければならない、という事実に私たちは目覚めつつある。始めるのに最もよい場所は自分の家だ。できる限りのものをリサイクルしよう。これはそれほど難しいことではないし、毎年、組織的に行なわれるようにもなっている。実際、新しいリサイクル産業には大きな雇用需要が見込まれている。

自分のまわりの汚染に対してできることを挙げる。

- 高圧電線から離れた場所に住む。
- 適切な加湿器を使う。水を空気中に蒸発させるものがよい。超音波で水の微粒子を空気中に放出するタイプのものはいけない。病原菌も撒き散らされる。
- マイナスイオン発生器を使う。

・家庭用の空気浄化装置を使う。
・三段階式の水浄化装置を使う。
・冬の日光の欠乏を防ぐため、全可視波長光の出るハロゲン灯などを余分につける。あるいは二五〇〇ルクスの特別なライトボックスを一日一時間使う。
・蛍光灯を外すか、消す。
・ガス器具があるなら、ガス漏れ探知器をとりつける。

ヒーリング空間を創る

病気の間は、自分のまわりの環境を調整することが非常に重要になる。それは「病人用の部屋」ではなく、「癒しのための部屋」であることを忘れてはいけない。真の自分を思いだささせてくれるものに囲まれていれば、病気からの回復期を心地よく過ごせる。自分の部屋が生命、喜び、楽しみに満ちているようにしよう。また自己の肉体のニーズを、部屋の調光、音楽、食べ物、気に入った小物など、あらゆる面でカバーしよう。以下は、ヒーリングルームに置くもののリストだ。

・自己のあらゆる面を表現してくれるもの
・できる限りたくさんの光（目に不快でない限り）
・窓につるす、色のついたガラス細工
・窓につるす、太陽の光を虹色に反射させるクリスタル
・気に入っている絵や壁掛け

・植物や花
・好きな色で、鮮やかな色の布
・気に入っている小物
・好きな音楽（手の届く場所に置く）
・食事制限の範囲内で、食べたいと感じるもの
・寂しくなった時に触ったり抱きしめたりするぬいぐるみなど
・気に入っている香水
・友達の写真
・新鮮な空気

自分自身のエネルギーが自分の居住空間に表現されているようにする。部屋のエネルギー構成は健康にとって非常に重要だ。家具や居住空間を選ぶ際には、それがすべてエネルギー構成に影響することに注意しよう。部屋の大きさや形もＨＥＦ（ヒューマンエネルギーフィールド）に影響する。私は天井が低いのは嫌いである。自分のＨＥＦが天井に当たって突き抜けるのをつねに感じるからだ。低い天井に押し込められているように感じる。また同じ理由で、大きな部屋が好きだ。この章の情報をすべて使って、自分の居住空間について以下の質問に答えてみよう。

自分の居住空間について問うべきこと

居心地はよいか？　楽にできるだろうか？

光の量はちょうどよいだろうか？

色は好みの色だろうか？

植物が必要ではないだろうか？

自分の空間は自分のあらゆる面を表現しているだろうか？　なにか付け加える必要があるものはないだろうか？

自分の空間は自分の健康をどのように表現しているのだろうか？

病気をどのように表現しているのだろうか？

タンス、引き出し、押し入れの中は、自己の内面についてなにを語っているだろうか？

自分の本来の姿を明確に語っているだろうか？　それとも注意、手入れ、愛を必要としている面があらわれているだろうか？

部屋の中の物は気に入るように並べられているだろうか？　それとも何年も気になっていながら、直さずにいるところがあるだろうか？

必要ではないのに手放せないでいるものがあるだろうか？

それは人生のほかの面にどのように影響しているのか？

ほかに手放したくないものがあるだろうか？

この、物にしがみつく姿勢は、自分の中のどのような恐れを隠しているのだろうか？

自分の居住空間は人間関係にどのように影響しているだろうか？

空間のエネルギーは自分自身を表現しているだろうか？

同じことは、仕事をする空間にもあてはまる。自営業であってもなくてもだ。

自分の仕事空間について問うべきこと

自分の仕事空間のエネルギーはどのようなものだろうか？
机、道具、機材はどのように感じられ、またどのように見えるだろうか？
仕事場はどのように感じられ、またどのように見えるだろうか？
秩序だっているだろうか？
どのように自分自身を表現しているのだろうか？
自分に役立っているだろうか？
仕事を行なうのにほかに必要なものがないだろうか？
仕事空間のエネルギーは自分自身を表現しているだろうか？

10章　HEFの健康のために自分の体のケアをする

スピリチュアルな視点からみれば、肉体は仕事を遂行するための乗り物だ。心理的視点をかえて、肉体を物質世界で使命を果たすための乗り物だとみなせば、自分の体を新しいやり方でケアすることがとても重要になる。単に健康に保つばかりでなく、できるだけ清潔かつ清浄に保って、自然との間に可能な限り最高の調和を維持すること、そしてできるだけ鋭敏なHSP（ハイアーセンスパーセプション、超感覚的知覚）を維持できるようにすることが望まれる。これまでは「健康によい」と思っていたものが、それほど健康によいとは感じられなくなるかもしれない。たとえば牛肉や豚肉、また砂糖やコーヒーのような刺激物は感覚を鈍らせる。着るものも体を流れるエネルギーを左右する。衛生はエネルギーフィールドを汚染から守るのにとても重要だ。こうした領域に目を向けることで、健康だけでなく、自分のHEFおよび自分をとりまくあらゆるエネルギーフィールドに対する感性も向上させることができる。

体を清潔に保つ

皮膚は最大の排泄器官であり、機能よく保つことが重要だ。石鹸は皮膚とpHが同じで天然のもの、または毒性のいっさいないものだけを使うようにする。皮膚は天然の弱酸性の被膜によって細菌感染から守られている。アルカリ度の強すぎる石鹸を使うとこの被膜がはがされ、感染が起こりやすくなる。皮膚の最上層は自然にはがれるが、これは古い細胞が死んで新しいものにかわるからだ。シャワー用のボディブラシは古い細胞をとり除くのに具合がよい。モイスチャライザーやローションは、天然成分でpHバランスのとれたものであること。同じことは化粧品についてもいえる。残留成分が髪にたくさん残るようなシャンプーやリンスは使わない。またいずれも天然成分からなる、毒性のいっさいないものであること。

歯は毎日二回磨き、また一日一回はフロスする。歯磨きは天然成分のものか、塩一に対し重曹八の割合で混ぜたものがよい。

歯ブラシは二週間に一度は交換するか消毒する。市場には歯をきれいにし歯垢をとり除く器具も出回っている。歯医者に相談して、自分に合うものを手に入れよう。これは私には非常に役立っている。

病気が重くてこうした買い物を自分でできないなら、あるいはこれまで自然成分の製品を使ったことがないなら、誰かに相談して手伝ってもらおう。

ＨＥＦのケアをする

ＨＥＦ（ヒューマンエネルギーフィールド）も肉体同様にケアが必要だ。ＨＥＦが適切に機能していないと、暗く停滞したエネルギーがたまる。これはネガティブな感情を手放そうとしない時、非常なストレス下にある時、疲労困憊している時、あるいは他人の非常にネガティブなエネルギーにさらされた時にも起こる。暗い雲状のかたまりがＨＥＦの第二レベルに、重くねばねばする粘液状のエネルギーが第四レベルにたまる。人はこれをさまざまの形で感じとる。たとえば頭痛がしたり、その部分が軽い筋肉痛のように痛んだりする。体が重く疲れた感じがしたり、いらいらしたり、気分が悪くなったりするかもしれない。普段より体全体が重く感じられたり、汚染されている感じさえするかもしれないし、風邪にかかっているような感じがするかもしれない。これはすべて、できるだけ早く体を浄化しろという信号だ。それによって病気になるのを防ぐことができる。以下に、暗い雲や粘液をＨＥＦから浄化する方法をいくつか挙げる。

風呂

ＨＥＦ（ヒューマンエネルギーフィールド）を浄化する最良の方法の一つに、海塩と重曹の風呂に入ることがある。風呂桶一杯分の湯に対し、最高五百グラムずつまで入れてよい。この風呂は非常に強力な浄化作用があるので、入るとエネルギーを消耗する。しかし多量のネガティブエネルギーを吸収したり、病気のせいで低いエネルギーを蓄積しているような場合には、これぐらい強いものがよい。この場合、湯は熱すぎてはいけないし、実際、普段ほど熱くしては入れないはずだ。熱すぎると低血圧の人は気を失うことがあるので注意すること。頭がぼうっとしてきたら、いったん風呂から出て水を少しさす。二十分ほどつかったら、その後直射日光に十～二十分当たってＨＥＦを再チャージする。陽に当たる際には日焼け止めを使うこと。この風呂に入ったあとどれほどエネルギーが浄化された感じがするか、きっと驚くだろう。

市販の入浴剤も浄化に効果がある。近所の健康食品店などで探して試してみよう。アメリカでは、元気になるもの、眠りを誘うもの、激しい運動のあとで疲れた筋肉から乳酸を除去するものなどが市販されている。

音楽をかけ、ろうそくの光で風呂に入るのもよいものだ。これは深いヒーリング状態に導いてくれるだろう。ビジュアライゼーションなどもいっしょに試してみよう。

スマッジング

スマッジング［訳注：アメリカインディアンの煙による清めの方法］も浄化に使える。これにはセージ、スイートグラス、シダー、あるいはそのミックスをスティック状に束ねたものを使う。アメリカでは健康食品店で買える。スティックに火をつけると煙がＨＥＦ（ヒューマンエネルギーフィールド）をとりまき、死んだオルゴンエネルギーを運びさってくれる。これは家の外でやるか、ドアや窓を開けて行なうこと。エネルギーフィールドを浄化するインセンスも売られている。好みのものを探して試してみよう。

クリスタル

きれいな透明のクリスタル（水晶）を手に持ち、自分のＨＥＦ（ヒューマンエネルギーフィールド）

中のエネルギーの周波数が落ちている部分をみつけ、そのエネルギーをクリスタルに引きつける。これには「意図」の力を使う。これができるのは心から完全に雑念をとり払った場合だけだ。迷いが生じた瞬間、浄化はストップしネガティブなエネルギーはHEFに逆戻りする。メディテーションの経験を長くつんでいて自分のHEF中に振動の低いエネルギーをみつけられるような人なら、可能なはずである。終わったらクリスタルを浄化しよう。

クリスタルを浄化するにはいくつかの方法がある。最も簡単なのは、家の外の日の当たるところに一日かそこら置いておくことだ。海の近くに住んでいるなら、塩水のかかる砂の下に半日か一日埋めておいてもよい。ただしなくさないように注意すること。小匙四分の一の海塩を〇・五リットルの水に溶かしたものに一晩つけておくのもよい。乾いた海塩に一日埋めておくという人もいる。私はマルセル・ヴォーゲルが第三の目からの強いエネルギー噴射と、エネルギーが強くチャージされた手の一撃でクリスタルを浄化するのを見たこともあるが、これには練習が必要だ。

HEFのブラッシング

HEF（ヒューマンエネルギーフィールド）のケアをするもう一つのよい方法は、髪の毛をブラッシングするようにHEFをブラッシングすることだ。これは二人一組でやる。一人が足を肩幅に広げて立ち、腕を横にたらして目を閉じる。もう一人はその前に立つ。指を広げ、相手の頭の上のできるだけ上まで手をのばす。自分の指が二十センチほど長くなったと想像し、それをブラシとして使う。頭の上から地面までゆっくりと一続きに梳《と》かすようにする。地面に近づいたら、HEFの底部を鐘の形に広げるように梳かしてゆく。この「想像上の」指は、実際に肉体を通過できることを心にとめよう。手を止めずに上から下まで一気にすくこと。途中で止めてしまったら、頭の上からもう一度やり直す。そうしないとエネルギーがその部分に滞る。場所を移動しながら、同じことを位置をかえて行なう。体をひとまわりして元の位置にもどるまで続ける。やり残した場所がないように注意しよう。そして交代する。これはエネルギーを非常に落ち着けグラウンディングさせる効果があり、楽しんでやれるはずだ。

HEFと衣類や装身具

洋服ダンスをのぞいて、服はたくさんあるのに「着たいものがなにもない」と感じたことがないだろうか。それは必要な色の服がないためかもしれない。ある人のHEF（ヒューマンエネルギーフィールド）は衣類の色にも反応する。通常、着たい色というのは、それがその人のHEFに不足しているか、または調和する色だ。たとえば肉体レベルのエネルギーがもっと必要なら、赤が着たいかもしれない。しかし怒りはHEFを暗い赤色にする。自分が怒りっぽい気分であり、仕事で出かけた先で怒りだしたくないなら、赤い服を着てゆくのは避けた方がよい。怒りにエネルギーを与えてしまう。一方、赤はネガティブなエネルギーを追い払ってHEFを守る効果もある。自分やまわりの人が着る服の色に気分は影響される。図9―2に示した色の効果は服にもあてはまる。

もし病気でずっとパジャマを着ていなければならず、色をあまり選べないなら、誰かに頼んでタンスから気に入った服を出してもらい、それを眺めて色を吸収することもできる。違った色のパジャマを試してみてもよい。あるいは図9―2の表から必要な色を選び、友達にその色の綿の布地を一メートルほど買ってきてもらって、ベッドにかける。色のついた電球や大きな緑のスポットライトも非常に役立つ。花も環境に彩りを加え明るくしてくれる。

私の友人のヒーラーによれば、多発性硬化症の患者が赤のソックスをはき始めてから具合がよくなったという。足のエネルギーが活性化されたのだ。患者自身もそれが色の効果によるものだと確信を持っている。

衣類はできるだけ天然の繊維がよい。非常にポジティブな影響があり、エネルギーフィールドを強め支えてくれる。綿、絹、ウールが最もよい。混紡でもよいが、その場合は天然繊維の方が合成繊維より割合が多いものであること。石油から製造されるアクリル、ポリエステル、ナイロンなどの合成繊維は避けるのが賢明だ。特に敏感な人の場合、注意しよう。合成繊維はＨＥＦの自然なエネルギーの流れを妨げる。ナイロンのストッキングは足を上下するエネルギーの流れを非常に阻害し、私の意見では、最近の婦人病の蔓延に関連している。ナイロンストッキングはどうしても必要な時以外ははかないようにし、できれば絹のストッキングを探す。

宝石やクリスタル（水晶）を身につけるなら、その周波数が自分のＨＥＦの健康にとって好ましい範囲内にあることを確かめる。これをテストするには、それを手のひらに握り、手に与える影響を感じとる。エネルギーは重いだろうか、軽いだろうか。鋭いだろうか柔らかいだろうか。ＨＥＦを突き通すかそれとも外側を優しく撫でるだろうか。元気を与えてくれるのか、それとも落ち着かせてくれるのか。自分が必要とするタイプのエネルギーを与えてくれるのか、それとも自分には周波数が低すぎてエネルギーを吸い取られるのか。体の違う場所に移動させて、どう感じるかも試してみよう。心地よいだろうか。自分のＨＥＦは特定の色を必要としているかもしれない。その宝石を身につける目的を自分に問おう。その目的にかなっているだろうか。どうするべきかガイダンスを求めてみよう。以上を、自分の持っているクリスタルや宝石すべてについて行なう。

自分とエネルギーが合わない人の持ち物だった物を身につけると、病気になることもある。これを防ぐには、古い宝石などをもらうか相続したら、一リットルの水に小匙四杯の海塩を溶かした塩水に一週間つけておく。できれば器ごと日の当たるところに出しておく。

HEFと食べ物の生命エネルギー

食べ物はすべて生命エネルギーで満たされている。エネルギーの構成は食べ物ごとに違う。これは、なにかを食べるとそのエネルギーをとりこむことになるということだ。それが自分のHEF（ヒューマンエネルギーフィールド）に必要なものなら肉体の健康に役立つ。不要なものなら健康の妨げになる。

食べ物の生命エネルギーが人間に与える影響についてはもっと研究が必要だ。この分野で私の知っている二人の有名な研究者は、マクロバイオティクス〔訳注：玄米菜食療法の一種〕の開発者ミチオ・クシと、ニューメキシコ州の自然療法医ヘイゼル・パーセルだ。パーセル医師は、有機農法と農薬使用の一般農法について農産物中の生命エネルギーを比較研究した。

マクロバイオティクスでは、基本的に食べ物を陰と陽に分ける。すべての食べ物は程度の差はあれ陰か陽に分類され、人間はそのエネルギーに応じて特定の組合せの食べ物を必要とするという。これは個人の体質、季節、住む場所などによって異なる。マクロバイオティクスはアメリカでは非常に人気がある。これによって多くの人が健康を回復するのを私もみているが、一方、体に合わなかった人もいる。これは、馴染んでいた食生活を大幅にかえなければならなかったためか、体がこのような食事をその時必要としていなかったためだ

ヘイゼル・パーセル医師は長いキャリアを持つヒーラーで、現在百三歳でなお現役である。同医師は食品の生命エネルギーを測定し、そのエネルギー高が「生命力を向上させる」ものであるかどうかについての研究の先駆者だ（エネルギー高とはエネルギーのパルス《脈動》の周波数を意味する）。そして

そのためにペンデュラム（振り子）を使うことを考案した。ある食物のエネルギーが生命エネルギーを支えられるほど高くない場合には、それを食べるべきではない。というのは体から逆にエネルギーが奪われるからだ。

パーセル医師によれば、食物の生命エネルギーを下げる原因には二つある。第一は農薬や酸性雨などによる汚染。食物は健康によいものであるためには、人間のエネルギーフィールドと同じかそれ以上のパルスないしエネルギー高を持っていなければならない。新鮮な自然農法の野菜は、農薬で汚染されたものよりエネルギーが高い。有機農産物は野菜としての正常なエネルギーパターンを維持しているだけでなく、生命を支えるに充分な強さのエネルギーと充分な高さの周波数を持っている。またビタミンやミネラルなど天然の栄養素もより多く含んでいる。

アリゾナ州のパトリック・フラナガンとゲイル・クリスタル・フラナガン医師夫妻は、栄養素が血液に与える影響を、高解像度の暗視野顕微鏡を通して長年観察してきた。二人によれば、有機栽培された生の果物や野菜とその汁は、血液によい影響を与える。生の果物や野菜は、血液にとっての強力な触媒である微量栄養素と生きた酵素を含む。有機野菜や果物の細胞液はより高いゼータポテンシャル、つまりマイナス電荷を持っている。これは体に栄養を送る何兆という血中の細胞の離散性を維持する。ポテンシャルが低くなると、毒素を離散させて排出することも、また栄養素を離散させて細胞に送ることもできず、体中で停滞が起こる。

夫妻によれば、毒や汚染物は食物のゼータポテンシャルを破壊し、体がその栄養を利用するのを非常に困難にする。乳製品、ポテトチップス、加工食品や肉類に含まれる飽和脂肪や動物脂肪は、血液を固まらせ、くっつきやすくして、血液が栄養素を細胞に送るのを邪魔する。また体が毒素を排出するのも妨げる。

アルミイオンのようなある種の陽イオンは、生物のコロイド系の均衡を大幅に破壊する。これがアルミの鍋やフライパンを料理に使ってはならない理由だ。アルミ成分の含まれた制酸剤、ベーキングパウダー、汗止めなども使用するべきではない。

農薬は農産物のエネルギーの周波数を生命維持レベル以下に減少させるだけでなく、そのエネルギーフィールドパターンを歪め性質をかえてしまう。農薬の量が多いほどエネルギーフィールドの歪みは大きく、またエネルギーが弱められる。これに対してパーセル医師は、野菜、果物、卵などの食品に残留する農薬の有害な効果をとり除く方法をあみだしている。これはあまり簡単でばかばかしくみえるかもしれないが、実際に食物の生命エネルギーフィールドのパターンと強さを回復させる効果がある。野菜、果物、未精白の穀物、殻のついたままの生卵に有効だ。もとのエネルギーフィールド自体を保持していない肉類、加工食品、精白された穀物、乳製品には効かない。

まず流しに冷たい水を張って、家庭用の漂白用塩素をキャップ一杯分たらす。これは添加物をいっさい含まない、塩素だけを成分とするものでなければならない（香料などが含まれているものは不可）。店で買ってきた野菜や果物、卵などをこれに入れて、二十分間つけておく。その後、冷たい水で洗い流すだけだ。あとは普通に冷蔵庫にしまう。

パーセル医師によれば、食物が生命エネルギーを失うもう一つの原因は腐敗だ。食物が腐敗すると周波数が低下し、生命より低いレベルで振動するようになる。そのような物を食べると、ただちにＨＥＦの周波数が低下する。ＨＥＦはその低下した周波数に対処するために別のエネルギー源、たとえば消化器官からエネルギーを引きださなければならない。またはその食べ物のエネルギー自体を廃物として捨てる。つねに新鮮なものを食べ、傷みかけたものは食べないようにしよう。また加熱のしすぎも生命エネルギーを損なう。完全に火を通した野菜よりは軽く蒸しただけの方が健康によい。

ほかにも食物のエネルギーに影響するものがある。たとえば動物が恐怖を感じながら殺されると、恐怖のエネルギーが残留する。このエネルギーは灰白色でちくちくし、それを食べる人の中にとりこまれる。食べた人は、そのエネルギーを自分のＨＥＦから浄化しなければならない。私の考えでは、この理由も一つにはあって、ユダヤ教では家畜を屠殺する前にラビ〔訳注：僧〕が儀式を行なってコーシャとされる〔訳注：ユダヤ教のおきてに従っていて清浄とされる〕肉を得るのだろう。

肉のエネルギーを清浄に保ち、大地のエネルギーとシンクロナイズ（同調）させるために、アメリカインディアンは必要なだけの獲物しか狩らなかった。さらに敬意と感謝の念を抱いて狩をした。儀式を行なって、殺される獲物から栄養を受け取る許しを乞うた。そうすることで、ＨＥＦの第四レベルを通してホログラフィー的にその動物とのつながりを保ったのだ。彼らは動物を地上に住む自分たちと同等の生命とみた。この儀式にうかがえる認識は、狩人自身もやがてほかの生命の栄養となり、そうして生きるために一つの生命が別の生命を食べるという大きなサイクルが維持されるというものだ。このようにして神の意志の神聖なパターンの内にとどまった。

合成のビタミン剤やミネラルは、人間が必要とする天然のビタミンやミネラルと同じエネルギーフィールドを持っていない。したがってＨＥＦの必要をかならずしも満たすことができない。

薬はＨＥＦへの考慮なしに製造されており、しばしば非常にネガティブな効果がある。たとえば健康を維持するのに必要なノーマルな周波数のレベルを下げたりかえたりしてしまう。これに対しホメオパシー薬はエネルギーレベルの薬であり、直接ＨＥＦを通して肉体に働きかける。そのポテンシー（希釈率）が高いほど、ＨＥＦのより高いレベルに届く〔訳注：ホメオパシー薬は希釈率が高いほど効果が強くなるとされる〕。

どういう食事をとるのが望ましいか

お腹が空いた時にはなにか食べるようにしよう。必要なタイプのエネルギーまたは食べ物をすべて受け取れないと、HEF（ヒューマンエネルギーフィールド）は非常に消耗する。空腹が長引くほど消耗は激しくなり、これは特にエネルギーが欠乏しているか弱っている部分で起こる。ヒーリングの中でも特に厄介なのは腰痛の再発防止の問題だ。再発するのは必ず空腹の時である。私は腰痛の患者には新鮮なナッツとレーズンをおやつとして職場に持ってゆくよう教えた。食事が遅れたりするたびにそれを食べて血糖値を維持することで、ふたたび腰を傷めるのを防ぐことができる。患者の血糖値のレベルは明らかに筋肉の強さに影響を与え、また、体をどう使うのは大丈夫でどう使うのが大丈夫ではないかを肉体が認識する能力にも影響している。

一方、過食はHEFの周波数を低下させ、鬱状態を引き起こす。この場合HEFは暗くねっとりとしており、毒素でいっぱいだ。

必要な時に水を飲まないと、HEFは縮み始める。長時間喉が渇いたままだと脆くなり、さらに脱水状態になるとひび割れ始める。

食事時には食べ物に注意を払い、見た目にもおいしく盛りつけよう。食事には充分時間をとり、よく噛む。特に重要なのは、ストレスのかかるミーティングなどをしながら食べないこと。ストレスはただちに第三チャクラを閉じるか固くする。このチャクラは消化器官にエネルギーをもたらしている。食物は細胞に栄養を与える、いったん体に入れば「自分」の一部になるものであることを忘れてはいけない。

食事の前には簡単なメディテーションをするのがよい。両手を食べ物の上において、エネルギーを与え自分とシンクロナイズさせる。その食べ物が体に栄養を与えてくれる様を目に浮かべてみる。感謝を捧げる。そして食べながら、食べ物を消化器官まで、さらに細胞まで追跡してみよう。いっそう感謝の念が増すだろう。

食べ物についての一般的ガイドライン

誰でも自分に合った食事が必要だ。そういう食事は季節や時間の経過に伴いかわってゆく。お腹が張るなどの消化の問題があるなら、特定の食べ物にアレルギーがないかどうか、あるいは消化器官が正常に機能しているかどうかを検査してもらう。疲労、めまい、頭がぼおっとすること、時には背骨の歪みさえもが、食べ物のアレルギーに起因することがある。食事のあとにお腹が張るのは、アメリカでは中年の人に非常に多く、炭水化物や多糖類の消化力が弱いことにしばしば関係する。クローン氏病、潰瘍性腸炎、憩室炎、セリアック病、子宮筋腫、慢性下痢のような多くの病気が、炭水化物の割合の低い、あるいは特定タイプの炭水化物だけを含む食事をとることによって治ったり症状が軽くなったりしている。

現在健康なら、多分今の食事は合っている。私はここでは特定の食事療法を勧めない。というのは、人によって異なるからだ。そこで、健康な食事についての一般的ガイドラインを以下にいくつか挙げておこう。

有機栽培の農産物だけを食べる

有機農法の野菜はエネルギーフィールドが強く、生命を維持し高めるのに充分高い周波数を持っている。手に入らないなら、パーセル医師の浄化方法を使ってエネルギーパターンを回復させる。できるだけ加工されてない食べ物を選ぶ。パックされたものを買うなら、成分表を読んで添加物を調べる。水は新鮮なミネラルウォーターや井戸水だけを飲む。これはガラスびんに入ったものがよい。あるいは高性能の浄水器を買う。

食べるとよいもの

食事は主に全粒の穀物、サラダ、季節の新鮮な有機栽培の野菜を中心にするのがよい。冬には根菜類を多くして、自分を冬の大地のエネルギーにシンクロナイズさせる。また体が必要とするなら、新鮮な魚、有機農法で飼育した脂の少ない肉、たとえば七面鳥や鶏のささみのほか、マトンなどの肉も食べてよい。サラダドレッシングにはコールドプレス［訳注：化学薬品を使わない圧搾しぼり］の、不飽和脂肪酸を多く含んだオイルを使う。タラ肝油や亜麻油などは血液中のコレステロール値を下げるという研究がある。こうしたものにはビタミンAも多く含まれているので、食事に加えることを考えよう。

材料はなるべく蒸すか、あぶる。あるいは生で食べる。

パンやパスタよりは、新鮮な全粒の穀物［訳注：玄米、丸のままの麦、粟、ソバなど］を選ぶ。全粒穀物は粉にしたものよりずっと長く生命エネルギーを維持している。穀物、とうもろこし、豆を組みあわせて必要なアミノ酸をそろえるのが好ましい。乾燥した豆はゆっくりと柔らかくなるまで煮て、消化をよくする。大豆を消化できない人は多い。豆類を食べてお腹が張るなら、完全に消化できていない証拠なので、胃腸が強くなるまで食べないようにする。かわりに豆腐を試してみよう。これは消化しやすい。

ナッツ類は新鮮な生のものだけを買い、冷蔵庫にしまう。鼻につくような臭いがするようになったら、ほとんど消化できないので食べない方がよい。忘れてならないのは、ナッツは油分が多いため、自分の体に合うことを確かめることだ。また食べすぎないこと。

食べない方がよいもの

保存料その他化学物質の添加剤の入っている食べ物はすべてやめる。そのようなものの周波数は生命エネルギーを低下させる。また脂肪やコレステロール、砂糖、塩、乳製品の多量に含まれている食品は控えめに。トマトのような酸っぱい食べ物、コーヒーやチョコレートのような刺激物もとりすぎないこと。乳製品や、時には小麦も、HEF（ヒューマンエネルギーフィールド）中に粘液をこしらえる傾向がある。乳製品はできるだけ少なめにするか、まったくとらないことを勧める。また市場には脱脂乳や、乳糖を部分的に分解したミルクも出回っているので、必要な人は試してみるとよい。多くの人はまた、ナスやピーマンのようなナス科の植物にアレルギーを起こす。

ヒラメやカレイのように海の底に住む魚や、汚染された地域の魚は食べない方がよい。毎年、さまざまな魚が世界のあちこちの海でいろいろな形で汚染されている。どの魚が大丈夫かを知るには、魚を扱っている近所の健康食品店や魚介類を管理する役所に問いあわせよう。

ラベルを読む

パックされた食品の場合、なにを買うことになるのかチェックする必要がある。特にチェックが必要なのは、健康食品店にある「高蛋白スナック」などと称するもの。「甘いものをとっていないふりをする」ための「ニューエイジ的方法」だったりする。大部分は実は単なる「ニューエイジジャンクフード」だ。

カロリー配分に気をつける

カロリー、コレステロール値、脂肪の量がわかる市販の食品成分表を手に入れ、食べ物を選ぶガイドラインとして使おう。また蛋白質、果物、野菜、炭水化物、脂肪の割合のバランスがとれた食事療法についてのよい本も出ている。そのための食事プランやレシピも載せてある。食べ物を買う時には付いているラベルを読んで、蛋白質、炭水化物、脂肪、コレステロールの量を確かめる［訳注：アメリカではない加工食品にはこうした表示が法律で義務づけられている］。必要なことが書いてなければ、その製品は買わない方がよいかもしれない。多くのラベルは、製品を売るためにわざと消費者の誤解を招くような書き方がしてある。

食べ物の組合せ

体にとって消化しやすい組合せがある。消化しにくい食べ物は体に残り、毒素を出す。胃や腸の表面には未消化の蛋白質からなる長い糸状の粘液が見られることがある。食べ物を組みあわせる時に消化の過程に応じた簡単なガイドラインに従うだけで、ずっと消化しやすくなる。穀物と野菜は相性がよい。また一般に澱粉と野菜は相性がよい。蛋白質と野菜もよい。たとえば肉と野菜、ナッツと野菜など。油と葉野菜、または油と酸味のある果物もオーケーだ。しかし油と甘い果物、たとえばバナナやナツメヤシの組合せはよくない。油は一般に消化を遅くする。組みあわせると消化しにくいのは蛋白質と澱粉（たとえば肉とジャガイモ）、油と澱粉、果物と澱粉、である。メロン類はそれだけ食べ、その後二時間はほかのものを食べない。果物は優れたおやつだが、ほかの食べ物と組みあわせない方がよい。果物のジュースも同じだ。朝にジュースを飲むなら起きてすぐ飲む。そして半時間から一時間待ってから朝食をとる。

生命を支える水を飲む

水は健康にとってとても重要だ。水は栄養素や酸素を細胞に運ぶ。水なしには呼吸すらできない。脳の九十パーセント以上、体の少なくとも七十パーセント以上が水である。骨ですら六十パーセントは水だ。このように体はほとんど水からできているので、飲む水の種類は健康に大きく影響する。地球上には何箇所か「特別な水」が出る場所がある。そこでは人々がしばしば百歳を越すまで生きる。フラナガン医師夫妻は、こうした特殊な水では、自然のコロイド状ミネラルのかたまりが電荷ないしゼータポテンシャルによって多量に浮かんでいることを発見した。これが水の表面張力を変化させ、いっそう効率的な溶剤および湿潤剤にする。この溶剤としての性質こそ、水が生体中で機能を果たすのを可能にしているものだ。こうした水の中の特定のミネラルは水の構造を実際にかえて、生の果物や野菜の中の水分に非常に似たものにしている。

アルミニウム塩は、多くの公共の浄水場で有機コロイドを沈殿または凝固させるのに使用されている。そのため遊離アルミニウムイオンが時に水道水中にみられるが、これは水のゼータポテンシャルを中和し、血液が細胞に栄養を運び毒素を運びさる能力を低下させるので、健康に悪い。したがって新鮮なミネラルウォーターや井戸水を飲むことが大切だ。あるいは蒸留水や、逆浸透式の浄水器を使う。

ビタミンとミネラル

ビタミンとミネラルは天然のものだけをとる。自然な大地のエネルギーを持っているからだ。多くの人が特定のビタミン剤を摂取すると非常にネガティブな反応を示すのは、それに含まれている結合剤にアレルギーを起こすからだ。食事が充実しているならビタミン剤は必要ないかもしれない。ただし日常生活のストレスは肉体に影響するのを忘れないこと。ビタミン剤が必要な時と必要でない時があるだろう。弱っている土壌で育った農産物を食べるなら、ビタミン剤で足りないものを補う必要があるかもしれない。ヘルスケアの分野で働いていて多くの患者に接するなら、ビタミンとミネラルの補給が必要だ。良質の総合ビタミン・ミネラル剤をみつけ、特にカルシウム、カリウム、マグネシウム、ビタミンCをたっぷりとる。カルシウムは、腸よりも胃で消化される液状のものがよい。ビタミンCをとる場合には必ずAとEもいっしょにとる。量は各人の体質による。市販されている藻類の製剤［訳注：日本ではクロレラやスピルリナなど］は、大変よいビタミン・ミネラル源である。

フラナガン夫妻は、あらゆる天然の植物性食品は生の状態で、カルシウムの二倍以上のマグネシウム、五倍以上のカリウムとナトリウムを含んでいることを発見した。ナトリウムとカリウムのバランスは電荷の平衡を通して血液の流動性を調節し、マグネシウムとカルシウムのバランスはこうしたイオンが骨や柔組織に出入りするのを調節するホルモンに影響する。そしてそのホルモンは直接血液のバランスに影響する。夫妻の研究によれば、マグネシウムがカルシウムより多いと、カルシウムは柔組織から骨に移る。しかしカルシウムがマグネシウムより過剰だと、ホルモンが放出されてカルシウムを骨から柔組織に移動させ、そこでカルシウムイオンが細胞を破壊する。私は長年この現象が患者の体で起こるのを観察してきたが、それが科学的に検証されたのはうれしいことなので、ここに挙げておく。

栄養素は時間をかけて吸収する方が効果的だ。したがって、ビタミンは一度ではなく何回かに分けてとり、一日を通して血中レベルが健康な範囲に保たれるようにするとよい。

自分用の特別な食事を考える

重い病気にかかっているなら、食事をヒーリングプランの重要な一部にする必要がある。どのような食事がよいかは病気の種類と治療方法によって異なる。医師やヒーラーの中には食事療法について充分な訓練を受けていない人もいるので、必要なら別に食事療法の専門家を探して自分のヒーリングチームに加えよう。その専門家が通常の栄養面だけでなく、食物のエネルギーと食品のバランスについても知っているのを確認する。医師、ヒーラー、そして他のヘルスケア専門家とオープンに協力することが大切だ。専門家によっては、患者の具合によって週ごと、あるいは月ごとに食事の内容をかえるかもしれない。食事は、病状に応じた必要な栄養がそろっていて消化しやすいものでなければならない。おそらく蛋白質、脂肪、炭水化物、そして塩分、甘いもの、刺激物の摂取量を管理することが必要だろう。消化をよくするために、すべてを調理する必要があるかもしれない。しかしどのような食事療法を行なうにしても、その範囲の中で好きな食べ物を選ぶことがきっとできるはずだ。

マクロバイオティクスはアメリカではよく知られている。先に述べたように、この療法でよくなっている人も多い一方、効果のなかった人もある。しかしこの療法で提唱される食物のバランスの基本原則は非常に重要だ。マクロバイオティクス式の食事がＨＥＦ（ヒューマンエネルギーフィールド）を非常にうまく浄化する例を私はみている。放射線療法を受けているなら、この方式の食事をとり入れることを考えよう。ミチオ・クシとエヴリン・クシによれば、マクロバイオティクスは放射線の副作用を抑えるのに非常に効果的だという。著書でクシ氏はこう述べている。

「一九四五年に長崎に原爆が落ちた時、秋月辰一郎医師は聖フランシス病院の内科部長であった。病院は爆心地から半キロのところにあり、ほとんどの患者は最初の衝撃は生きのびたが、じきに被爆による放射線の副作用で倒れ始めた。秋月医師は病院で働いていた者と患者に玄米、味噌、たまりで味つけした吸い物、若布や海草、北海道カボチャ、海塩等の完全なマクロバイオティクス食をとらせた。砂糖と甘いものは禁じた。その結果、病院の全員が救われた。しかし都市の多くの生存者はやがて被爆障害で亡くなった」。

プリティキン食やアン・ウィグモア医師の食事療法なども、病気の人に役立っている。私はまた生化学者により処方された高蛋白食が多くの人の役に立っているのもみている。「フィット・フォー・ライフ」式の食事療法では朝食にたくさんの果物を食べるが、これで減量に成功した人も多く、体がより軽く健康で活力にあふれるように感じられる。しかしカンジダ症（イースト感染症）の人は、果糖の摂取量が増えるためにかえって悪くなることがある。いろいろ試してみるのは構わないが、それぞれの食事が自分にどのように影響するかに注意していること。

ヘルスケア専門家の中には、特別の断食、浄化食療法、浄化方法を勧める人もある。たとえば浣腸、コロニクス（洗腸療法）、肝臓の浄化などだ。こうしたものは注意して体が耐えられる範囲で使用すれば、効果的である。断食したいなら、どのような方法が最もよいか専門家に相談する。なにも知らずに始めないこと。体をこわすかもしれない。

浣腸やコロニクスは肉体の毒素を手早く浄化できるが、自然の消化液まで流しだしてしまうので、それを補うことが必要だ。やりすぎると体が弱る。自分で勝手に何度もコロニクスを受けてはいけない。コロニクスをやるならそのプログラム全体を監視するヘルスケア専門家が必要だ。また使用する器具のうち、腸に差し込む部分は毎回新しいものであること。もしコロニクスを受ける施設で新しいものを使ってくれないなら、そのパーツを自分専用に買い求めておく。私はコロニクスで非常に良好な結果を得た患者をみている一方、やりすぎて体の弱った患者も知っている。またコーヒーにアレルギーの人はコーヒー浣腸はしてはいけない。かわりにきれいな水を使う。しかしコーヒーにアレルギーでなければ非常に高い浄化効果があり、気分の高揚さえもたらすこともある。

具体的にどのような食事療法を行なうかが決まったら、前項のガイドラインを使用してその療法の食物を選ぶようにする。

エネルギーエクササイズ

最近の研究によれば、定期的に運動をすると、老化を遅らせることができるばかりでなく逆戻りさせることさえできるという。運動を始めるのに遅すぎる年齢というものはない。最近の『タイム』誌には、八十歳で空手を始めた女性が二年足らずで黒帯になったという話がのっていた。

アメリカ心臓病防止協会は、酸素消費量の大きな運動を最低二十分、週三回～五回行なうことを勧めている。酸素消費量の大きい運動とは、主要な筋肉を働かせ、最大心拍数の六十～六十五パーセントにあたる心拍数を十五分以上維持させるものだ。最大心拍数とは心臓が鼓動できる絶対的最高値で、もちろん最大心拍数を必要とするような運動はするべきではない。心臓に非常な負担をかけ、場合によっては死さえ招く。自分の最大心拍数は、二二〇から年齢を引くと得られる。適切な運動には、エアロビクス、ダンス、散歩、サイクリング、水泳、ボート漕ぎ、縄飛び、クロスカントリースキーなどがある。こうした運動は循環系を健康に保つのに役立つが、通常、筋肉をつけたり体重を減らすのには役立たない。運動することで体重が減り始めるのは、その運動を二十分以上行なった場合である。また筋肉をつけるにはほかの種類の運動が必要になる。詳しいことは近所のヘルスクラブなどで訊ねよう。

体重を減らすのに最もよい方法は、運動をし、先に挙げたような健康な食事をとることだ。最近の研究によれば、運動をしながら健康な食事をとる方が、食事量を極度に制限するよりも効果的だ。

ヨガは、適切な指導のもとに行なえば、体にもＨＥＦ（ヒューマンエネルギーフィールド）の全レベルにもよい。体と心のつながりを築き、強め、大量のエネルギーがスムーズに流れるようにしてくれる。ヨガのポーズのあるものは、経絡のバランスを整えチャージする。ただし心臓を健康に保つには、これを先に挙げたような運動と組みあわせる必要がある。

普段から水泳、ダンス、エアロビクスなどの運動をしていると、HEFの第一レベルがよくチャージされる。ただしこれは体のあらゆる部分を使う運動の場合だ。ノーチラスのような器具を使ったウエイトトレーニングは第一レベルで筋肉の強さを増し、また内臓もある程度強くするが、その効果は先に挙げたような体をすばやく動かす運動ほどではない。

HEFの第一から第三レベルまでは物質世界と関連しており、太極拳や気功はこの各レベルにバランスとチャージと力を与える。適切に、かつ個人のニーズに合わせて行なえば、全身を強め、健康を促進させることができる。またエネルギーを増加させ、体と心のつながりやグラウンディングを強めるのにも大変よい。私のみるところ、このような柔軟なスタイルのマーシャルアーツ（武術）は、鍛錬をつんだ教師から教わるならば、心身を鍛えるのに最もよい。太極拳や気功は第四レベルより上位のHEFを強化することもできるが、これは心と体の関係にどの程度よく焦点を当てているかによる。メディテーションと組みあわせて行なえば上位レベルを強化することができる。以上の運動はすべて、HEFをチャージしバランスを整える効果のある呼吸法と組みあわせて行なう。

エネルギー交換のエクササイズ

以下のエクササイズはHEF（ヒューマンエネルギーフィールド）の第四レベルを充実させるのにとてもよい。これは二人一組で行なう。まず好きな音楽をかけ、たがいに向かいあって立つ。たがいの手のひらを触れない程度に近づける。そしてたがいの手をシンクロナイズさせながら、音楽に合わせて動き始めよう。少し練習しただけで、シンクロナイズして動くことがどれほど簡単になるか気づくだろう。それが簡単に感じられるようになったら、目を閉じて音楽に合わせ動き続ける。相手のエネルギーにシンクロナイズするのがどれほどやさしいか、きっと驚くはずだ。完全に合わせることができたら、もう一度目を開ける。

次に自分自身に注意を向けよう。このエクササイズをどのように感じるだろうか。シンクロナイズするのに、自分のHEFをどのように調節しているだろう。自分のHEFの中にある特定の手応えを探して、どのようにこのコミュニオン（一体感）の状態を再現できるかみつけよう。次にもう一度別の相手と同じエクササイズを行なう。どこが違い、どこが同じだろうか。好きなだけ続けよう。同じエクササイズを音楽なしで試してみてもよい。どちらが好きだろうか。コミュニオンの状態に慣れたら、ほかの状況でもこれを応用することができる。誰かが助けを求めてきたような時、また誰かと議論を始めそうに感じた時に、試してみよう。

呼吸と運動

呼吸をコントロールすることで体とHEF（ヒューマンエネルギーフィールド）のエネルギーの流れを調節できる。よい運動は、かならず呼吸の調節法を含んでいる。

ヒーラーは強く深く呼吸してエネルギーを高め、ヒーリングのパワーを増加させる。

西欧人の多くが胸の上部だけを使って浅く呼吸する。これはエネルギーを弱い状態にとどめる。子供は自然に深い腹式呼吸をするが、感情をブロックするようになるにつれ、呼吸を抑え始める。息を止めたり呼吸を浅くすることは、感情を止め自己を麻痺させるには最高の方法だ。肺の機能は「自由」と関係している。呼吸を滞らせたり肩を落として胸を落ち込ませる時、人は悲しく感じる。西洋文明の呼吸の浅さは、自分の力でコントロールできない世界に閉じ込められて、非常に不安で満たされていないと感じていることと関連している。

横隔膜を使って深く完全に呼吸をすると、自由をとりもどし、この「核の時代」に誰もが逃れられずにいる恐怖という気持ちを解き放つのを助けてくれる。

以下は簡単な呼吸のエクササイズだ。足を肩の幅に開き、膝を軽く曲げて立つ。あるいは椅子にまっすぐ座り、腰のあたりだけが背もたれに当たるようにする。リラックスして、右の人さし指で左の鼻の穴を閉じる。右の鼻の穴から深呼吸をする。息を止めて、右の親指で右の鼻の穴を閉じる。左の穴から息を出し、また吸い込む。息を止め、左の穴を人さし指で閉じ、右の穴を開いて息を出す。横隔膜を下げた状態のままこの呼吸法を繰り返し、胸いっぱいに空気を吸い込もう。息を吸ったり吐いたりするたびに「自由」「力」「健康」といった簡単なマントラを唱えてもよい。深呼吸の感覚に慣れたら両方の鼻の穴を使って呼吸する。健康を保つために習慣にするとよい。

マーシャルアーツにおいてはつねに、力と勢いの向かう先とはエネルギーの流れる方向である。そして的《まと》に対して鋭いエネルギーが炸裂する時には必ず、強く大きな息と掛け声を伴う。

マーシャルアーツは二人の人間によるたがいのHEFを通した相互作用で、第四レベル、つまり人間関係のレベルをチャージし強化する。しかし私の知る限り、第四レベル自体を強める最高の肉体的エクササイズはダンスだ。ダンスを踊るには必ず相手を必要とする。たとえパートナーがいなくとも、音楽という相手がある。

HEFの第五、第六、第七レベルはスピリチュアルな世界と関係している。このレベルはクンダリーニヨガやクリヤヨガといった特別な運動でチャージし、バランスを整え、強化することができる。この運動ではヨガのポーズと「火の呼吸」と呼ばれる呼吸法が組みあわされている。これを学ぶなら、よい教師につくこと。

火の呼吸は意識的に横隔膜を使う激しい呼吸法だ。これは非常に強力にかつすばやくHEFをチャージする。最後の呼吸は深く吸い込んで止め、しばらくしてゆっくりと吐きだす。これをいくつかのヨガのポーズと組みあわせて行なえば、まずHEFをチャージし、次に必要な箇所に正確にエネルギーを回すことができる。

運動は誰にでも必要だ。病気の間でさえも。私の知っているある患者は脊椎の怪我のために数年余り寝たきりで、助けを借りながらかろうじてわずかな距離を歩くことしかできなかった。しかし彼女はこれに飽きて、アルバイトで犬の散歩をさせている人間を雇い、付き添っていっしょに歩いてもらうようにした。最初はごく短い距離しか歩けなかったが、今では自分の家の近所を何周も歩けるようになった。これは健康にもとてもよく、車椅子もいらなくなった。

どのような体調の時でも、できる範囲で運動をすることがとても大切だ。病気が重くてあまり運動できない場合でも、わずかでもよいから体を動かすようにしよう。カール・サイモントン医師は著書『がん治癒への道』(創元社)の中で、ベッドの中でできる各種の軽い体操を勧めている。これは効果があると私は思う。この中から好きな運動を選ぶか、可能なら運動の専門家を探し、自分の状態に合わせた運動を考えてもらおう。特にヒーリングのために考案された太極拳や気功の型もある。その型は各経絡を開くように考えられている。可能ならば、教師に家に来てもらって個人指導を受けよう。軽い散歩もよい。暖かい日には太陽の下に出て新鮮な空気を吸おう。体が回復するにつれ歩けるようにもなるはずだ。やがて半時間から一時間、早足で歩けるようになるだろう。

ＨＥＦと睡眠および休息

疲れている時にはＨＥＦ（ヒューマンエネルギーフィールド）は縮んで鈍くなっており、色も冴えない。通常はあらゆる方向に向かって美しく明るく輝いている第六レベルの光のビームも垂れ下がっている。休みをとらずにいる時間が長く続くほどますます荒れて見える。疲れた時に休みをとるのが早ければ早いほど、ＨＥＦが通常の強さ、明るさ、形をとりもどすのも速い。

ある人はたっぷり九時間から十時間の睡眠を必要とする。人によってはもっと少ない。一般に年をとるにつれて必要な睡眠時間は少なくなる。また一度に続けて眠る必要のある人もいれば、短く何回かに分けてとるのがよい人もいる。夜型の人もいれば朝型の人もいる。

どれだけの休息が必要かは人によってまったく異なる。体が必要とすることに耳を傾け、それに従うようにしよう。ヒーラーとして仕事をしていた十五年間、私はこの問題に取り組み、自分が午後の一時半から二時四十五分の間に非常に疲れることに気づいた。やがて、この時間帯に働くことはできないのだと悟ってスケジュールをかえた。私は朝型なので早く起きるようにし、朝八時から午後一時の間に四人患者をみて、一時から一時半の間に食事をとり、一時半から二時四十五分まで昼寝をした。そして三時から五時か六時までまた仕事をした。午後の一時半には眠りに落ちるのに数分しかかからなかった。いつもうとうとし始めると、自分が白い光の中に入ってゆくのが感じられた。そして正確に二時四十五分には目が覚め、また新たに仕事を始める準備ができていた。まるで一日が二回あるようで、実に具合がよかった。

睡眠については一般的な決まりはない。唯一の決まりは、疲れた時には休み、体のリズムに合わせるということだ。いろいろなパターンをしばらく試して自分に合うものをみつけよう。ぴったりのパターンがみつかったなら、それに従うことでどれだけエネルギーが増加するかにきっと驚くだろう。睡眠のスケジュールを長期間にわたって固定しようとしてはいけない。変化するからだ。自分自身のリズムに従うことで、HEFを明るくチャージされた状態に保つことができる。

HEFを健康な状態に保つためにスケジュール管理をする

毎日、毎週、どのように時間を使うかは、肉体、感情、知性、スピリチュアル面の健康に大きく影響する。HEF(ヒューマンエネルギーフィールド)の各レベルは人生の特定の領域に対応することを思いだしてほしい。HEFを健康な状態に保つ唯一の方法は、それぞれの領域に注意を向けて対応する活動に時間を使うことだ。人生のあらゆる面に均等の時間を割くことはおそらくできないだろう。しかしそれぞれの領域を充実させるのに、少なくとも毎週数時間は使うべきだ。一人になる時間、配偶者、家族、友人と過ごす時間、仕事、社交、リラックスに使う時間などを設けること。自分がこの中のどれかに余分に時間を使う傾向があるなら、避けがちな活動をあらかじめ予定表に入れておこう。仕事中毒タイプの人なら、一人になる時間、配偶者と過ごす時間をそれぞれ、仕事時間同様予定に組み込んでおく。人生の各領域で自己を成長させるのに必要な時間をとり、HEFのそれぞれのレベルを充実させるようにしよう。レベルと領域の関係を復習すると、肉体とHEFの第一レベルを健康に保つには、体を使う活動や運動を行ない、よい食事をとる。第二レベルを健康に保つには、自分自身を愛する。

愛のこもった形で自分自身のケアをし、やりたいと感じることをなんでもやるように時間を使おう。少なくとも一日に一時間あるいは一週間に一日は、自分自身のためだけの時間を設ける必要がある。これはなんでも自分がやりたいことだけをやる時間、他人ではなく自分のためだけの時間だ。好きなゲームをやったり音楽を聞いたりしよう。好きな人と時間を過ごすのも、一人になるのも自由だ。いつもやりたかったのにこれまで自分に時間を与えてこなかったことをやろう。

第三レベルを健康に保つには、頭を使う時間をつくる。本を読んだり、問題を解決したり、新しいアイディアを考えたりする。第四レベルは、健康で親密な人間関係や友情を保つことで満たされる。第五、第六、第七レベルを健康に保つには、自分に合ったスピリチュアルな活動を行なうこと。これにはメディテーション、祈り、神聖な意志に沿って行動すること、深い黙想などがある。

病気の時でも、このすべての領域で活動を続けることができる。もちろん健康な時とは違う形になるだろう。むしろスピリチュアルな面により多くの時間を費やせるはずだ。これはヒーリングにとても役立つ。病気になると、使う時間の割合に大きな変化が起こる。最も大きな変化は、仕事と人間関係で生じるだろう。これまで仕事や家族の面倒をみるのに使っていた時間を、自分自身のために使うことになる。それまであまり自分のために時間を使ってこなかった人は、はじめはとても違和感を感じるかもしれない。人生の大部分を仕事に費やしてきた人、とりわけ自分で誇れると感じる唯一の分野が仕事であったような人には、特に難しいかもしれない。

仕事というものを「自分」を定義するのに使ってきた人にとって、突然人生のその部分が空白になるのは、はじめはとても恐ろしいことかもしれない。このような感情が湧いてきたら、それに取り組むのに充分な時間をとろう。それについて瞑想したり、友人と話したりしよう。どのように怖いと感じているかをそのとおりに話してみよう。友達はきっと助けてくれるだろう。仕事がどれほど重要であろうと、自分自身より重要なものではありえない。病気の間に、それまでの自己定義を手放すことを学ぶにつれ、人生の忙しさにかまけて脇にのけられていた、自分の中のより深い面をみつけることができるだろう。

自己の中にありながら、長い間会っていなかった自己の一部だ。なによりも必要な仕事は自分自身のケアをすることである。しばらくの間試してみよう。気がついたらそれが好きになっているかもしれない。今までの仕事で身につけてきたことも役立つだろう。仕事で学んだ技術は新しいプロジェクトにも使える。「自分自身のヒーリング」プロジェクトだ。たとえば管理職の人なら、その手腕を使って自分のヒーリングチームやヒーリングプランを組織することもできる。あるいは、そのようなことをすべて手放してほかの人にまかせた方がよいこともある。

病気の間は生活のリズムがかわる。健康な時にはリズムは自分にとって自然な形で流れる。たとえばほとんど毎日同じ時間に目が覚め、同じ時間に眠くなる。それがまっ昼間だったりするかもしれないが。朝型の人もあれば夜型もある。同じ時間に空腹になり、自然で健康と感じる食事を同じ量だけとるだろう。運動も、ある特定の時間にする方がほかの時よりもよいと感じているかもしれない。

このようなリズムに変化が起きたとしても心配しないこと。前のリズムを自分に強いたりしてはいけない。それでは健康によくない。別の健康なリズムへと移りつつあるのだから。食欲、睡眠時間もかわるだろう。仕事をするしかなかった時間に眠ることもできる。ほかの人がうとうとしている時間の方が元気だったり、その逆の場合もあるだろう。自分にとっての健康なリズムとは体が選ぶものだ。今こそ自分の体の新しいヒーリングリズムに従う時だ。やがてそれが自分にとって「ノーマル」なものになる。ただしばらくの間調整が必要なだけだ。病気になる前には「健康で正常」だと感じられていたリズムにもどることはないかもしれない。それでよい。きっと新しい方が好きになるだろう。

肉体とＨＥＦのケアについて自分自身に問うべきこと

衛生面の習慣の中に改善が必要な点はないだろうか？

今、自分に最もよい運動はなんだろう?

今、自分に最もよい食事はどのようなものだろう?

今、自分に最も合う服や宝石はどれだろう?

自分のムードや健康状態を考えると、今、自分が最も必要としているのはどの色だろう?

自分の食事は自分に合っているだろうか?

食べ物を選ぶ際に、含まれる生命エネルギーのことを考えているだろうか?

自分の活動スケジュールは適切だろうか?

11章　愛によるヒーリング——完璧主義を手放す

自分の第一のヒーラーは自分だ。自己ヒーリングの最もパワフルな方法の一つに、感情面で自分自身と健康な関係を結ぶというものがある。ほとんどの人はこの点において大変な努力を必要とする。人は皆、自分をありのままに受け入れることをしない。たとえば罪悪感とは、今この瞬間のありのままの自分の状態に対する拒絶反応のしるしだ。つまり、なにかをしてしまった、またはしなかったことに罪の意識を感じるのは、それを解決するための手段をとるのを先のばしにしているか、まだ自分の中でその問題を処理中であるか、さもなければ、自分自身に罪悪感という罰を与えることにしたということを意味する。なぜ罰を与えるかといえば、その行為が自分に満足のゆくものではなかったからだ。罪悪感を感じる方が、満足のゆく行動をとり続けるよりもやさしい。人は皆、なんであれ自分がとらなければならない行動を恐れる。罪悪感はその恐れを覆い隠し、自己に対する拒絶をもたらす。人は恐れよりも自己拒絶を選ぶのだ。

健康に害を及ぼす要素の中で最も広くはびこっているものは、自己嫌悪である。これはばかばかしく聞こえるかもしれない。感じたことのない人や、自分が自己嫌悪を感じていると認めるのを拒んでいる人にとっては特にそうだろう。しかしほかの人間の内面について深く知ると、誰でも内には自己嫌悪の種子があり、しかもそれはとても根深いものであることに気づく。

多くの人は自己嫌悪のかわりに「自尊心の欠如」という語を使う。人の内にはつねに、自己嫌悪とそれを覆い隠そうとする自尊心との間の争いがある。この争いがやむことはめったにない。誰もがなんらかの形で「自分は特別であり価値ある人間である」ことを証明しようとする。意識していないかもしれないが、それは態度にあらわれる。「目標以上のことを達成しようとする態度」か、「なにも達成しようとしない態度」という形で。つまり、さらに努力する人と努力など気にもしない人とに分かれる。どちらも悪循環に陥っている。ある人は努力を通し、別の人はあからさまな努力の放棄を通して、いずれも自分が子供時代にこしらえた一連の規準によって、自己が価値あるものだと証明しようとする。しかしいったんこの目標が達成されると、それは単にどうでもよいことにされ、また異なった目標を追求し始める。

人は自己の価値を「自分への期待」に基づいて決める。自分自身に対して、現実的に不可能な完璧さを求める。そしてそのような完璧さを達成できないと、自分を劣っている者と決めつけ、自己を拒絶する。終りのないゴールを達成するよう自分に要求し、一つゴールを達成するとそれは無視され、つまらないものとみなされる。そしてすぐ、次に飛び越すべきハードルに目をむけるのだ。なにかを達成したことへの満足感にひたったり、努力や苦闘を経て成し遂げたことや成長した自分を称賛したりする間を与えない。自分の努力の報酬を自分に与えない。さもなければ、ほかの人にあげてしまう。たとえばヒーラーに、自己ヒーリングの数と人に施したヒーリングの数を較べてみるよう訊ねてみよう。ミュージシャンに、批判的にならずに自分の音楽を聞いて楽しめるかと訊ねてみよう。

なにかを成し遂げようとすることさえしない人がいるのも不思議ではない。そのような人はゲームのばかばかしさに気づいているため、参加を拒んでいるのだ。不幸なことには、そうすることによって、創造性も魂も生命エネルギーも、時には肉体そのものも殺している。

この苦闘、または苦闘の放棄の裏には、二つのレベルの原因がある。一つは心理レベルの、もう一つはそれより深いスピリチュアルレベルの原因だ。

心理レベルの自己嫌悪の原因

心理レベルでは、自己嫌悪の原因は自己に対する裏切りだ。これは子供時代の早期に始まる。幼い頃から人は、できるはずだと考えたことができなかった時、自分を嫌う。できるはずだと自分で考えたのであっても、両親や教師、その他の権威に求められたのであっても同じことだ。自分が幼かった頃のことを思いだそう。現実的になにができることなのか、ほとんど理解していなかったはずだ。

確かなのは、すべての子供がそうであるように、まわりの人に対する無条件の愛を持って生まれたということだ。「まわりの人すべてが幸せであり、愛に満ちていてほしい」と望み、同時にまわりからも無条件の愛を期待する。不幸なことに現実はこのとおりにはめったにゆかず、かわりにこんなことが起こる。

子供にとってまわりの人間はほとんどすべて自分より大きい。そのような「大きな」人間がネガティブな感情を表現する時には、とても恐ろしいと感じられる。大人は自分が怒ると、あるいは子供がネガティブな感情を表現したりすると、子供を力で圧倒する。これは、子供の方にそのような感情を表現するもっともな理由がある時、または望ましくない状況に対して正直な反応を示しているような時でも同じだ。小さな子供にとっては、このような大人からの圧力は生命を脅かすものに感じられ、そのためにやがて人生の状況に対する自分自身の正当な反応すらも抑圧するようになる。

正当な反応を抑圧するのを余儀なくされるのに加えて、子供は、家族がかならずしもたがいにいつも愛情深く接しあわず、恐れや憎しみを表現することもあるという現実に対応することができない。そのため、子供心にとっては論理的なことを行なう。つまり傷ついた感情をどこかにやって、すべてをもっと「よく」しようとする。こうして自己の感情を否定し、否定することで自分自身を裏切る。

もちろん、このような形ですべてを解決することはできない。しかしだからといって人はそうすることをやめはしない。このように物事の表面をとりつくろい、自分や他人のネガティブな感情の存在を認めるのを拒めばそれだけ、人は自分自身に忠実であることからも、本来の無条件の愛を動かす力に忠実であることからも遠ざかる。なにもかも「よい」状態にしておこうと努力するほど、自己がいっそう無力に感じられ、自分の行為が偽りだという感じを覚える。真の自己を裏切っているせいだ。こうしたふるまいの背後にあるのは、期待していた愛を得ようとする努力だ。愛を得ようと努めて失敗することが積み重なると、自分は愛に価しないのだと確信し始め、自分を愛することができなくなる（1章の仮面の自己についての記述を参照のこと）。

この悪循環には、事態をさらに悪くするもう一つの要素がある。小さな子供は、なにかに成功して褒められる時、あるいは成功するようにと手助けを与えられる時、なにかが間違っていると感じる。というのは、成功してもまだ、欲しかった愛を得ることができずにいるからだ。かわりに褒められる。しかし褒められることと愛されることは同じではない。それでさらに努力する。この「成功しては（愛されるかわりに）褒められる」という悪循環を経験するたびにさらに強く、自分にどこかいけないところがあると感じる。

それだけではない。「よい子」であることに成功して褒美をもらう時、そしてその褒美が愛と称賛であっても、愛を受け取るのは偽の子供で、本当の自分ではない。本当の自分は偽の方に覆い隠されている。偽の方が褒美をもらうのだから、本当の自分は愛に価しないと「証明」されたことになる。

子供は「よい子」であることに成功するたび、心のどこかで「真実の自分」は愛に価しないというメッセージを受け取る。愛を必要としながら、愛を得ることができない。このような過程を通して自分を愛することを学べるはずがない。むしろ本当の自分を忘れてゆくのだ。真のニーズは偽りの「よい子」そのままの姿で認められ愛されることとなのだが、それは決して満たされることがない。この苦痛に満ちた悪循環は大人になってもずっと続く。

スピリチュアルレベルの自己嫌悪の原因

自己嫌悪のもう一つの原因は実は心理レベルのものと同一なのだが、これがみいだされるのはスピリチュアルレベルだ。本書の読者なら、おそらく意識的になんらかのスピリチュアルな道程を歩んでいる人だろう。スピリチュアルな道程を歩むことは時に、自己を受け入れるのをいっそう難しくする。というのは、人生における努力の大部分が、おそらく、自己について明確な認識を得ること、理解すること、向上させることに費やされているからだ。したがって、スピリチュアルな道程に積極的に取り組む前よりも、自己の不完全さや自分が人生にネガティブな経験を創りだすパターンについて、多分はるかに意識しているにちがいない。自己の内にある不完全さをみながらなお自己を受け入れるのは、それだけ難しい。

スピリチュアルな道程には、物質レベルでの生活の不完全さを受け入れるのを難しくする点がもう一つある。この道程を歩む途上、人はつねに、ある意識レベルから別のレベルへと移動する。高いレベルでは道程は光と至福に満ちている。しかしそこから物質世界に降りてきてそれまでの経験を融合させようとする時、自己の人間的な不完全さを受け入れることは、時にいっそう難しく感じられる。物質的な限界のある一つの現実を生きるのは、同時により大きな現実においては限界がないと知っている時には、たとえようもなく難しい。最も困難を覚えるのは、恐れを感じながらなお、より高いレベルでは恐れる必要はないと知ること、心に混乱を感じながらなお、自分の存在のより高いレベルでは自分は明晰な光そのものであると知ることだ。

スピリチュアルな教え自体が、自己を受け入れ愛するのを邪魔することもある。時にはパラドックスのように。自己を人間性の牢獄から解放しなければならないと教えられ、同時に、人間の置かれている状況を信頼せよと教えられる。物質世界は神聖なるものの表現であり、また神聖さそのものであると教えられ、同時に、そこに存在する混乱、怒り、憎しみを目にしなければならない。自己をよりスピリチュアルなレベルに高めるためには物質をスピリチュアルなものに高めなければならず、そのための唯一の方法は物質世界をありのままに受け入れることだと教えられる。なによりも難しいのは、物質世界の基本的二元性を受け入れながら、同時にその二元性を超えて物質世界との一体化へ向けて動いてゆこうと努めねばならないことだ。

こうしたことを可能にする方法は、自己を愛し、宇宙と人生をありのままに受け入れること、そしてつねに導きと守護があり、あらゆる出来事には必ずより高いレベルの理由があると知ることだ。このより広い視点に基づいての受容が自己の意識と生活に組み込まれる時、歩みはとても速くなるだろう。

ヒーリングの道程はかならずしも理詰めでは理解できないため、スピリチュアルな視点からみるといっそう進めがたいものに感じられることがある。スピリチュアルガイドたちは「人間は光に満ちたスピリチュアルな存在だ」と言う。しかし人は苦痛と病気に満ちた肉体に閉じ込められているように感じる。またガイドたちはこう言う。痛みと病気を愛を持ってそのまま受け入れるように、そして自分がそれを創りだした事実と、それを創りだした自己の行動をも愛を持って受け入れるように。これは、痛みや病が存在すること、また存在する理由があることを否定するところから抜けだすことだ。また、痛みや病を創りだした自己を愛し受け入れること、それを創りだすために自分が考えたこと、したことをすべて受け入れることだ。そうすれば、自分が病気を創りだしたということも受け入れられる。

次のことを心にとめてほしい。「病気や病気が生みだされた過程を受け入れることは、それに降参することではない（はじめのうちはそのように感じられるかもしれないが）。この過程を受け入れることは、自分の生と自分自身を、なんであろうと深く信頼し、愛し、受け入れることである」。すなわち深いレベルで真の自己を知り、それと一体化し、神聖さを認めることだ。そうすることによって、健康な肉体とはその深いレベルの真の自己があらわれたものなのだと知る。肉体に病があるところはどこであれ、自己のより深くにある神聖さが顕れるのを許さずにきたところであると知る。病のある部分は、真の自己と偽りの自己を混同し、偽りの方に支配を許した部分だ。自己嫌悪の悪循環を存続するにまかせた部分なのだ。

自己嫌悪の悪循環を断ち切る

この自己嫌悪の悪循環を断ち切る唯一の方法は、内面にある偽りの自己をみつけ、他人を喜ばせるためのふるまいをやめることだ。自分自身を観察し始め、どれほど偽りの自己になっているかをみつけだそう。ほかの人が自分に期待していると自分が考えることに合わせて、どのように自分自身を操り、裏切り、拒んでいるかをみつけだそう。そしてその結果、真の自己とのつながりをどれほど失っているかも。きっと、子供の頃から同じようにやってきたはずだ。

自己嫌悪の悪循環をみつけるために自分自身に問うこと

自分はどのように自己を偽り、権威（親、上司等）が望んでいると考える行動をとっているだろうか？

そのように自己を偽ることで、どのように自分自身を拒絶しているだろうか？

そうすることで、どのような自己嫌悪を積もらせてきたのだろう？

ほかの誰かが自分を拒む前に、自分で自分を拒んでいないだろうか？

特にどのような状況で自分を嫌い、拒んでいるだろう（たとえば、競争に負けた場合だろうか）？

負けた時、自分にどのような仕打ちをしているだろう？

表をつくろう。ページの半分には自分について気に入らない点を書きだす。もう半分には、それぞれの気に入らない点に関して、自分に対してどのように感じているかを書きだす。このような自己テストによって、自分に対する決めつけとネガティブな感情をみつけることができる。これができればすでに問題の核心に迫る鍵が手に入ったも同然だ。次のステップは、こうした感情を許すことである。これがなぜ、どのように有効であるのかを、ＨＥＦ（ヒューマンエネルギーフィールド）から説明しよう。

自己に対するネガティブな感情はどのようにHEFの第二レベルに影響するか

自己との感情面の関係はHEF（ヒューマンエネルギーフィールド）の第二レベルに見られる。このレベルには自己についてのポジティブおよびネガティブな感情が存在する。自己に対するネガティブな感情はさまざまな問題の原因となる。第二レベルにあるネガティブな感情と結びついたエネルギーと意識は、生命に対してネガティブに働くという性質を持つ。さらに悪いことに、人はネガティブな感情が流れるのを許すまいと、このエネルギー意識体を動かないように抑えつける。そのためエネルギーの振動周波数を下げて生命と健康を維持するには低すぎるものにしてしまい、第二レベルの停滞を引き起こす。この停滞はさらに第一レベルに影響し、肉体への生命エネルギーの流れを妨げる。

ネガティブな感情を動かないように抑えつけるには、エネルギー意識体の一部を思考レベルに転移して発散させる方法がとられる。そこでは、ネガティブなエネルギー意識体は自己に対するネガティブな決めつけとして表現され、それはさらに感情を抑圧する。

エネルギー意識体の転移という視点から、別の形で説明をしよう。人はしばしば、ネガティブな感情として表現されるべきエネルギーを、HEFの第三レベルに転移させる。エネルギーはそこでは自己に対するネガティブな決めつけに転換され、さらに第二レベルの感情を抑圧する。このネガティブなフィードバックの環は第二レベルを抑えつけ、周波数を生命維持に不適切なレベルに下げる。そしてそれが原因でその人は鬱状態となる。

このような状態の人はHEFの第二レベルがとても狭い。普通は第一レベルの光の線に沿って流れる明るい色のエネルギーの雲も、暗く汚れている。明るい第二レベルを持っている人は、このような人の精神状態を理解できず、そばにいるだけでも心地悪いかもしれない。あるいはこのような状態から相手を助けだそうとするかもしれない。

第二レベルを浄化するのは比較的簡単だ。ヒーリングのテクニックとしては、エネルギー意識体を移して第二レベルにもどし、それをチャージしてふたたび流れるようにする。エネルギーを動かすと患者はその感情を経験し、すると自己のさらに深く、問題の根源まで連れてゆかれ、最終的には自己のエッセンスとコアに達することができる。そのためにはヒーラーは患者の第二レベルを浄化し、感情を表現するよう励ませばよい。

このプロセスはいったん理解しさえすれば、自分で行なうこともできる。まず自分に対する決めつけに気づき、その裏には痛みが隠されていることを理解する。しかし理解するだけでは充分ではない。感情を解放し、経験しなければならないのだ。対応するエネルギー意識体を第二レベルにもどして、感じる必要がある。感じるということをしなければ、停滞していた第二レベルにエネルギーの流れを回復させることはできない。こうして賦活されたエネルギーの流れはさらに停滞していた部分を溶かし、HEFを健康な形で再チャージする。

「私は役立たずだ。というのは〜」、「〜をしておくべきだった」といった第三レベルに由来する決めつけを、「私は傷ついた」、「自分なんて嫌いだ」といった第二レベルの感情にかえるようにしよう。感情は流れさせるべきなのだ。たとえどのようなものであろうと。するとHEFに実によい効果がある。停滞していたエネルギーの雲が即座に流れだして、きれいになり始め、エネルギーが浄化され動きだして第二レベルがチャージされる。じきに「自分なんて嫌いだ」という感情は「私は傷ついた」になり、さらに「私は自分を愛している」、「自分をこんなふうに扱うなんて悲しい」というような感情に変化する。感情を表現することはHEFを自然に流れる状態にもどし、色も自己愛のエネルギー意識体の明るい色にかえる。

ジェフリーという名のビジネスマンは、完璧主義の悪循環から抜けだすことができないでいた。それは苦痛の感情を表現し始めるまで続いた。彼は生まれた時から、ビジネスマンとして成功し裕福になるようにとの圧力を家族から受けていた。大人になってからもなにをやっても充分でないという感じがした。なにを達成しても自分に満足できないのだ。仕事に成功するほど、そこから得られる喜びはさらに減り、内面が空っぽに感じられた。

ジェフリーのHEFは第三レベルが非常に硬直しており、第二レベルも停滞していた。第三レベルが第二レベルを押しつけており、彼は自分の感情に気づかず、またためったに表現することもなかった。しかし自己の内の空しさの感情に沈み込むようになると、第二レベルがチャージされて流れ始めた。自分に対する決めつけを表現している間は第二レベルは明るい琥珀色で、自己に対する怒りを表現すると明るい赤に変化した。私は彼が自己感情を表現する間HEFを絶えず観察しながらヒーリングと励ましを行なうことで、適切な方向に彼を導くことができた。やがて自己に対する怒りは溶けて、苦痛にかわった。

ここで初めて、彼はインナーチャイルド（内面の子供）の苦痛を感じることができた。それは完璧であるようにと圧力をかけられ続けてきた子供だった。ジェフリーは時に自分に対する決めつけをしている状態にもどり、感情の痛みを止めようとした。これが起こった時には第二レベルのエネルギーの流れが止まり、第三レベルで活動が起こった。それは主に背中側、つまり意志の表現に関連するチャクラで起こった。これは彼が意志によって苦痛を止めようとしたことを示す。私はそれを指摘し、意識とエネルギーの流れを体の前面に、そして第二レベルにもどすように導いた。すると、自動的にエネルギー意識体の自然な流れが体の前面で起こり、感情が再度解放され始めた。このようにして体のエネルギーの流れを方向づける方法を学ぶにつれ、感情へともどるのはやさしくなっていった。

感情表現の満ち干が続いて、現在の自己拒絶の感情は過去の自己拒絶の痛みへとかわった。ジェフリーは自分がそれを子供の頃から抱えていたことに気づいた。自分は、本当にそうしたいかどうかに関係なく、両親が望むことをしようと一生懸命努力し、今もまだ努力し続けている。両親の愛を得るためならどんなことでもする自分を偽者だと感じながら。「よい子であるためにはこうするべきだ」という外部からのメッセージを受け入れ、それを今なお大人として仕事の上で実行している。

こうして彼は自分の悪循環の根源にたどり着いた。それは「両親の愛を得るためには完璧でなければならない」という、幼い子供としての結論だった。そして突然、人生全体についてのまったく別の視野が開けた。はじめはおおいに気をそがれた。これまで成功するためにしてきたことはすべて、誤った理由のため、つまり愛を買うためだったと思えたのだ。

ここでまたもや彼がやろうとしていたのは、痛みを感じることから逃げだすために、前よりもっと自分に対する決めつけをしている状態に入ってゆくことだった。私がその痛みの中にとどまるように励ますと、彼は自己のインナーチャイルドにとっての現実に深く入り込んでいった。このインナーチャイルドは愛を本当にとても必要としていた。彼はありったけの愛を込めてこのインナーチャイルドを愛した。このインナーチャイルドのエッセンスを、そして自分のコアエッセンスを、感じて認めることができた。ついに自分自身のコアという故郷に帰りついたのだ。

それからジェフリーの人生はかわった。以来、自分やすべての人々を違った見方でみることができるようになった。以前ほど強く感情を避けたり、自分に対する決めつけに捕われたりするのは不可能だろう。自分が完璧主義にはしりかけているのに気づくと、ペースを落として、インナーチャイルドにどうしたいかを訊ねる。いくつかの大きな取り引きを構わずやりすごしさえした。働きすぎをやめ、あるがままの自分でいる方を選んだからだ。

ジェフリーの第二レベルのエネルギーの流れは強まり続けた。ヒーリングに取り組み続けることで、第二レベルは正常に流れる明るい色になった。第三レベルもいっそう明るくなり、より柔軟で、体の前後でバランスがとれ始めた。第一レベルもチャージされ強くなった。その結果、肉体はより若く、エネルギッシュに感じられるようになった。こうした変化は第四レベルにも影響し、他人との関係が深い意味を持つようになり始めた。

このような感情表現のプロセスを通して、人は、自分に対する決めつけによってインナーチャイルドにどれほどつらい思いをさせてきたかを悟る。インナーチャイルドが自分自身に向けて自由に感情を表現することを許してこなかった。インナーチャイルドが自分の中で健康に生きてゆくために必要なことだったにもかかわらず。そして自分に対してしたように、ほかの人に対してもそうしてきた。このような仕打ちを自分に対してするのをやめれば、他人に対してもやめるだろう。自己の限界、インナーチャイルドのニーズ、インナーチャイルドの不完全さを受けいれる時、他人の中にあるこうしたものをも受け入れることができる。

自己をありのままに受け入れ、インナーチャイルドについてもっと知り始めると、また気づくことがある。自分が「インナーチャイルドは成長するべきだ」と思い込んでいたことを悟るのだ。確かに成長すべき部分もあるが、基本的にインナーチャイルドは成長するべきではない。むしろ、自己の内で存分に生きるべきなのである。インナーチャイルドは各人のパーソナリティをセンスオブワンダー（生の驚き）と生きる喜びで満たしてくれる。インナーチャイルドが与えてくれる素朴な楽しみは、大人の行動を通して得られるものとは比べものにならない。インナーチャイルドは「真の自己」の鍵を握っている。自身がその一部であるからだ。インナーチャイルドは各人のコアエッセンスへの入口である。インナーチャイルドともっといっしょに時間を過ごせば、真の自己の本来の姿をみいだすだろう。インナーチャイルドは、これまで経てきたあらゆる人生経験を通して得られたさまざまなことやもので構成されているのだ。

自分のインナーチャイルドを知る

自分自身のインナーチャイルドについて知るよい方法は、遊ぶことだ。遊びは自己のニーズ、特に子供の頃に置いてきてしまったニーズを知るすぐれた方法である。遊びは自然にそのようなニーズを引きだす。いったんそうしたニーズにアクセスすれば、その一部は真の大人のニーズへと成長する。遊びはまた「ニーズがあるのはよいことであり、自分は価値あるかけがえのない存在だ」と知ることのできるすばらしい方法だ。また自己についてのポジティブな感情を表現する方法でもある。第二レベルをチャージし、流動的にする。

そのために、毎日一時間程度、自分のやりたいことだけをやり、やりたくないことはなにもしない時間をみつけよう。それを仕事の予定と同じようにスケジュールに組み込むのだ。それを望んでいるのが自分の中のどれほど幼い部分であっても、やりたいと感じることをしよう。たとえばどんなにみっともなく思われようと、着たい服を着てみる。食べたいものを食べ、行きたいところに行き、聞きたい音楽を聞く。気に入らなかったらすぐにやめればよい。しかしやめるのは「面白くないから」であるべきで、頭の中で「そんなことをやっていてはいけない」という声が聞こえるからであってはならない。その瞬間瞬間になにをやりたいかに応じて、やっていることをどれほどすばやくかえられるかを試してみよう。なにもかも忘れて楽しむのだ。これが子供の頃やっていたことなのだと思いだそう。その結果にきっと驚くだろう。

毎日この遊びの時間を持つことに慣れたら、インナーチャイルドのニーズと大人のニーズの関係に気づくようになるだろう。子供の遊びはつねに、人間本来の目的に対する切実な憧憬をあらわしている。精神が成熟するにつれ、この憧憬は大人らしい形で表現されるようになる。子供の領域で始まった活動は大人の活動に成熟してゆくかもしれないし、子供の活動のままに残るかもしれない。どちらでも構わないのだ。遊びに条件をつけてはいけない。

私の娘のセリアが小さかった頃、よくいっしょに遊んだ。私が好きだったのは、夜セリアを寝かしつけることだった。私は指人形を使って、いじわるアヒルの真似をした。アヒルはセリアに眠ってほしくないので、いっしょにふとんにもぐってしばらくは静かにしているが、突然ふとんを跳ねとばす。あるいは「もう寝ちゃった？　もう寝ちゃった？」と繰り返し声をかける。本当にとても楽しかった！

また、よくいっしょに絵を描いた。セリアはいつも月と星を描いた。ある日私はなにを描いたらよいか思いつかず、HEFを描いてみた。じきに何枚かの絵ができた。何年も経ってそれをプロのイラストレーターに描き直してもらったのが、『光の手』の挿し絵である（同書の図11―1および11―2）。

遊びは子供のファンタジーを活性化し、解放する。ファンタジーは大人では創造的視覚化につながる。最初に『光の手』を出版した時、コロラドから私のヒーリングスクールに来ていたドリアンが、美しい白い熊のぬいぐるみをくれた。それはブッダ・ベアと呼ばれるようになった。私が世間に出て広くヒーリングを教えるようになるなら、絶対にぬいぐるみの熊が必要だと誰もが言った［訳注：アメリカでは幼い子供はみな、ぬいぐるみの熊を友達として与えられるので、熊は感情的な心地よさの象徴］。そしてそのとおりだった。ブッダ・ベアは以来、私のインナーチャイルドのとてもよい友達になっている。はじめの頃は旅行にさえいっしょに連れていったものだ。

最近のチャネリングでヘヨアンは、子供としての自己に存在する場を与えたなら、成長してやがて自己の全体に統合されるような場もまた与えなければならないと語っている。

自己を愛するエクササイズ

直接自分を愛するエクササイズをするのもよい。以下は自分自身を愛することを学ぶのに効果的なエクササイズだ。一つ目が難しければ次のものを試そう。全部試してみて好きなものを選ぶとよい。毎日積極的に自分を愛することに時間を使おう。朝と晩に十五分ずつ時間をとるのでも、一時間に一分というふうでもよい。

このエクササイズは思ったより難しいかもしれない。人はとかく自分に注意を向け始めるとたちまち、分析したり、アクセスしたり、命令したり、決めつけたりと、あらゆる種類の自分に対する意地悪な精神活動に励みだす。これは自己愛ではない。自分がネガティブにふるまっていることに気づいたら穏やかにそれを止め、ポジティブな態度にもどろう。自己を愛するのは自分勝手なことではない。むしろ自分を「杯」だと考えよう。杯の愛がいっぱいになれば溢れだし、まわりにいる人にも流れてゆく。他人に愛を与えるためには自分をまず愛さなければならない。自分自身に対して行なっているネガティブな仕打ちは、おそらくは無意識のうちに、他人にも行なっているし、自分に与えているポジティブなものは、他人にも与えているのである。

体と自己を愛で満たす

はじめは体の一部から始めるのがよいかもしれない。その方が簡単だからだ。体の中で助けの必要な部分、あるいは好きではない、拒んでいる、恥ずかしいと感じている部分を選び、そこに意識を集中して直接愛を送る。エネルギーで満たし、優しく話しかけてやる。痛みがある部分には特別の愛を送ろう。そこを避けるかわりに（これは痛みがある時に多くの人がやることだが）、その中へ入り込み、意識と愛に満ちた優しさで満たすのだ。

同じことをこんどは自分の全身に対して行なう。自分に注意を向け、愛する人に与えるのと同じ愛を自分に与えよう。色を使いたいなら、まず緑、薔薇色、それから金と白で全身を満たす。

愛を感じ始めるのは簡単なものから

薔薇の花、動物、子供といった愛しやすいものから始めよう。それに意識を集中して愛の状態に入り、その愛をこんどは自分に向ける。たとえば薔薇を使うなら、目で見てその美しさを愛でる。肌触りを感じ、香りを楽しみ、その薔薇に対するつながりを感じる。自分がどれほどその薔薇を愛し楽しんでいるかを感じる。こうして強い愛を自分の中に生みだせたら、それを自分自身に向ける。薔薇に行なったのと同じことを自分に行なうのだ。自分の体を直接見る。鏡は使わないこと。体を愛しく感じ、特に好きな部分を見、触り、その感触を感じてみる。またその内部を感じてみる。そっと撫で、それぞれの部分の匂いをかぐ。肉体がどれほどの楽しみを自分に与えてくれるかを感じ、愛を与え、優しく話しかける。これを毎日、簡単にできるようになるまで練習するのだ。きっとできる。

次のエクササイズはもう少し難しいが、大変効果的だ。段階を追って練習すれば、自分を愛することがとてもうまくなるだろう。短い時間から始めて十分間までのばすようにする。

鏡の中の自分を愛する

鏡の前に座り、自分の目をみつめて自分自身に愛を向ける。この間、自分のことを決めつけたり傷つけたりしてはいけない。周知のとおり、ほとんどの人は鏡を見るとすぐにあらゆる好ましくない点をみつけだしてけちをつける。自分がそうしているのに気づいたら、即座に自分に対して決めつけをする目を愛に満ちた考え方と行動にとりかえる。もう一度、自分に優しく話しかけ、目をのぞき込み、魂を、憧憬を、愛を、生きることの苦闘をそこにみつける。自分の目がどれほど美しいか認めよう。髪や顔だちのよい点に注意を向け、それがどのように自分自身の魂を表現しているかを見る。また自己のインナーチャイルドを探そう。インナーチャイルドの喜び、驚き、愛をみつけよう。その他鏡の中の自分のあらゆる面を探してみよう。なにをするのが好きだろうか。好きな趣味や楽しみがどのように今日のこの自分をつくりあげてきたのか。どんな知識を持っているのか。この自分はどのような目的で地上にやってきたのか。深いところにある憧憬はどのようなもので、どうしたらそれを満たすのを手伝えるのか。こうして鏡の中の自分を愛し、そのすべてを愛するのだ。

このエクササイズに成功したら、四番目のエクササイズに移る準備完了だ。

鏡の中の自分と肉体を愛する

全身が映る鏡の前に裸で立つ。こうして自分と体のあらゆる部分を受け入れ、愛を向ける。前と同じようにそれぞれの部分に注意を払い、意識で満たす。あるいは自分を小さくしてその部分に入り込むと想像する。今みつめている部分をそっと撫で、愛を与える。自分に対するネガティブな決めつけを感じたら、それを声に出し、それに対する自分の感情の反応を感じる。この感情を、このような決めつけをあてはめるたびに自分はくぐり抜けているのだ。嫌っている部分についてのネガティブな表現をポジティブな表現にとりかえ、それからその部分をひたすら愛に満ちた優しさで満たしてやる。体中に対してこれを行なう。まずネガティブな思いがあればそれを言葉に出して、完全に意識に明らかになるようにし、引き起こされる感情を感じる。それからポジティブな表現にとりかえる。

それぞれの部分について、まず体自体に集中し、それからその部分の自己の存在を愛するという順序を忘れないこと。そうしながら、自分がその部分をどのように扱ってきたかをふりかえる。優しく感謝の念を抱いて扱ってきただろうか。あるいは完璧さと完璧な機能を要求し、それが送ってくるメッセージは無視して、暴君のように扱ってきたのではあるまいか。自分の体と自分自身に、おそらく一日の間に何度も繰り返し自分が拒んでいる部分があるのに気づくだろう。この自己の中のネガティブなパターンを癒《いや》そう。このパターンに気づいて、余分の愛をその拒まれがちな部分と自分とに送るのだ。こうして、自分の体と自分自身へのすべてのネガティブな考えをポジティブなものにとりかえてゆく。

病気あるいは異常のある部分を愛する

体のあらゆる部分を終えたら、病気だったり傷ついたりしている部分に注意を向け、そこにいっそう愛に満ちた意識を送る。その部分をありのままに受け入れ、無条件の愛と自分のコアエッセンスで満たす。そして自己の中で本来占めるべき位置にもどしてやる。このような「自分を裏切った」と感じられる体の部分を愛する鍵は、それが人生の中でどんな目的を果たしてきたかをみつけることだ。そのような部分は必ず、自分になにかを教えているか、果たし切れなかった責任をかわりに果たしてくれている。つまり自分が生きのびるのを助け、耐えることのできなかった経験に耐えるのを助けてくれたのだ。たとえば腫瘍は時に、人生の穴を埋めようとするエネルギー意識体で満たされている。人が空しさを感じる時にそこを満たすのだ。足が弱くなるのは、もうこれ以上立っていられない人を腰かけさせるためかもしれない。背中や首の歪みは、怒りを感じた際に背骨を上るまっ赤なエネルギーを押さえて怒りを調節する働きを持っていることもある。何週間も寝込むような肉体の病気が起こるのは、その人が平和、静けさ、休みを必要としているからだ。

このように、切り離された部分を再度自分の中に受け入れてそれと一つになったら、ポジティブなビジュアライゼーション(視覚化)を行なうこともできる。その部分に対して、どんなふうによくなるのかを具体的に話しかけてやる。それが腫瘍なら「お前は私の空しさを埋める役割を果たしてくれたのだけれど、もうその役目はおえたのだよ」と話しかけ、「もう形を失って、体のほかの部分と融合してよいのだ」と教えてやる。腫瘍をとり囲んでいる部分には、腫瘍が体に統合されて全体の一部になるのを受け入れるよう話しかける。あるいは骨折がなかなか治らないなら、その部分が修復され正常に治癒した状態を思い描く。体にとっては癒えることこそが最も自然なことなのだ。どこかに慢性的な歪みがあるなら、筋肉がリラックスして強くなり骨をしかるべき位置に保つ様や、その肉体の問題に関連した恐れやネガティブな感情が浄化される様を思い描く。

ボブという名の患者はずっと自分の首を拒み続けてきた。彼の首は太く、二重あごだった。何度か首に怪我をし、甲状腺の機能も低下していた。首は歪み続けて非常に痛み、そのために頭がぼうっとすることさえあった。彼は鏡の前のエクササイズから始めて、やがて夜寝る前にベッドの中で自分の首を愛するエクササイズを実行した。

首を癒しつつ、二重あごを含む首のあらゆる部分を愛するように努めた。毎晩寝る前に指を首の弱いところや痛む部分に当て、愛をこめて話しかけた。指からのエネルギーが首に流れるようにした。そして首のエネルギーのブロック(障壁)が解放されるにつれ、そこにたくさんの恐れや不満が詰まっているのに気づいていった。HEF(ヒューマンエネルギーフィールド)の第二レベルには、他人に対してこれまで言わずにきたあらゆるものがたまっていた。それまで、言おうとすることを遮られたら、かわりに、他人に言えなかったことをあとから自分に対して繰り返すのがボブの習慣になっていた。このようにして、言う必要のあったことを、自分の中の恐れを刺激することなく口にする方法をみつけようとしたのだ。この恐れも首の同じ場所に閉じ込められていた。しかしそのようなやり方はうまくゆかず、ただ首のブロックを強固なものにしただけだった。

HEFからみれば、彼は習慣的にエネルギーを第四レベル、つまり対等な人間関係のレベルから引き下ろしていた。他人に言うべきであったことに対応するエネルギーを第二レベルに引き下ろして自分に向け、第二レベルを停滞させていたのだ。

ヒーリングの中で、ボブはエネルギーを第四レベルにもどし、自分に対して口に出すのを許さないできたことを声にして叫んで解放しなくてはならなかった。このように喉に詰まっていた自分の声を解放することで、彼は恐怖の感情を感じ、さらに、感じることで解放した。恐れのあるものは、幼い頃に両親にくちごたえするのを許されなかった時のものだった。

すべての元は、ニーズを満たすことを求めえないことだった。喉のチャクラは真実を語ることに関連している。ボブの場合それは、自己のニーズについての真実を語ることであった。子供時代、彼にとって自分のニーズを満たす唯一の方法は、それを懇願し続けることだった。それから長い間じっと待っていると、そのあるものはかなえてもらえた。それから彼は自分の甲状腺の肥大は、エネルギーレベルでの首の空虚さを満たすことに関連していると気づいた。それは、食事を与えられる前に長い間待たなければならなかったためにできた空洞だった。数箇月のヒーリングの後、彼は自己のニーズについて真実を語ることができるようになり、ブロックは浄化され、首は強くなっていった。

それから考えたこともなかった事実がみつかった。彼は何度か突然、誰かに対し非常に腹を立てる状況に陥ったのだが、怒りが背骨を上ってくると、反射的に首の筋肉を締めてそれを止めた。この時にあまり強く筋肉を締めるので、首の骨が歪むのだった。つまり、首の歪みは怒りをコントロールするのに役立っていたのだと気づいた。そしてそれによって人を傷つけずにすんだ。別の言葉を使えば、怒りの対象である人間よりも自分自身を傷つけることを選んでいたのだ。こうして自分の首がどれほど尽くしてくれたかに気づいた時、彼は首に対していっそう感謝を感じた。また怒りをコントロールするよりよい方法もみつけた。自分がどのように怒りを創りだすか、あるいは挑発されるような状況に自分を追い込むかにも気づいた。それは自分のニーズを自分のために満たそうとしないことによってだった。いずれの場合も、自分のニーズを真剣に受けとめていれば、そのような怒りを挑発されずにすんだはずなのだ。怒りはいつも、ほかの人間が彼のニーズに注意を払わなかった時に顕れた。自己のニーズを自分で大切にし始めた時、そのような状況に陥ることがなくなり、怒りが挑発されることもなくなった。

毎晩ボブは自分の首に触れ、ブロックが浄化されるように、甲状腺が正常な大きさにもどるように、首が強くなるようにと話しかけた。首の筋肉は強くなり、じきに何年も不可能だった首の運動ができるようになった。骨もずれなくなった。何箇月か合成甲状腺ホルモンを服用し、やがて甲状腺の機能は正常になった。そしてここ何年間も、一度も首を傷めていない。

鏡の前のエクササイズを行なってゆくと、たくさんの感情があらわれてくるだろう。それを自然に流れるままにする。以下はそのためのヒントである。

感情を流れさせる

感情を感じるままにまかせるのは、これまでその訓練をしたことがなければ、自分自身へのヒーリングにおいて経験することの中でもおそらく最も難しいものの一つに入るだろう。第二レベルのエネルギー意識体は、自分自身に対する感情として経験されることを思いだしてほしい。このレベルをバランスがとれて明晰で充分チャージされた健康なものにしたいのであれば、自分自身に対する感情を自由に流れさせなければならない。病気の間には、悲しみ、幸せ、平静さ、怒り、恐れ、激しい恐怖、弱さ、罪悪感、憤り、欲求、自己憐愍、孤独、嫉妬、愛などの感情を経験するだろう。こうした感情にはすべてHEF（ヒューマンエネルギーフィールド）第二レベルに対応するエネルギーがあり、そのエネルギーに自分の中を自由に流れさせておけばそれだけHEFはきれいになる。長い間抑えられてきたこうした感情をただ自然に流れさせることが、ヒーリングの一部となる。この方法はジェフリーやボブにとって効果的だったし、読者にもきっと効果があるはずだ。

私はこれまで多くの患者とヒーリングをしてきたが、これが当てはまらない人には会ったことがない。人は皆、不快な感情が起こるとすばやくそれを避ける。たいていの人が気づいていないのは、感情をブロックすることが創造力をブロックし、自分が恐れているものを逆にもたらしてしまうということだ。一方、感情に直面してそれをありのままに経験することは、人生に望むものを創造する力を解放することになる。

今こそ表に出す機会だ。感情をありのままに受け入れよう。自然に流して、浄化が起こるにまかせるだけでよい。ネガティブな感情を表現するのを恐れてはいけない。ポジティブビジュアライゼーションのテクニックを学んだ人の場合、病気の間はネガティブな感情を持つべきでないと考えていることがある。そのような感情や考えがネガティブなビジュアライゼーションとなって病気がかえって悪くなると恐れるからだ。そのために、このような人は時に自己のネガティブな感情について別のレベルの否認状態に陥る。あるいは一定量のネガティブな感情だけしか流れさせないと決めているのかもしれない。それだけの量を表現してしまったあとは、残りの分について否認状態になる。

私の知る限り、ネガティブな思考や感情を表現することが害をもたらした例はない。ただし特定の条件を守る必要があり、その一つは、ネガティブなものを表現することを習慣にしない、ということ。習慣になってしまえば、浄化の効果はなくなる。もう一つは、自己ヒーリングのためであるというポジティブな意図を持って意識的に表現する、ということだ。こうした意図を持って、すべてのネガティブな思考が意識にのぼるのを許し感情が流れるのにまかせるなら、ネガティブな状態にはまりこんで自己を傷つけるようなことにはならない。重要なのは、明確な意図を持つことである。ネガティブな感情を、それを解放するという意図のもとに表現し、手放し、越えることで、ヒーリングを助ける。ネガティブな感情の存在を否認することは、病気を維持する役にしか立たない。蓋をしたからといってなくなりはしないのだ。

ネガティブな態度をポジティブな成長におきかえる最もよい方法は、ネガティブなものを解放するために表現することと、ポジティブなビジュアライゼーションを組みあわせることだ。まずネガティブなエネルギーをHEFから浄化しさり、次に、その空いた部分をビジュアライゼーションによるポジティブな明るい色で満たす。

人が欲するものとは通常、その人が恐れ避けているものと正反対のものだ。つまり、人が恐れるものと創りだしたいと望むものの間には直接の関係がある。次に掲げる美しい詩はそれをはっきりと表現している。これはエヴァ・ブロッヒ・ピエラコスによりパスワーク・ガイドレクチャー一九〇番としてチャネリングされたものである。

門

己が弱さを感じる門をくぐり抜け

強さに到る

己が痛みを感じる門をくぐり抜け
楽しみと喜びに到る

己が恐れを感じる門をくぐり抜け
心強さとやすらかさに到る

己が孤独を感じる門をくぐり抜け
満ち足りた人間関係、愛と友情に到る

己が憎しみを感じる門をくぐり抜け
愛する力に到る

己が絶望を感じる門をくぐり抜け
真の正しい希望に到る

己が子供時代に得られなかったものを認め
今、あなたは満たされる

HEF第二レベルを癒すメディテーション

ヒーリングを進める一助として、以下にHEF（ヒューマンエネルギーフィールド）の第二レベルを癒すメディテーションを挙げる。簡単なようだが、HEFを浄化し、バランスを整え、チャージするのに大変効果的だ。

カラーブリージングメディテーション

HEF（ヒューマンエネルギーフィールド）第二レベルにはあらゆる色が存在している。このレベルをチャージする簡単な方法はカラーブリージング（色を呼吸すること）だ。なんでも好きな色を使ってよいが、まず以下の色を試してみよう。赤、オレンジ、黄、緑、青、藍、紫、ラベンダー（薄紫）、薔薇色。これに白、銀、金、黒を加えてもよい。使いたい色のサンプルを手に入れるとよい。これは布、紙、プラスチック、ガラスなどなんでもよく、プリズムを窓辺においてそこから出る太陽の光の虹の色を使ってもよい。

以下の指示に注意して従うこと。色について「考える」ことをしない。考えると黄色がつくられる。思考活動は第三レベルを刺激し、そこにエネルギーを集めるからだ。エネルギーを第二レベルに集め続けるには色を「感じる」ことが必要だ。色を感じる状態に入り、自分が色そのものになる。

1　自分の手がその色であるとイメージし、色を感じ、その色をそこに見る。
2　その色を吸い込む。全身をその色で満たす。

図11-1　ＨＥＦ第二レベルでのチャクラの色および
その色がエネルギーを与える体の部位

第一チャクラ	赤	下半身、副腎、尾骨
第二チャクラ	オレンジ	下腹部、生殖器、免疫系
第三チャクラ	黄	太陽神経叢、胃、脾臓、肝臓、膵臓、腎臓
第四チャクラ	緑	心臓とそのまわり、循環系
第五チャクラ	青	のど、肺、耳
第六チャクラ	藍	目、頭部、脳の下部
第七チャクラ	白	脳の上部、目

3　その色になる。
4　その色を吐きだす。
5　その色を再度吸い込む。こんどはＨＥＦ全体をその色で満たす。自分がその色になりきるとイメージする。
6　その色になった感じを感じとる。
7　その色を吐きだす。
8　これを何回か繰り返す。
9　次に別の色を吸い込む。体とＨＥＦをその色で満たす。
10　それぞれの色について同じステップを数回繰り返し、次の色に移る。

これを行なうと、それぞれの色は自分の気分にそれぞれ異なる効果をもたらすのに気づくだろう。それぞれの色は特定の原理あるいは性質に対応している。その性質が自分の人生に必要なものであれば、その色をメディテーションし自分のＨＥＦにもたらすことにより、人生においてその性質を発達させることができる。図11―1は、各色が滋養を与えるチャクラおよび体の部位のリストである。

チャクラカラーメディテーション

2章で、ＨＥＦ（ヒューマンエネルギーフィールド）とチャクラについて概説した。チャクラにより代謝されたエネルギーは、それが位置する体の部分にそれぞれ送られることを思いだそう。体の特定の部分のエネルギーが低く弱く感じられるなら、その部分に対応するチャクラの色の服を着るか、カラーブリージングを行なうのがよい。(自分にどの色が必要かを知るには図9―2を参照。「チャクラカラーメディテーション」を行なうには、図2―5を参照して各チャクラの位置をみつける)。

第一チャクラから始めよう。第一チャクラのある位置に注意を向け、その色を直径十五センチほどの円盤状にイメージする。立体的にビジュアライゼーションすることができるなら、円盤のかわりに漏斗の形をイメージする。漏斗の細い方の先は背骨までのびている。そしてこの円盤または漏斗を時計まわりの方向に回転させる。(時計まわりとは体の外から見て時計まわりという意味。これは前と後ろのチャクラのいずれにも当てはまる。わかりやすくするには、まず右手の四本の指を軽く丸め、親指をチャクラに当てる。この丸めた指が指す方向がチャクラが回転するべき方向だ。体の前でも後ろでも同じく右手を使う)。呼吸に合わせチャクラからその色を体にとり入れる。息を吐きだしていても色は体に入り続ける。そしてその色が図11―1に示した特定の内臓器官に流れ込むのを想像しよう。それから次のチャクラに移る。これをそれぞれのチャクラについて数回ずつ繰り返す。第二から第六までのチャクラについては、体の前後にあることを忘れずに。

すべてのチャクラについてこれを行なう。まず第一チャクラから始め、順に体を上がってゆく。この際、弱く感じられる体の部分に対応するチャクラには余計に時間をかける。

特定の病気に合わせた自己ヒーリングメディテーション

特定の病気に合わせた具体的なメディテーションをリストアップした本が二冊ある。ジェラード・エプスタイン医師による『癒しのビジュアライゼーション』とルイーズ・ヘイの『ライフヒーリング』（たま出版）で、これには病気ごとにシンプルなアファメーション〔訳注：ポジティブな態度を肯定するための短い文〕が載っている。このアファメーションは、特定の病気にかかっている人がしばしば持っている思い込みの体系に関連している。たとえば甲状腺に異常のある人はしばしば、「いったいいつになったら自分の番がくるのか？」というネガティブな考え方をする。これをかえるアファメーションは「私には世界中のすべての時間が与えられている」である。

インナーヒーラーを導きだすために

幻想的な物語や神話はとてもパワフルなヒーリングの道具であり、人を通常の現実から象徴の世界へと導き、より広がった人生の旅路を経験させてくれる。重い病気にかかったり突然の大きな変化が家族に起こったような時、これが非常な助けになる。神話や幻想物語においては、自己を神々の力に結びつけ、世俗を超越し、英雄的行動を成し遂げることができる。以下は、パワフルなヒーリングの力にアクセスするのを可能にしてくれる比喩的な物語である。日常的な現実の言葉では答えることのできない質問に対して答をみつけるのを助けてくれるだろう。

この章では、冷たく扱われ傷ついた「インナーチャイルド」に会い、その子供と遊び、その子に生命を表現する場を与えた。こんどはこの子供に直接ヒーリングを施す番だ。肉体の傷と病気は、この子供自身の傷と病でもある。そうした傷の奥深くにわけ入ってゆく時、太刀打ちできないもののように感じるかもしれない。しかしそれもインナーヒーラー（内面の癒し手）に出会うまでのことだ。我々のインナーチャイルドの隣には実はインナーヒーラーがいて、このヒーラーは人生のどのような出来事にも完壁に対処できる。このヒーラーはその人の歴史をそもそものはじめから知っており、またこの人生における転生の目的を理解し、すべての問題をより広く賢明な視点からみて扱うことができる。以下はこのヒーラーに出会うためのビジュアライゼーションである。自己の癒しのための神話あるいは幻想物語だ。

インナーヒーラーを導きだす——ヘヨアンからのチャネリング

「昔々、時間が今知られているようなものになるずっと昔、神聖なるもののハートの内に光の火花がともりました。この火花ははじけて無数の星となり、それぞれの星は、神の言葉で書かれた名前を持っていました。その星の一つが、あなたです。星としてあなたは育ち、大きくなり、天を越えてほかの星々に歌いかけました。

このように人間として生まれる前、あなたは光、愛、知恵を知っていました。まだ生まれていないのでもちろん体はなく、とても自由でしたし、自己の存在のエッセンスを完全に知っていました。思いのままに宇宙を動きまわるすばらしい自由があり、注意を向けさえすれば、そちらの方向に動くことができました。意図によってものを創造し始めました。望みが思い浮かぶと、それを自動的に創りだしました。

石と大地を創りだし、樹木と花を、星と惑星を、雲と風さえ創りました。エッセンスはたやすく動き、つぎつぎと形をかえていきました。雲になり、月になり、太陽に、魚に、猫になりました。喜んで動き続けていました。こうして動き続け、新たな形を創造し続けるにつれ、あなたはものの形と自己を同一視し始めて、影が生まれました。創造することにあまりに夢中になって、記憶が抜け落ち、自分本来の姿を忘れてしまいました。創造するのにあまりに忙しくて、自分が自分を形あるものだと考え始めたことにも気づきませんでした。

影はだんだん大きくなり、真の自己はエッセンスであることも忘れられ、痛みが生まれました。真の自己とは創造者であり、形を超えたものです。それを忘れることで、影と痛みが創りだされたのです。自分本来の姿を忘れ、自己は二つに分けられました。真の自己を忘れてしまった部分と、それをまだ覚えている全体とに。

あらゆる人間の内には、神聖なるものの光が宿っています。それは肉体の細胞一つ一つの中に宿っている、自己のエッセンスです。この真の自己のエッセンスの中にインナーヒーラーがおり、インナーヒーラーは宇宙のすべての創造の力を手にしています。インナーヒーラーは神の言葉に従って示されています。これが真のあなたです。

内なるエッセンスと力と光とに、この真にかけがえのないものに意識を向けなさい。あなたという存在は、神の言葉が形をとったものです。意識を自己の存在のエッセンス全体へと向けなさい。そこにインナーヒーラーがいます。あなたは人生でつねにインナーヒーラーを感じてきたでしょう。この力に満ちた金色の糸は、あなたが生まれる前から生命の織物に織り込まれています。あなたは幼い子供の頃からそれがなにを意味するかを知っていたし、今も知っている。そのエッセンスが、力が、自己を流れていくのを感じなさい。それは自己のかけがえなさ、美しさ、愛、そして子供の頃に人生に感じた甘美さなのです。

あなたの力は真の自己の甘美さの中に宿っています。あなたが他から守り、保護してきた、甘美な憧憬の中に宿っています。あなたは太陽に花開くつぼみだ。自己の神聖さの力と本質を感じなさい。それはほかの誰のそれとも違っています。そしてそれを肉体に深く根づかせなさい。その部分のあなたは今もなお自由です。自由に空間を、時間を、ほかの世界を動くことができる。この自由の中に自分を今、感じなさい。

時間と空間を別の種類の現実へと動いていくと、遠くに呼び声が聞こえました。その声は次第に大きくはっきりと聞こえるようになり、あなたは言う。『あれはなんだ?』。助けを求めるその声の中に、切実な憧憬が聞きとれます。そしてそれが聞こえてきた先、その空に、美しく青と白にゆらめく惑星を見ました。助けを求める声によってその愛しい惑星へと引かれていき、近づくにつれ、あなたはこう言う。『どうしたら助けてあげられるだろう? どうしたらこの声に応えられるのだろう? この惑星上にある痛みを癒すには、どうしたらいいのだろう?』。

そしてすばらしいことを考えつきます。大地から肉体を創りだして、その中に痛みを引き込もう。そしてその肉体を使って、痛みを癒すのだ。

そうして創りだされた小さな肉体の中にあなたは降りていきます。月が満ちて、あなたはこの世界に人間として生まれました。やがて肉体の中で過ごす時間が長くなるにつれ、原初のエッセンスの記憶は薄らいでいきました。

子供の頃、そしておそらくは生まれるずっと以前から、あなたは痛みを自己の内にとり入れ始めました。そして痛みを経験する間に、自分の本来の姿を忘れてしまいます。痛みが去ればまた思いだし、痛みがくるとまた忘れる。こうして自ら癒すことを選んだはずの痛みは、肉体の中で大きくなっていきました。

子供時代をふりかえりなさい。この年月を通して自分が抱え続けてきた最も深い痛みをみつけなさい。その痛みによってこそ、あなたはあなたの最も深い憧憬をみつけることができます。自分はいったいなにになりたいのだろう。子供の頃なりたいと望み、あとで不可能だと考えたのはなんだっただろう。星の間を飛ぶことだろうか。地上のすべての人を癒すことだろうか。絵を描いたり、美しい音楽を創ることだろうか。すべての人が心やすらかであるようにと願ったのか。ほかのなによりも欲しかったものはなんだっただろう。どんな願いでもかなえられるとしたなら、なにを願うだろう。最も深い痛みはどのような望みがかなえられないことからきているのだろう。

人生をふりかえってみなさい。その瞬間瞬間を痛みを抱えて通るうちにも、それを貫く一本の糸があって、それは人生の螺旋のうちに間をおいて繰り返される痛みで、子供時代の最も深い痛みが、数多くの異なる経験を通して繰り返され続けるのです。こうした経験をすべてながめてみれば、その間に共通の糸がみえるでしょう。その糸をみつけたなら、その痛みを感じるのを自分に許しなさい。肉体がその痛みを経験するのを許しなさい。それは体のどこに影響していますか。それを感じる時、体のどこが緊張するでしょうか。

こんどは自分の体を探索しなさい。その痛みはあなたの精神、スピリチュアルな面、知性、心理、肉体にどのように影響しているでしょう。その糸はホログラフィーのように自己のあらゆる部分を貫き、肉体においては特定の部分を損ない、やがて肉体の痛みとして経験されます。それを体の中で探しなさい。エネルギーに敏感ならば、HEFの中にも探しなさい。

その痛みが最も顕著にあらわれているレベル——それは恐れかもしれないし、人間関係の問題かも、肉体的な不調かも、仕事かもしれませんが、どこであれその痛みをみつけたら、自分自身に問いなさい。『この痛みは私の最も深く憧憬するものとどう関わっているのか? この特定の問題は、どういう人になりたいか、人生でなにをしたいか、どこに住みたいかという自分の最も深い憧憬とどのように関係しているのか?』。

最初の仕事は、この痛みを自己の内で癒すことです。肉体と人生に感じるこの痛みによってこそ、自らの憧憬を満たすのに必要な方法を身につけることができるからです。その憧憬がどのようなものであろうと。

肉体に痛みをみつけたら、そこに手を当てなさい。それはこの人生を通して抱えてきた、最も深い忘却の縁にある、最も暗い思い込みの体系、最も大きく深い痛みです。それはあなたの胸、腹、あるいは喉にあるかもしれない。そこに手を当て、そこに存在している意識を感じなさい。それは自分が孤立していると信じている。それは影。自分がすべてのものから切り離されて、なんの希望もないと信じている。はるか以前からそこにあったこの痛みをみつけ、痛みの影を溶かし始めなさい。

その影の中に入っていきなさい。自己の内の牢獄へと下りていきなさい。それはヒーリングを必要としています。その痛みは現実のものであり、その人間ならではの痛みを否定してはなりません。これは新しいものではなく、思いだせる限り昔からそこにありました。簡単にとりさることのできる痛みではありません。というのは、深く、深く刻み込まれているからです。この痛みとともにしばらく過ごしなさい。

そうして準備ができた時、意識をあなたのインナーヒーラーに向けなさい。知恵が、憧憬が、光があり、それによって肉体の痛みを癒すことができます。

自らの痛みへとたちもどり、それを感じなさい。それから自らの憧憬へともどり、それを感じなさい。痛みと憧憬の間を、その二つの間の関係に気づくまで、そして次の質問に答えることができるようになるまで、往復しなさい。『私の人生のこの痛みはなにを意味するのだろう？　なにを語ろうとしているのだろう？　どんなメッセージを伝えようとしているのだろう？』。

手を当てて痛みを感じとる間、人間として、ヒーラーのエッセンスになにをするべきか訊ねなさい。『この痛みの、より深い原因はなんでしょう？』。この痛みを癒すために助けを求めなさい。今まで自分の中にありながら癒せなかったものを癒すのを助けてくれるよう、インナーヒーラーに求めなさい。心からの求めは応えられる。なにができるのか具体的に訊ねなさい。『原因はなんでしょう？　思い込みの体系はどのようなものでしょう？　毎日なにをする必要があるでしょう？』。

インナーヒーラーのエッセンスが自分の手を通して体を癒すにまかせなさい。自らを、自己を癒すエネルギーの通路としなさい。光が自らを通り抜けるままにしなさい。

得られるだけの情報を受け取ったら、あなたの知る限り最も高いスピリチュアルな現実へと手をのばしなさい。それはハイアーセルフ（高い自己）あるいはスピリチュアルガイドと呼ばれています。その高いスピリチュアルな現実の記憶から、真の自分の姿をみつけだしなさい。自己の内にある痛みは、はじめにあなたが地球のために癒そうとしてやってきた痛みにほかならないとわかるはずです。その頃、生まれるよりもはるか昔、自分はあのすばらしいスピリチュアルな存在だった。それが真のあなたです。

自己のその部分に向けて意識を開きなさい。それは自己の内に痛みを引き入れて癒すために、転生してきました。その痛みをあなたは誕生の瞬間から抱えています。それこそがまさにあなたが癒そうとしてやってきた痛みであり、それを自らの内に受け入れることを選んだのはあなた自身でした。そしてその特定の痛みを癒すのに必要なエネルギーと知恵と愛という最高の組合せを持って、あなたは生まれてきたのです。

あなたはそれを癒すために生まれてきたのであり、あなたにはそれが完全に可能なのです。その痛みを癒すのに必要なすべての力をあなたは自己の内に持っている。そしてあのすばらしいスピリチュアルな存在、誕生前のあなたとして、地上からの呼び声と憧憬を耳にした、そしてそれによって地上に引きつけられてきた存在が、インナーヒーラーです。あなたはほかの誰よりも、その痛みを癒すにはどうすればよいかを知っている。インナーヒーラーと一つになり、そして人生を通してずっと抱えてきた痛みを癒しなさい。体の痛みのある部分に触れなさい。

ヒーリングに取り組む間、あなたの意識を、インナーヒーラーの手と痛みを感じている人間としての自己との間を往復させなさい。それによって、インナーヒーラーとインナーヒーラーが癒しにやってきた痛みの間に関係を認めることができるでしょう。あなたは地上に存在していたこの痛みに引かれ、それを変容させるためにやってきたのです。それを完了する充分な時間を自分に与えなさい。あなたの痛みと、あなたがハートに抱いてきた憧憬と、そしてあなたを癒せるヒーラーとを統合しなさい。

インナーヒーラーがその痛みを引きだし、あなた自身を完全な姿にもどすままにまかせなさい。深い痛みを持った人間としての自己と、宇宙の力を持ったヒーラーとの間を往復しなさい。両者をだんだんと近づけ、やがて一つに融合させなさい。これを、完全に融合がすむまで続けなさい。その融合が充分に完了し、安定したなら、少なくとも一時間は沈黙を守りなさい。無言のまま座ってメディテーションをするか、立ち上がって自然の中を散歩しなさい」。

時が経つにつれ、上記のどれもやさしくなってゆくだろう。自己愛と感情を流れさせることを練習したら、それが自分の人生をどのようにかえてゆくかを観察するというのもよい考えだ。以下の質問に答えることで、自分がどれほどうまくセルフケア［訳注：自己の心身のケア］を行なっているかをチェックしよう。それから人生のケアが不足している領域で自分に滋養を与えよう。肉体的に今それが可能でないなら、誰かに手伝ってもらいながら、健康がもどった時に開始するプランを創りだそう。

どれだけセルフケアができているかをチェックするために自分に問うべきこと

どの領域が愛に満ちて充足しており、どの領域では不足しているだろう?

自分が必要とし、かつ受け取るに価している愛を、人生のどこで、どのように自分に与えていないだろう?

健康面ではどのように自己を無視しているだろう?

得ることができるのに自分に与えていない、あるいは与えることを先のばしにしているものはなんだろう?

人生に本当に求めていながら創りだすことができないでいるものはなんだろう?

いつも身につけたいと思ってきた技能があるだろうか?

どうしたら今(あるいは健康になったら)それを学ぶことができるだろう?

12章　自己認識を通してのヒーリング

知的活動のエネルギーは、HEF（ヒューマンエネルギーフィールド）の第三レベルにみいだされる。人の生はどれも創造という過程を経て創りだされているが、その際コア（存在の核）からの創造エネルギーはまずハラレベルを通り、それからHEFの各レベルを通って肉体へと届く。各レベルごとにそこに存在する人間の生の一面を発現させる。HEFの第三レベルでは、コアに発する創造エネルギーは個個人の知性を発現させる。その知性を通して、人は自己認識に到る。

ヘヨアンは「人間の知性の主な役目は意識の焦点を合わせることだ」と言う。意識の焦点を明確に合わせることではじめて、感覚を使って外部からの情報をすべて識別、統合できる。そして自己と自己の状況について明確に理解し、対応することができる。識別、統合、明確な理解、そして適切な対応は創造の過程に不可欠だ。そうしたものが欠けている時には、創造の結果が意図したものではなかったり不完全だったりするために、不快さもしくは心地悪さ、あるいは苦痛を経験する。

HEFの第三レベルでは、ヒーリングとはすなわち、楽しみや喜び、あるいは苦痛や病気をどうやって人生に創りだしているかを認識する力を増すことだ。このレベルでは、自己と肉体について理性的に理解する必要がある。真実の自己である時、人は自分が自分自身に不当な制限を課しているのに気づき、また自分の真の能力に気づく。人は空想から自己について真実とかけ離れた期待を創りだしはしない。というのは人は好んで失望を創りだすことはないからだ。

真実の自己であるためには、HEFの第三レベルが健康でなければならない。健康な第三レベルは明るいきれいなレモンイエローであり、しっかりとした構造をしている。柔軟で弾力があり、思考活動は生に満ちたものになる。上や下のレベルのHEFから流れてくる情報を統合するが、情報が思考過程を支配することはない。別の言葉を使えば、調和のとれた思考は、第一および第二レベルからくる肉体の感覚からのインプットと自分についての感情からのインプットを妨げない。HEF第四レベルの関係性からのインプットも妨げないから、自分を理解し、他者との関係を通して思考を愛で満たすのを助ける。

第五、第六、第七のスピリチュアルなレベルから神聖な理性、愛、そして意志のエネルギーが自由に第三レベルに流れる時、本来の創造性、インスピレーション、具体的な目標で思考が満たされる。思考はホリズム（全体論）に沿ったものになる。自己のバランスシステムからのメッセージを理解してそれに従うことができるようになり、病気の過程を覆して楽しみと喜びを創りだせる。

恐れと自己に対する決めつけを浄化することで、そうしたものに道をあけさせ、ヒーリングチームを選ぶ邪魔をさせないようにできる。もし自分はガンではないかと恐れていたら、検査を受けに行かないかもしれない。あるいは逆に、無理にも自分を急がせてさっさと検査をすませ、自分のヒーリングチームを選ぶのに時間をかけないかもしれない。自分にとって最適の施設ではなく、単にいちばん便利でてっとりばやいという所へ行くかもしれない。自分に対する決めつけ、たとえば太りすぎであるという決めつけがある場合、恥ずかしくて助けを求められないかもしれないし、助けの必要性自体を認めないかもしれない。過食は「自分が悪い」せいではない。感情的防衛だ。太りすぎになる医学的原因は過食以外にもたくさんある。

だが人間は実際どれほど理性的だろう。誰もが抱える最も大きな問題の一つは、合理化をしたがる傾向だ。自分は合理的に行動しているのだと信じ込みたがる。実は、理性を使って考えだしているのは、バランスシステムに反する不健康な行動をとり続けることについての言い訳だ。これは、HEFからみれば、感情または意志が理性に対して影響を持ちすぎている状態であり、意識していない恐れがその原因だ。

HEFの第三レベルが不調和であったり、ほかのレベルからの情報が第三レベルでうまく統合されなかったりすると、人は非合理的になる。

このレベルが硬直して柔軟性を欠いたものになると、色は通常のレモンイエローから茶色がかった黄色にかわる。ほかのレベルからの情報が健康な形で流れ入ることができず、このレベルだけが孤立して、思考は偏狭なもの、より広い生命というアスペクト(相)から切り離されたものになる。エネルギーの流れを一定の形に押し込めて、人生について針穴からのぞいたような定義をする。知性が人生経験の中心に置かれ、過度に合理的であろうとして実際には非合理的にふるまう。こうした心はあらゆることを分割して不必要に複雑なものにし、またそれ自身を主人とみなす。

一方、第三レベルが非常に淡い黄色で、あまりに弱く、過度に柔軟で、ほかのレベル、特に感情からの影響を受けすぎる場合もある。この場合、刹那の誇張された感情と長期的にみて真実であるものとを区別することができなくなる。これは幻惑をもたらし、本人は、自分と人生の状況が今この瞬間に実際そうであるよりもずっとよいものである(あるいは悪いものである)と思い込む。現在を、くるかもしれない(こないかもしれない)未来と混乱するのだ。しかし実際にその望ましい未来をもたらすためには、ビジュアライゼーション、自己変容、長期にわたる多くの自己ヒーリングが必要なのである。

もちろん、人によってさまざまに異なるパターンがあり、第三レベルがHEFのほかのあるレベルからは過度に影響を受け、ほかのあるレベルからの影響は不足していたりする。重要なのは、どのように、なぜ合理性を欠いているかをみつけだすことだ。なぜ自分が合理化をするのか、その理屈はどのようなものか、それはどのような効果を持っているのか、その裏にはなにがあるのかをみつけることが大切だ。

小さな酔っ払いザルの「なぜできないかという言い訳」

何年か前、私は組織プランニングの短期セミナーに出席した。講師は「ビジネスにおいて生みだす必要があるのは、望みの結果か、さもなければ『なぜできないかという言い訳』だ」と語った。実際この二通りしかない。「なぜできないか」は、実際には巧妙な形の否認であり、毎日の生活のあちこちで使われ、望んだ結果が得られなかったことについての理由、言い訳、合理化、正当化、説明のための筋書きを与えてくれる。ここからは、本来望んだ結果を得ることだけは決してできない。しかし知性は「なぜできないか」を考えつくのがとてもうまく、本人はいつのまにか、できない理由は望んでいた結果と同じくらいよいものであると納得してしまうのだ。

なぜできないかという理由のせいで、人は現実を否認した状態にとどまる。その理由によって自己の内にある、恐れているなにかを避けるのだ。さもなければなぜできないかという理由など不要なはずだ。単に「それをするつもりはない」という意図を、「それ」がなんであれ、口にすればすむのだから。

東洋の神秘思想家は、自己の中でできない理由を考えだす部分を「小さな酔っ払いザル」と名づけた。人は皆、自分がなにかをしないですませる理由が必要な時には、心の中のこのサルの声に耳を傾ける。

特にダイエットをしようとか、毎日ちゃんとした運動を始めようとか、新しい分野の勉強などを始めようとする時に。やろうとしているのがなんであれ、甘えん坊のインナーチャイルド（内面の子供）は「欲しいものはどうしても欲しい時に欲しい！」と要求する。そんな時、人は無意識に小さな酔っ払いザルを呼びだして、都合のよい言い訳を考えつかせる。

酔っ払いザルは喜んで、ダイエット中にチョコレートを一かけ食べるくらいちっとも「かまわない」理由を教えてくれる。そして「まだダイエットを守っているよ」と主張する。実際にはそれではダイエットになどなっていないことを認めようとしない。「おやつの時間にちょっとダイエットをやめて、それからまたダイエットにもどったんだ」。こうして、自分は何日もダイエットしているつもりで、実際には数時間しかやっていないこともある。喫煙者は定期的に新しいタバコに火を点けながら「タバコはやめてる」と主張したりする。こんな主張さえ聞いたことがある。「タバコはやめたよ。今じゃ一日一箱しか吸わないんだ」。酔っ払いザルは現実を否認した状態にとどまるのを助ける。喜んで「一日運動を欠かすことぐらいなんでもないよ」と言ってくれる。

もちろんいったんスケジュールを破ったら、多くの人は何日も運動を欠かし続ける。サルはとても注意深くそのことには触れない。実際、数箇月そのことを忘れていたとしても決して思いださせない。そして自分で思いだすか、誰かほかの人間に思いださせられると、サルはたちまち動き始め、なぜできないかという理由が無限に並んだリストを与えてくれる。たとえば――

「時間がない」。

「忙しすぎる」。

「どうやってやるのかわからない」。

「君がやめるなら僕もやめる」。

「あなたがやめなかったから、私もやめない」。

「あの人がやらせた」。「あの人がやらせてくれなかった」。

「体力がなさすぎる」。

「構うもんか」。

「たいしたことない」。

「ばからしい」。

「自分はだめだ」。

「知らなかった」。

「そんな規則があることを本当に知らなかった」。


人にはたいていお気に入りの言い訳がいくつかあり、あらゆることにそれを使う。

この言い訳は、ホログラフィーのように人生のあらゆる面を通して広がっている。ある領域で使われる言い訳は、自動的に人生のほかのすべての領域に当てはまる。これは習慣的なものだ。たとえばセルフケアの面で、運動したり料理をする「時間がない」から不健康な食べ物を食べる「しかない」という人は、手紙に返事を書いたり、電話を折り返しかけたり、銀行の口座を管理したり、仕事のプロジェクトを完了したりする「時間がない」だろう。

なぜできないかという形の現実の否認は、自己の健康管理の分野でもさまざまな形で出てくる。たとえば、ずっと気分がすぐれないのだが、それについてなにもしないでいたとする。その言い訳はこんなふうだ。

「どっちにしろ特に悪いところはないんだから」。
「無視すればよくなるはずだ」。
「医者に行くとかえって悪くされる」。
「自分で治すよ」。

しかし、このような人は決してきちんと自己ヒーリングに取り組むことはない。「時間がない」からだ。

現実に直面するのを避けたり否認したりすることは、恐れているものから自分を遠ざけ、内面の虎に直面するのを先のばしにさせる。残念ながら、そのせいで人はバランスシステムから切り離され、病気を生みだすかもしれない。バランスシステムと再度つながるには、自己の恐れに直面しなければならない。立ち止まってふりかえり、内面の虎に直面しなければならないのだ。

バランスシステムに耳を傾けるのを邪魔している恐れをみつけるエクササイズ

自分の頭の中の小さな酔っ払いザルをみわけるエクササイズをしばらく練習したら、それがどんな現実を否認させようとしているのかをみつけだす。そうすると、バランスシステムからのメッセージをみわけるのが容易になる。否認はヒーリングへの第一段階であることを思いだしてほしい。否認から抜けだして次の段階に進む必要がある。以下にそのためのよい方法を示す。

10章では毎日の肉体のケアについてとりあげ、肉体とHEF（ヒューマンエネルギーフィールド）のケアについて自分自身に問うべきことをリストアップした。このリストを再度参照して、最も難しいと感じる分野に注意する。次に図12―1のような五つの欄からなる表をつくる。一番目の欄にはバランスシステムからのメッセージや、肉体のケアの中で実行するのが難しいものを書き込む。次に自分がそのセルフケアができないのはなぜかを問う。二番目には、これを実行したなら得られるはずの望ましい結果を書き込む。たとえば「毎日歯をデンタルフロスで磨いたら、健康な歯と歯茎が得られる」。三番目には酔っ払いザルの言い訳を書く。たとえば、夜に歯をフロスで磨かないのは「疲れすぎているから」で、朝は「時間がないから」。

裏にひそむ恐れをみつける

影響を受けるほかの領域	直面するのを避けている恐れ
どの領域でも仕事を完遂できない 体中、具合が悪い どの領域でも自分に正直ではないと感じる 漠然とした罪悪感	失敗も成功も恐れている 批判されることを恐れている ガンではないかと恐れ、ガン治療を恐れている 死も恐れている
親密な人間関係 なにをした場合でもたいしてうまくできなかったとけなすし、うまくできたとしても、こんなのちっとも意味のあることじゃないと言う	仲間外れにされることを恐れている 自己を感じること、批判されること、真の自己が作品に現れることを恐れている

図12-1　なぜできないかという言い訳の

バランスシステムからのメッセージ	望ましい結果	なぜできないかという言い訳
ヘルスケアの例		
ロジャー：腰の痛み	痛みがなくなる 体を休める	「忙しすぎて助けを求めている時間がない」
エミリー：胸のしこりと痛み。健康診断を受ける時期	しこりと痛みがなくなる	「自分にそんなことは起こらない。医者は信用できない」
人生のほかの領域の例		
パット：暇な時間がない	楽しみ、喜び	「忙しすぎる」
ジョージ：絵を描く創造力がブロックされている	美しい絵が描ける 仕事を認められる	「才能が足りない。怠け者すぎる」

四番目の欄はホログラフィー的に真実をみて書き込む。人生のほかの領域に目をやれば、自分のお気に入りの言い訳を習慣的にあらゆるものに適用しているのに気づくだろう。

自分に必要なことをする時間がないのは、子供の面倒をみなければならないせいかもしれないし、仕事のせいかもしれない。しかし本質的な問題は、自分が欲するところに従って人生のバランスをとる方を選ぶかどうかなのだ。明らかに、自己のニーズすべてを満たす選択をするべきだ。だが、きっと「時間がない」という同じ言い訳を、子供の世話や仕事についても、やりたくないことを避けるのに使っていると思う。多分「子供の世話」は自分で自分の健康を管理しない言い訳だろう。あるいは、必要な形で自分に喜びを与えないでいる言い訳として使っているのは「仕事」かもしれない。その場合、これもまた自己の内のなにかを避けるための言い訳だ。

四番目の欄に記入する際に、自分の人生をみわたしてみる。ほかのどんな領域でその言い訳を使っているだろう。生活の中で自分を観察して、人生のさまざまな領域で同じ言い訳がなにかを避けるのに使われていないかみてみよう。たとえば配偶者や子供についてはどうか。「時間がなくて」、あるいは「疲れすぎていて」できないことにはどんなものがあるだろうか。子供と遊ぶ、あるいは配偶者と愛を交わすことについてはどうだろう。同じ言い訳を人生のたくさんの領域で使っているのを認めよう。そうした領域をすべて四番目の欄に書き出す。

自分が同じ言い訳を人生のほかの領域でも使うのを観察しながら、こう問いかけよう。「自分はなにを恐れているのか?」。この問いを心の奥に送って、しばらく自分の感情を感じてみる。そして恐れが形をとり始めるまで、その感情に深く入ってゆく。自分が直面するのを恐れているのはなんだろう。その恐れを五番目に書き入れる。この恐れによって影響されている人生の領域をみわたそう。自分が直面するのを避けている恐れは、なんらかの形で人生のすべての面に影響を与えている。その最も強い影響は特に、満たされずに問題の起きている領域にみることができるだろう。そうした領域と恐れの間の関係を模索し、それに対する自分の感情に深く浸ってみよう。

これがどのように働くかは、図12-1の中に挙げた例をみてほしい。

ロジャーは建設現場で働いていたが、慢性の腰痛に悩んでいた。これは昔腰を傷めた時に、それが完全に癒《い》える時間を与えなかったことからきていた。腰が痛む時はいつでもそれを無視し、痛みが去るのを待った。しばらく横になっていれば痛みはなくなるのはわかっていたが、忙しすぎるという理由でそれをしないでいた。彼は一家の稼ぎ手であって働かなければならず、またそれを誇りにしていた。

彼は腰からの痛みのメッセージを無視し続け、痛みはひどくなった。ついにある日重いスーツケースを持ち上げようとして腰を傷め、その翌日は動くこともできず、二週間寝たきりだった。彼の体はこうして、二週間ただ横になって自分自身を感じる時間をくれた。その間、彼はこれまで気づかないでいた感情に触れた。起き上がって働かなければ、家族に捨てられてしまうのではないかという大変な恐怖を感じたのだ。怠けて寝ていると非難されるのではないかと恐れた。この恐れがいわれのないものなのは自分でもわかっていた。実際動くことなどできなかったからだ。にもかかわらず恐れはやってきた。それから、両親がいつも彼の兄を怠け者と批判していたのを思いだした。彼は幼心に「この兄みたいにはならないぞ」と決《いや》めたのだった。むしろ「強い男」になってみせるのだと。子供の頃刻み込まれた恐れに直面して腰を癒すには、彼は「強い男」であることをやめなければならなかったのだ。

二週間横になることで、彼はもう自分は「強い男」である必要はないと気づいた。そうして最初にしたことは、腰を癒す必要を認めることだった。その方法を探す時間をとり、とても簡単な腰のストレッチと運動をみつけて定期的に行なうようにした。またヒーラーのところにも通い始めた。何箇月も、物を持ち上げる時には気をつけた。体を動かしたあとはいつも、横になって腰を十分間氷で冷やした。空腹な時にはなにか食べるようにした。というのは血糖値が下がるとまた腰を傷めやすくなるからだ。

このヒーリングは、ロジャーの人生の別の領域にも影響を与えた。それは兄との関係で、これまで兄に持っていた「怠け者」という決めつけを捨てて、もっと仲よくすることができるようになった。

次に、エミリーという名前の忙しい女性物理療法士をとりあげる。彼女は胸にしこりがあったのだが、乳房のX線写真を撮るのを避けていた。「私はスピリチュアルな道程を歩んでいるので、ガンにはかからない」と信じていたからだ。また医者というものも信用していなかった。その実もちろん、乳ガンではないかと恐れていた。このような逃避的行動の結果、いつも不安で自分は健康ではないという気がしていた。また漠然とした自分をごまかしているという感覚と罪悪感も抱いていた。というのは自分自身が医療に携わる人間だったからだ。彼女はこの自分をごまかしている罪悪感を、医者に対する「信用できない」という気持ちに投影していたのだ。

ようやく医者に行ったところ、ガンではないとわかった。恐れも、健康ではないという気分も、ごまかしているという感覚も、罪悪感も消えた。その結果、生命エネルギーがより充実して感じられ、特に仕事の面で自分に対してより好ましさを感じるようになった。すると、人生のどのような部分で自分に対し不正直であるかをみることができるようになった。働きすぎにストップをかけた。いつもオーバーワークだったのは、「ほかの人を助けるために働きスピリチュアルな道程を歩んでいるのだからガンになるはずがない」という理屈のせいだった。実は、オーバーワークを自分自身をないがしろにしていることの言い訳に使っていたのだ。胸の嚢腫は、自己のインナーチャイルドに滋養を与えないできたことの象徴だったとエミリーは気づいた。自分自身に滋養を与え始めた時、食事も低脂肪食にきりかえた。すると胸の嚢腫は縮み始めた。（乳房は子供に滋養を与えるものであることに注意。自己のインナーチャイルドに滋養を与え始めた時、乳房の病気は消えた）。

より広い視点からみると、エミリーの胸のしこりは自己のケアをすることができない、あるいはしたがらないことの結果だった。ワーカホリックだったのも、自己ケアをしないですませる言い訳だった。そのせいで生じた恐れ、健康ではないという気分、罪悪感などは、感情レベルで払った代償のほんの一部にすぎない。さらに大きな代償は、自分に合わない仕事を続けたことだ。インナーチャイルドに滋養を与えないせいで、自分自身をより深く知ることができないでいたのだ。もっと時間を割き始めた時、彼女は仕事の内容をかえた。医療の分野にはとどまったが、みる患者の数を減らし、教鞭をとることでさらに多くの人を助けるようになった。

言い訳の裏にある否認する態度をとり除くエクササイズ

再度図12—1を使って、同じエクササイズを人生の問題のある領域について行なうことができる。職業でも人間関係でもあるいは余暇でもよい。やり方は同じだ。一番目の欄には問題のある部分を書き入れる。二番目にはなにを求めているかを書く。なぜできないかという理由を挙げ、次に影響を受けているほかの領域、直面するのを避けている恐れをそれぞれ書き入れる。恐れていることをみつけたら、それに直面し、それを感情レベルで感じることで浄化する。これでもう否認は必要なくなる。

パットという女性は、楽しみのために時間を使うことがなかった。言い訳は忙しすぎるというものだった。この言い訳によって影響を受けているほかの領域は人間関係で、彼女には親しい人間関係があまりなく、とても孤独だった。裏にあったのは、仲間外れになる恐れと、親しい関係を結ぶことに対する恐れだった。幼い頃、彼女は近所の子供と遊ぶことを許されなかった。近所の子と友達になれなかったので、仲間外れにされている気がした。同じことは現在にも当てはまった。いったん自分の否認の裏にどんな恐れがあるのかがわかると、意識して絶えず人間関係を築いてゆくことで、その恐怖に直面することができた。彼女にとってはじめはとても怖いことだろうし、人間関係を築くことを学ぶ過程では何度か人に拒まれ、仲間外れにされたと感じるだろう。しかし習うより慣れろという。やがて人生のまったく新しい領域が開けるだろう。好きなタイプの人たちをみつけ、いっしょにやりたいことをみつけるだろう。ほかの人から多くを学ぶようになるだろう。人間関係から大きな喜びを受けとるようになり、自然とその時間をたっぷり設けるようになるだろう。じきに異性との親密な関係も築き始めることができるかもしれない。

別の例では、ジョージは絵を描きたいのだが、自分はうまくないあるいは怠け者だという言い訳でそれをしないでいる。この言い訳は彼の人生のほかの多くの部分でも同じように使われる。彼は、絵ほど大切なものはないと考えている。だからそれ以外のなにをしても満足を得ることができない。というのは、絵以外の活動はどんなにうまくできた時でも、彼にとっての本当の価値を欠いているからだ。ジョージは自分が仕事のほかの面でも怠惰だと考える。その裏には実は失敗と批判に対する恐れがあり、さらに、絵を描くという創造行為の中でより深いレベルの自己が表出してしまうのではないかと恐れている。

創造的な活動で成功するには、エネルギーを自由に流れさせることが必要だ。そのための唯一の方法はあらゆるものを表に出すことで、その中にはHEF（ヒューマンエネルギーフィールド）のブロックされたエネルギー中に閉じ込められているネガティブな意識も含まれる。これが、多くの芸術家や作家が変わり者あるいは非社会的な行動をとる人間と思われている理由だ。彼らは「社会的仮面の中に生きる行動」という仮面の自己の中に生きてはいない。創造的でありながら同時に社会的仮面の中に生きることはできない。映画『アマデウス』では、作曲家のサリエリがモーツァルトの羽目を外した行動に呆れ、それを彼の美しい音楽と結びつけることができないでいる。サリエリが理解できずにいたのは、この羽目を外した行動こそが、モーツァルトが自己の創造力の流れを維持する方法だったということだ。それがモーツァルトにとって自己のネガティブな面を表現する方法だったのだ。

現在では表現療法という、エネルギーの自由な流れを生みだすずっとよい方法が開発されている。過去のアーティストたちのほとんどが知らなかった方法だ。この療法では、ネガティブな意識はほんの数分しか表現されないし、また実際に行動に移す必要もない。表現療法ですることといえば、枕に向かってわめいたり、枕を拳で打ったり、やってみたいことならそれがたとえどんなにとんでもないことでも、それを叫びながら薪割りをしたりすることだけだ。

しばしば、創造的な人々の不用意な表現行動を社会は羽目を外した、あるいは危険な行動とみなす。ほとんどの場合、このような行動は有害ではまったくなく、ただ人々を管理し権力を維持する社会の規則を破っているにすぎない。規則を破ることは人々に恐れをもたらす。というのは、それはトランスフォーメーション（変容）をもたらし、仮面を溶かし始めるからだ。すると深い内面の苦痛が明るみに出る。多くの人が理解していないのは、こうして苦痛が明るみに出されることでヒーリングが可能になり、それぞれが光と力へと導かれるということだ。痛みは、癒すためには明るみに出さなければならない。腫れ物を切開して膿を出すのと同じことだ。残念ながらほとんどの人はこのことを知らず、したがって仮面を溶かすような行動は危険なものだと考える。

先の例で挙げたジョージは今、自分の中にある否認に触れ、その裏にある恐れと怒りを表に出す過程にある。この恐れと怒りを表に出し始めれば、絵も描き始めることができるようになる。内面の創造力に自己をまかせてゆけば彼の芸術は成長するが、同時に成長の段階はそれぞれ、またいっそうの恐れと怒りを引きだす。この恐れと怒りを自分のシステムから浄化すれば、創造力がさらに明確になって、もっと描くことができるだろう。

ジョージは成功を恐れてさえいるかもしれない。成功して絵を描けば描くほど、創造エネルギーの流れを維持し続けるために、さらに浄化し続けなければならなくなるからだ。もし非常に成功したとすると、それで手にした力で自分がなにをするかと恐れてさえいるかもしれない。社会での権力が増すことは、HEFを流れる力が増すことを意味する。それが強いほど、HEF中に深くしっかりと押し込められていたネガティブなエネルギーも解き放たれる。権力をうまく扱う唯一の方法はネガティブなエネルギー意識体を浄化し続けることだ。このネガティブなエネルギー意識体は力の流れが増加するにつれて、HEF(および潜在意識)のいっそう深いレベルから解き放たれてくる。

この繰り返しはジョージが浄化を続ける限り続く。創造性に終りはない。もちろん、年とともにネガティブなものを浄化するプロセスはやさしくなって短時間ですむようになり、新しい形をとるようになる。習慣になってしまうとカタルシスがなくなる。たとえば、ジョージの内面の怒りのある部分が母親に対するものだとする。その怒りを表に出し続ければ、やがて習慣になる。そうなった時、彼はそれを自己のさらに深いレベルにある感情に対する防衛として使い始める可能性が高い。そうなったら、表に出す方法をかえて、精神の新しい領域に入ってゆく潮時だ。その領域はおそらく彼にとってさらに恐ろしく馴染みのないものだろう。

その過程でジョージにヒーリングを行なっているヒーラーが彼のHEFを浄化するのを助けるのに使うヒーリング技術は、たいていのセラピストやボディワーカーには用いることができない種類のものだ。ヒーラーは、表現療法ではあらわれてこないブロックをとり除く。そのためにチャージが必要な部分をチャージし、HEFの歪んだ部分を再形成する。また、否認や防衛がHEFに生みだした歪みやブロックをどうやってみつけて、HEFを正常で明晰に機能する状態にもどすかを教える。そうすると、ヒーリングの過程がより速やかに進む。

ジョージが新しい痛みのサイクルを経験するたびに、仕事や人間関係といった人生のほかの領域でも創造性が解き放たれる。ギャラリーでの仕事ももっと楽しくなる。また自分が深いレベルで親密な人間関係を結ぶことができるのを知って、驚き、幸せに感じるだろう。数々の否認――そして彼と外の世界の間にかつてあった恐れと怒り――は溶けさってしまう。

ネガティブなエネルギーを解き放つ方法を練習したことのない人は、ヒーラーまたはボディサイコセラピスト［訳注：バイオエナジェティクスなど、心身統合療法の専門家］とともにこれを行なうことを勧める。浄化の段階を通り抜けるにあたって大変効果がある。ネガティブな感情を解き放ってネガティブなエネルギー意識体をHEFから浄化するテクニックを一度学んだら、必要な時にはセラピストの助けなしに自分でも行なえるようになる。その時には必ず部屋の窓を閉じておく［訳注：叫ぶ声などが外に聞こえないように］。誰も傷つけることなく、エネルギーを解放することができる。上手にやれば、解き放たれたエネルギーは実に速やかに、驚くほど強い愛にかわる。

自分に対する決めつけとその影響とを浄化するエクササイズ

人生の中で自分を愛することのできない領域、自分に対する決めつけがある領域をさらにはっきりさせよう。こんどは図12―2のように六つの欄からなる表をつくる。11章の、鏡の前で行なう自分を愛するエクササイズをしていて判明した自分に対する決めつけをすべてリストアップし、最初の欄に記入する。二番目の欄には、そうした決めつけが事実でなかったらどうするか、どうしたいかのリストを書き込む。自分がそれを実行しているところを想像しよう。よい気分になるはずだ。そのよい気分のリストを三番目の欄に書き込む。

エクササイズを続けて「よい気分」の感情にさらに深く沈みこむ。そうすると、やがてよい気分は消

その影響を明らかにする

内在化された両親の声	避けている恐れ	影響を受けるほかの領域
「自分を何様だと思っているの」 「おまえは傲慢だ。みんなにもわかってしまうだろう」	人に注目されることを恐れる 自分のエネルギーを恐れる 性衝動を恐れる	あらゆる領域で官能と創造性を抑え込んでいる セックスにおいて滋養を受けない
「相手に裏切られ、すべてを奪われるだろう」	親しい人間関係を恐れる 共に分かちあうことを恐れる 裏切られることを恐れる	ほかの場面でも異性と親しい関係が結べない

図12-2　自分に対する決めつけと

自分に対する決めつけ	本当はどうしたいか	それで得られるよい気分
例		
ロベルタ：「私は太りすぎている」	体を解放したい もっと外向的になりたい 防衛的態度をもっと減らしたい セクシーな気分を味わいたい 人と親しい関係になりたい	自分は美しいと感じる 力がみなぎる 自分のことを気持ちよく感じる セックスをしたい
テリー：「自分は絶対に伴侶に恵まれない」	結婚したい 子供や家庭が欲しい	満たされていて、幸せで力がみなぎっていると感じる

えて、恐れが感じられてくる。はじめはわけがわからないかもしれないが、その恐れを感じていよう。やがてはっきりする。自分の中で、内在化された両親の声、そのほか子供時代に権威を感じた者の声、あるいはインナーチャイルドの声が、ネガティブな警告を発するのに気づくだろう。こうした声は、現実に対するネガティブな結論を反映しており、「ネガティブなイメージ的結論あるいはネガティブな思い込み」と呼ばれる。声の発する警告は、「憧憬が満たされる喜びを感じ続けていると、やがて恐ろしいことになるぞ」というものだ。

しかし、こうした声は仮面の自己の声であり、そもそもの目的は自分をよい子に、「安全」にしておくことだった。ただし、両親やほかの人間が子供を安全にしておこうとして発した言葉を子供心に解釈した「安全」だ。現実とはかけ離れていたかもしれない。

なかなか恐れが感じられなくとも、エクササイズを続けよう。そうした声はじきに恐れの感情を引きだすようになり、人生がどれほど危険なものかを思いださせる。安全であるためにはどうしなければならないかを教える。逃れようのないジレンマに陥り、声が求めるすべてを実行することはできない。つまり「安全ではない!」。恐れがみつかったら、五番目の欄に書き入れる。

1章で説明したように、内在化された両親の声は自己を「安全」にしておこうと、自己の傷を感じさせないように遮るが、残念ながら同時に創造エネルギーも遮ってしまう。この内在化されたネガティブな声に耳を傾け従い続けると、創造エネルギーは仮面の自己の内に閉じ込められたままになる。声の警告に従わなければ、自分の中にあるエネルギーを解き放てる。それは長い間、おそらくは幼い頃からずっと経験することのなかったエネルギーだ。すると前のページに挙げた芸術家たちのようになるかもしれない。自己の傷をあばき、より深いレベルにある怒りと苦痛に取り組まなければならないかもしれない。しかし生命力を解き放つ。

のみならず、そうした行動をとる時、ほかの人間の仮面のことなど気にかけないだろう。だから仮面の状態にある人を怖がらせたり怒らせるかもしれない。これはネガティブな感情を実行に移したり誰かにぶつけるよう示唆しているのではない。自己の独立を主張するようにと言っているのだ。他人がどう思うかに合わせて自分の行動を曲げるのをやめるのは、正しいはずだ。今の仕事が自分に合っていなければ辞めるかもしれず、今の結婚が満ち足りたものでなければ別れてゆくことさえあるだろう。

図12―2には自分に対する決めつけのネガティブな影響と、それを手放すことで得られるものの例が載っている。ロベルタの自分に対する決めつけは「私は太りすぎている」というものだった。これは自分についてさらに不満を感じさせ、その結果さらに食べる量が増えた。ダイエットをしようとすると別の声が聞こえた。「私にダイエットさせることなんてできないわよ」。自分の反抗的態度にぶつかって、これにヒーリングセッションで取り組んだ。すると幼い頃に両親が彼女にダイエットをさせようとしたことがあったのを思いだした。彼女の視点からみれば、両親はあまりにたくさんのことをさせようとしすぎた。食べることは自由を主張する手段だった。問題は、成長するにつれ、自分がしたかったことと両親がさせたがったことの区別がつかなくなってしまったことだ。

自己のインナーチャイルドを知るのに時間を使い始めるようになって、ロベルタは自分でやりたかったことと、反抗心からやったことの区別がつくようになった。そして自分の望みとして本当に体重を減らそうと決めた。そうすれば自由に動けるようになって、外向的になり、それほど自己防衛的ではなくなるからだ。

ロベルタはダイエットを始めた。体重が減るにつれ、自分が美しく、パワフルで、優れており、セクシーであると感じ始めた。その時ヒーリングクライシス［訳注：ヒーリングに伴う危機］がやってきた。内在化された両親の声、仮面の自己の声がこう叫び始めたのだ。「お前はいったい自分をなんだと思っているの？」、「お前は傲慢だ」、「ほかの人間にお前がセックスをしたがっていると知られてしまうぞ」。彼女は恐ろしくなり、また過食を始めた。そうした声は太るにつれて小さくなった。ロベルタはセラピーセッションで体重増加の問題に取り組み、自分の恐れを認めることができた。またダイエットにもどり、同時にセッションを続けて自分の恐怖に直面し続けた。その恐れの下にはさらに深い恐れがあった。人に注目されることを恐れ、自分のエネルギーを恐れ、またそれを使って自分がしそうなことを恐れ、自分の性衝動を恐れた（こうした恐れを五番目の欄にリストする）。この深いレベルの恐れは、人生のほかの領域にも影響し、彼女は感情、性衝動、創造力を抑え込んでいた。この恐れに直面することで、ほかの人といることについて神経質に感じる事実を受け入れられるようになり、注目されるのをそれほど恐れないですむようになった。性行動をずっと楽しむようになり、ずっと体重を落とした。最もドラマチックな効果は、創造性が花開き始めたことだろう。彼女は多作な画家になった。

次のテリーのような例は、男性にも女性にも共通してみられ、どちらにもあてはまる。このような人は、長い間独身であるか一度結婚しても離婚している。最初の欄の自分に対する決めつけは「自分は絶対に伴侶に恵まれない」。自分に合った相手は決してみつかるまい、そんなことは自分には絶対に起こらず、それはいかんともしがたいことだと思っている。子供と家庭がもたらしてくれる満ち足りた人生を切望し、満足感、幸せ、力を与えてくれるだろうと想う。しかしどれほど多くの相手に出会っても、決してぴったりの相手はいない。親しくなり始めるやいなや、あらゆる内在化された両親の声が「裏切られるぞ」、「捨てられるぞ」と警告する。そして相手にどこか問題をみつけ、配偶者にふさわしくないと結論する。このような人もセラピーを受ければ、深いところに居座る親密な人間関係への恐れをみいだすだろう。自分は決して結婚できないと決めつけているということは、実は、心の奥にある親密な関係に対する恐れを否認しているということだ。この恐れに直面するまでは、親密な関係を築くことができるほどにほかの人間に近づけることは絶対にないだろう。

自分に対する決めつけの裏にある真実をみつけるエクササイズ

以上で、自分が内面の恐れを避けるために決めつけを用いることが理解できただろう。ずいぶん巧妙なやり口ではないか。予想したよりずっと巧妙だったにちがいない。決めつけは実は、なぜできないかという言い訳なのである。では図12―2の、一番目と四番目の欄を「なぜできないかという言い訳」に、二番目の欄を「望ましい結果」に書きかえよう。こんど自分に対する決めつけをみつけたら、それは巧妙に変装した言い訳なのだと気づくようにしよう。

医者やヒーラーのところへ行くことに関して決めつけがあるのなら、それはおそらく、なぜ行っても問題を解決することができないかという言い訳だ。よくある言い訳には次のようなものがある。

「単なる心気症だ」。
「ちょっとした痛みに耐えられないなんて」。
「こんなことで医者に行くなんて臆病だ」。
「つまらないことで先生の時間をとらせるべきではない」。

こうした言い訳が隠しているのは自分の現実の状況に直面することへの恐れだが、直面すれば、それについてなにかをすることができる。

ここに挙げたエクササイズの助けがあれば、恐れが思考過程にネガティブな影響を与えるのをやめさせ、明晰に考えることができるようになるだろう。いったん否認から抜けだして、医師またはヒーラーのところに行って診断または病気の記述を得たら、このプロセスをもう一度繰り返す必要がある。いったん誰かにどんな言い方にせよ問題があると言われたら、プロセスはいっそう難しいものになることを覚えておこう。体の具合がとても悪かったり、気持ちが混乱していたり、あるいはあまりエネルギーがない状態なら、さらに難しくなるだろう。そんな時には誰か親しい人に助けてもらうようにする。

図12—1と12—2の表を、ヘルスケアの専門家チームを選ぶのに使おう。実用的情報を活用するのに役立つだろう。必要な情報が手に入ったら、なぜできないかという言い訳を分類できるし、なにをするべきかもわかり、病気を管理するにはどうするのが適切かをみつけだすこともできる。

病気とヒーリングの道程について明確に理解する

8章では、自分の肉体とHEF（ヒューマンエネルギーフィールド）でなにが起こっているのかを知ることは、さまざまな種類の利用可能な治療方法について知るのに劣らず重要であることを説明した。こういうことは病気になる前に行なっておくとよい。しかしこれを読んでいる時点ですでに病気であるなら、今こそ、自分の病気の仕組みや自分が選んだ治療の過程がどう進んでゆくのかを理解する時だ。こうしたことはどれもヒーリングの過程に焦点を絞りそれに従うのを助ける。

たとえば、腰を傷めて二週間寝ている必要があるとわかったら、そのようなスケジュールに従順になれる。その時間をずっと有効に使って、自己の内面深くに入り腰痛の奥に潜むより深い問題を癒すことができるだろう。そうならなければ、腰が楽になったと少しでも感じるやいなや、自分はよくなったのだと考えて休むのを中断するのではないだろうか。そして腰をまた傷める羽目になる。

もちろん、どの人のヒーリングもその人独自のペースで進むことを理解するのも重要だ。医師やヒーラーにできるのは、一般的なガイドラインを示して、次に起こりそうなことを理解する手助けをすることだけだ。通り抜けるのは自分なりのペースで進む自分だけの経験なのだ。ヒーリングがどのように進み、どれくらい時間がかかりそうかという情報はどれも、そのとおりになるという約束ではない。一般的にはそうなるというだけのことだ。「自分が経験するのははこうだ」と硬直した見通しを持たないことが肝心で、そのような見通しはそのとおりにならなかった時に苛立ちをもたらすものになりかねない。そうではなく、要は、ありそうなヒーリングの進み具合について誤りのない全体像を得て、その結果それに従って自分の生活を調整できるようになればよい。

ヘルスケア専門家をみつける

どんな場合でも、病気と各種の治療法について情報を入手する方法は病気になる前に知っておく方がよい。そのために時間を費やしたくないなら、もしもの時のために、少なくともその情報に詳しい知人をみつけておくべきだ。かかりつけの医師を決め、毎年検診を受けると同時にこちらも医師をチェックすることを勧めたい。自分の住む地域にはどのような病院があるかを知っておこう。ちょっと調べて、西洋医学以外の療法――たとえば鍼灸、ホメオパシー療法、筋肉深部マッサージ療法、心身統合療法、ナチュロパシー［訳注：自然療法］など――がなにをするのか、近くで受けることができるのかどうかも知っておきたい。可能性のあるあらゆるヘルスケアの専門家をチェックしよう。ちょうど保険をかけたり救急医療を学んだりするようなものだ。

病気になったら、医者に行く以外に、栄養の専門家からアドバイスをもらい、たとえばハンズオンヒーリングなどのボディワークと病気の心理的側面を扱う療法による治療を受けることを勧める。つまり、たがいに協力して働くことに同意する、少なくとも四人の専門家を自分のヒーリングチームに加えるのがよい。

病気は治療体系ごとに異なる形で記述される。自分の病気についてより広く理解するために、少なくとも四種類の治療体系について本を読むことを勧める。

どの専門家に頼むか、どこに専門家がいるか、その専門家がどのように病気をみるのかがわかれば、自分のヒーリングプランをヘルスケアの専門家からなるチームといっしょに組み上げることができる。以下の五つの分野で専門家を得ることができれば理想的だ。全分野の専門家をみつけることはできないかもしれないが、できる限り多くの分野でみつけるように努めよう。


ヒーリングプランに加えたい、主要専門五分野からの助言

1 医師（西洋医、自然医、漢方医、またはホメオパシー医）から診断、予後の見通しと治療についての示唆を得る。
2 ヒーラーから肉体とＨＥＦの病気の記述、予後および治療のプログラムを得る。
3 栄養分析と食事療法プランを得る。
4 ほかのヘルスケア専門家（身体構造療法の専門家や鍼灸師）から健康上の問題についての診断を得る。
5 サイコセラピスト〔訳注：心理療法士〕にかかり、病気に関連した感情面の問題に取り組む。

決まるまでに何人もの専門家に会う必要があるかもしれない。たいていの専門家はそのような事前インタビューに応じる時間がないので、簡単にはゆかないかもしれない。あるいは病気が重くて自分ではできないこともあるだろう。自分自身が行くにしろ誰かに頼むにしろ、おそらく専門家本人ではなくそのスタッフと話をすることになるだろう。いずれにしてもひるんではいけない。専門家にお金を払って治療を求めるのだから、受ける治療についてできるだけ知る必要がある。やはり、病気になる前にレギュラーのサポートシステム要員を選んでおくのが望ましい。まだだったら、今、できるだけのことをしよう。助けを求めるのを恐れないこと。友人はとても役に立ってくれるかもしれない。これまで話題にしたことはなくとも、実はたくさんの医師にかかったことがあるかもしれないのだから、訊ねてみよう。いつもうまくゆくとは限らない。人それぞれだから、友人がある医師のやり方が好きでも、自分は好きではないかもしれない。

以下に、患者が医師に対して訊ねることはまずない質問をリストアップした。しかし、人になにかをやってもらうために雇う時には、こうしたことを平気で訊ねるのではあるまいか。ヒーリングはアメリカでは比較的新しい分野なので、人々は一様にこのような質問を私にはする。こうした質問は患者との間に明確なコミュニケーションを成立させるのを助け、ヒーラーにできることが明確になる。このような質問に喜んで答える医師やヘルスケア専門家にも会っている。患者が質問し続けるなら、より多くの治療者がそれを受け入れるようになるだろう。このような質問をしても誰も侮辱することにはならない。むしろ、こちらが可能な限り最高の治療法を得ることに興味を持っていることを示すのだから、敬意を持って応えてくれるべきではないだろうか。

ヘルスケア専門家の治療経験に関して知っておくべきこと

どのような訓練を受けているのか？
どのような技術があるのか？
自分のためになにをしてくれるのか？

この病気を治療する最新で最高の方法はどのようなものだと考えているのか？
どれだけの期間、治療に従事してきたのか？
これと同じ病気の患者をどれだけ診てきたのか？
その治療結果はどうだったのか？
自分のこの病気についてはどのような治療結果が期待できるのか？
どのような情報を与えてくれるのか？

医療分野はあまりに複雑になっているので、おそらく、自分が治療を必要としている分野である程度治療経験のある専門家も必要だろう。経験と同時に最新の技術開発や治療法にも詳しいことも、たいていの病気の場合必要となる。また治療結果についての統計的数値は全国集計されたものであり、自分が治療を受けるつもりの専門家や病院については当てはまらないかもしれないことを忘れてはいけない。自分と同じ病気の患者をどれだけ治療したことがあるか、その治療結果はどうだったか等を訊ねれば、その専門家の経験について実際的で重要な情報を得られる。ある専門家は患者に最低限の情報しか与えなかったり、患者の準備ができたと感じるまでは情報を与えなかったりする。ある専門家はあからさまにすべてを話す。会って話をする際に相手の話し方に注意し、治療が進行する前に、自分に好ましいタイプであることを確かめておく。これによって、重大な事実を自分の感情の構造に合わないやり方で教えられるのを防ぐことができる。

あらゆる専門家が支援ネットワークを持っている。どんなネットワークなのか、以下の質問をして知っておこう。

ヘルスケア専門家の支援システムについて知っておくべきこと

ほかにどのような人脈あるいは施設にアクセスできるのか？

どのような支援グループなのか？

入院が必要な場合には、どの病院に入ることになるのか？　またその病院の評判は？

病院の設備はどのようなものがあるのか？

自分の病気にとって適切な病院だろうか？（病院によって専門としている病気が異なる。特にまれな病気や難病の場合は）。

自分と同じ病気の患者を治療してきた期間はどのくらいか？　この病気について詳しいのか？

自分の視点を理解し、自分のヒーリングの進め方を支えてくれるスタッフが病院にいるだろうか？

検査を受けるには外の施設に行かねばならないのか？　それはどこにあるのか？

化学療法にはたくさんの種類がある。自分にとって最良のものは、近くの病院では受けられないかもしれない。そのような場合には、最良の治療を受けるために遠くまで出かけるべきだ。心臓移植を待っている人ならこれは特に重要だ。初めての心臓移植以来、多くの病院がそのための施設を増やしてきたが、成功率は病院によって大きく異なっている。生存率についての統計と治療された患者数を、全国平均ではなく、自分が選ぼうとしている病院について調べることが大切だ。このようなことは病気になってしまったら無理と思えるかもしれないが、長期的には重要になってくる。必要なら誰かに手伝ってもらい、自分でうまく説明できなければこの本を見せよう。

自分のヒーリングチームを組み、それぞれの専門家が自分の病気にどのような見通しを持っているかがわかってきたら、次にヒーリングプランを組み立てる。治療方法を選ぶには以下の情報が必要だ。

治療方法について訊ねるべきこと

治療の手順はどのようなものか?

成功率はどの程度か?

最も近い治療施設はどこか?

副作用はどのようなものか?

ヒーリングによって副作用をどれだけ減らせるのか?

費用はどのくらいかかるのか?

保険でどれだけカバーできるのか?(保険会社に訊ねる)。

治療計画を遂行するにあたり患者はなにをするのか?

治療中はどんな感じがするのか?

どのくらい時間がかかるのか?

この治療がすんだあとの療養期間はどのくらいになるのか?

ヒーリングでその期間をどれだけ短くできるのか?

自宅では、どれだけの期間、どのような種類の、どれほどの助けが必要となるのか?

横になっている必要はどのくらいあるのか?

使われる薬剤を体が浄化しやすくするにはどうすればよいか? 食事療法では? 薬草は? ホメオパシー薬は? ビタミン剤は? ヒーリングでは?


いったんこうした情報を得たら、総合的な治療プランを立てるのは難しくない。プランの成功は、どれだけそれを守り、自分がやるべきことをやるかにかかっているのを忘れないこと。

ヘルスケア専門家とヒーリングプランを作成する

チームを選んだら、ヒーリングの段階を通過してゆくのになにが必要か、できる限り詳細なプランを立てる。このプランには食事、ビタミンやミネラルのような栄養補助剤、運動、メディテーション、薬または薬草、特殊療法を含める。このようなケアは、同時に自己トランスフォーメーション（精神的変容）に取り組むと効果が高まる。また、ヒーリングは7章に記述したような段階を経て展開することを覚えておこう。

いっしょに取り組んでくれるヒーラーと医師がみつかったら、6章のヒーラーと医師のチームの項を読み返す。両者を励まして病気について話しあう共通の言葉をみつけ、協力して自分にとって最も効果のあがるヒーリングプランを作成してもらおう。

自己ヒーリングのためのビジュアライゼーション

治療を受ける以外にするべきことの大部分を占めるのは、本書の随所で述べているような自己ヒーリングのためのビジュアライゼーション（視覚化、イメージ化）だ。これは自己の存在の全レベルに関わってくる。ＨＥＦ（ヒューマンエネルギーフィールド）の浄化の仕方、病気になっている肉体の問題部分との取り組み方、創造プロセスを解放する方法などを示してくれる。

ビジュアライゼーションで起こることはたとえようがない。自分がどのようによくなりたいか、感じたいかを想像し続けることが必要だ。またビジュアライゼーションは図12―1と12―2に示されるようなネガティブな反応を引き起こす。ネガティブな声が聞こえたら、大切なのはそれに喋らせることだ。抑圧して否認状態にもどってはいけない。この声に表現の場を与えようと努力してきたのだから。ただし喋らせても、勝たせてはいけない。聞いてしまえば正体がわかり、声は力を失う。時にはこの声が勝つことがあるかもしれない。それでも恐れないこと。時が経てばやがてネガティブな声は負ける。自己を癒すという意図が、自分をとりもどし、真の自己へと向かい続けるのを助け、そして癒される。ネガティブな声が勝ちつつあるように感じられる時には、ヒーリングの過程に身をまかせ、ひたすら祈る。闘いを手放し、そして休む。そうすれば平安さの中へ入ってゆけるだろう。翌日にはきっともっとよくなっている。

ネガティブな声の正体をみつけたら、それをポジティブな声ととりかえる。ネガティブな声と感情が湧き出てくるたびに、自分がイメージしている人生のすばらしさに立ち返ってそこにとどまるようにすれば、望むものを創りだすことができる。そうしていれば、やがてネガティブな声とその下にある恐れを浄化し、それをポジティブなイメージと創造エネルギーにとりかえることができる。ビジュアライゼーションとは基本的に、創造エネルギーを方向づける手段だ。このエネルギーは、否認とネガティブな感情を浄化することで解放される。こうして別の習慣的行動様式を創りあげるのだが、こんどはポジティブなものになる。人間の心についての面白い点は、なにかを充分な回数繰り返せば、心はそれを真実とみなして働くということだ。そもそもこうしてネガティブな声が習慣になってしまったのだった。こんどはそれをポジティブな声と交換すればよい。本当にうまくゆくのである。このように、ビジュアライゼーションはまた別の大変建設的な道をたどって展開し、恐れに直面して自分本来の感情を感じられるように導いてくれる。

（下巻へ続く）

＊本書は、1997年8月に小社より刊行しました、
『癒しの光——自己ヒーリングへの旅（上）』の新装版です。

癒しの光——自己ヒーリングへの旅（上）

1997年 8 月25日　初版発行
2021年11月20日　新装版初版印刷
2021年11月30日　新装版初版発行

著　者　バーバラ・アン・ブレナン
訳　者　王由衣
装　丁　永松大剛
発行者　小野寺優
発行所　株式会社河出書房新社
〒151-0051 東京都渋谷区千駄ヶ谷2-32-2
電話　(03)3404-1201〔営業〕(03)3404-8611〔編集〕
https://www.kawade.co.jp/
印刷　中央精版印刷株式会社
製本　中央精版印刷株式会社

Printed in Japan
ISBN978-4-309-30018-4

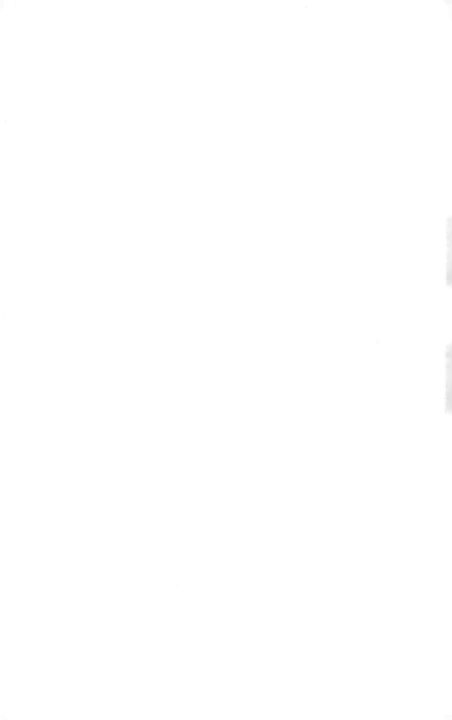